RAPHAËL IBANEZ

COURS D'INTERPRÉTATION*

Mise en scène du thème astral

Astrologie

ÉDITIONS DU ROCHER
Jean-Paul Bertrand

Conseillère de collection
Fanchon Pradalier-Roy

DU MÊME AUTEUR
à paraître chez le même éditeur

*Cours d'interprétation***

ISBN 978-2-268-02576-6

Pour Henri Bergeron.

Dans la vie, l'essentiel est de porter sur tout des jugements *a priori*. Il apparaît, en effet, que les masses ont tort, et les individus toujours raison. Il faut se garder d'en déduire des règles de conduite : elles ne doivent pas avoir besoin d'être formulées pour qu'on les suive. Il y a seulement deux choses. C'est l'amour, de toutes les façons, avec de jolies filles, et la musique de la Nouvelle-Orléans ou de Duke Ellington. Le reste devrait disparaître, car le reste est laid, et les quelques pages de démonstration qui suivent tirent toute leur force du fait que l'histoire est entièrement vraie, puisque je l'ai imaginée d'un bout à l'autre. Sa réalisation matérielle proprement dite consiste essentiellement en une projection de la réalité, en atmosphère biaise et chauffée, sur un plan de référence irrégulièrement ondulé et présentant une distorsion. On le voit, c'est un procédé avouable, s'il en fut.

Avant-propos de *L'Écume des jours* de Boris Vian

SOMMAIRE

PROLOGUE

1

Une vieille légende hindoue raconte qu'il fut un temps où tous les hommes étaient des demi-dieux.

Brahma, Dieu des dieux, veillait à leur comportement. Mais les hommes étaient si puissants qu'au fil des siècles, sous les yeux de Brahma, une véritable pagaille s'était installée sur la planète.

Lassé de ces exagérations, Brahma décida alors de retirer aux hommes leur divinité.

Cependant, cette divinité se devant d'être présente sur Terre, il fallut trouver un endroit où il serait possible de la cacher pour que les hommes ne puissent jamais la retrouver.

Brahma convoqua tous les dieux mineurs.

Un premier groupe vint proposer qu'on la cache sur les plus hautes montagnes.

Brahma répondit qu'il était probable que les hommes grimperaient un jour suffisamment haut pour la trouver.

Un autre groupe vint proposer qu'on la cache au plus profond des mers. « Même chose, répondit Brahma, ils creuseront aussi bas qu'ils le voudront. »

De nombreuses autres propositions virent le jour, aucune qui ne satisfasse vraiment Brahma, qui connaissait trop les hommes pour se duper.

Quand Brahma eut soudain une idée. « Je sais où nous allons cacher la divinité », déclara-t-il, « à l'intérieur d'eux-mêmes. C'est bien le seul endroit où les hommes n'iront jamais la chercher. »

C'est ainsi, dit la légende, que depuis des siècles, les hommes cherchent désespérément au sommet des montagnes, au fond des mers, du ciel, et partout où cela est possible, une divinité qui ne gît en vérité qu'en eux-mêmes.

2

Un matin, il y a plusieurs années, des philosophes, des psychologues et des historiens curieux sont allés surprendre l'astrologie au lever du lit.

Ils ont dit que, comme cela, elle était très belle.

Elle avait juste eu le temps d'enfiler une chemise blanche.

Une chemise en coton ou en lin, bien qu'ils parlent plus volontiers de coton, ou pour mieux dire, un tissu qui accompagne les mouvements de la vie, sans trop se fatiguer.

Ils ont fait du café. Ça allait être le printemps, on le sentait depuis quelques années déjà. La fenêtre était ouverte, et pour le moment le soleil rasait fraîchement la pièce. À cette heure, on avait encore des rues calmes.

Ils lui ont dit qu'ils avaient apprécié son spectacle de la veille.

Elle a souri. Ils étaient plusieurs dans la pièce, ça n'avait pas l'air de la déranger. Le plus jeune avait vingt-cinq ans, le plus vieux, c'était difficile à dire. Mais après le café, malgré le charme, l'un d'entre eux a pu poser quelques questions au nom du groupe.

—Bonjour.

—Bonjour.

—On peut connaître votre âge ?

—Mon âge ?...

Le vôtre. Le même que le vôtre.

—Il y a de gros écarts d'âge ici.

—Oui, c'est vrai. Alors, on va dire que j'ai tous les âges.

—Ah bon.

—Oui.

(Un temps)

—Vous savez, nous vous avons écoutée très attentivement hier soir, au théâtre.

—Oui.

—Mais il y a quelque chose qui nous chagrine.

—Ah.

—Oui, parce qu'au fond, qu'est-ce qui vous permet de dire que nous sommes comme ceci ou comme cela ? Sur quoi vous fondez-vous pour avancer que nous avons telle ou telle tendance, tels potentiels ? Comment pouvez-vous en juger ?

(Un temps)

—Je vous préviens, c'est un débat qui ne mène nulle part.
—Dites toujours.

—Sur quoi je me fonde ?
—Oui.
—Mais sur rien.
—Sur rien ?!... Comment ça ! Je suis Lion et vous avez dit : les Lions sont très préoccupés par le fait de s'exprimer. Ce sont des créateurs. Ce Lion, ça vient d'où ?
—J'ai dit ça ?
—Parfaitement.
—Ah oui c'est étonnant. J'en apprends tous les jours sur ce que je dis. Voyez-vous, chaque fois, c'est la salle qui m'inspire.
(Un temps)
—Mais vous avez quand même dit ça.
—Et vous y croyez ?
—Mais oui. Enfin non. Je ne crois pas. Ça paraît plus que douteux.
—Vous y croyez ?
—Je ne pense pas, non.
—On vous a demandé d'y croire ?
—Non, personne. Mais on se demande, quand même.
—Alors votre question, si j'ai compris, ce ne serait pas plutôt : est-ce qu'il *faut* y croire ?
—Si vous voulez.
—Non, parce que dans ce cas, le problème est très différent monsieur. Parce qu'apparemment, il vous est nécessaire de croire en une vérité. Et en plus, il vous faut justifier cette croyance. Or moi, je fais de la poésie. Et depuis un bout de temps.
—De la poésie...
—Oui. Je m'amuse, pour le plaisir, à faire des poèmes sur la vie. *A priori*, voyez, c'est un jeu comme un autre. Assez drôle en vérité.
—Oui, enfin...
—Je vous assure. En plus de la poésie, il y a énormément d'humour dans l'astrologie. Il est vrai qu'on ne s'y attarde pas très souvent. C'est un peu dommage, mais que voulez-vous, ici, le sens des choses est une affaire très sérieuse. Il y va d'un enjeu si important que ça ne rigole pas du tout. C'est même tout à fait l'angoisse. Vous voyez l'ampleur du malentendu.
—Attendez, l'astrologie est un outil. C'est une technique. Il y a des calculs, une méthode, des symboles, des définitions, des théories. C'est très précis. Et vous nous dites que c'est de la poésie !

—Mais depuis quand la théorie et la technique s'opposent-elles à la poésie ? La science elle-même, depuis des siècles, ne fait que transformer en concepts et techniques la poésie humaine du moment. Vous le savez aussi bien que moi. Et c'est exactement ce que fait l'astrologie : elle exprime une poésie de la vie par le biais de théories et de symboles. Sauf qu'elle s'en cache moins.

—Je ne suis pas très convaincu.

—Je vais vous dire ce que je crois. C'est l'idée de ce qu'est le réel, le vrai, ou le juste qui vous barre la route. Vous vous laissez impressionner par votre culture. Ça n'existe pas, un outil juste. Il n'est toujours juste que d'un certain point de vue. La vérité, la justesse absolue, ce sont des fantasmes d'ici, fondés sur une angoisse existentielle. S'il y a une chose éventuellement, qui pourrait être entièrement «juste», c'est l'instant. L'instant dans sa totalité, et pas seulement ce qu'on en dit, ce qu'on en pense. Aujourd'hui, après tous ces progrès dans la connaissance, même en physique on est sur le point de conclure que plus un outil réussit à laisser entrer ce qui a lieu dans toutes les dimensions de l'instant, plus il a des chances d'être juste.

—Je ne vois pas où vous voulez en venir.

—Simplement au fait que ce qui vous dérange, c'est peut-être que l'astrologie est très habituée à l'instant. Elle prend facilement sa forme. Ses symboles, ou ses outils si vous préférez, sont précisément conçus pour cela : saisir l'instant. Les outils eux-mêmes, en un sens, ne révèlent rien. Ce sont simplement des véhicules plus ou moins bien conçus. Vous verrez que la plupart des astrologues, face à un thème, ne sont pas à même d'expliquer entièrement pourquoi ils choisissent tel chemin d'analyse plutôt que tel autre. Ce n'est pas parce qu'ils manquent de précision. C'est simplement parce qu'ils utilisent des outils qui, précisément, sont faits pour les emmener dans le courant de ce qui est, et non pas dans des systématiques qui ne s'appliquent à rien en particulier.

—Oui, mais il reste qu'en attendant, si avec votre poésie vous êtes à côté de la réalité, il y a des gens qui peuvent être convaincus par ce que vous leur dites, et croire à des chimères.

—Mais la science prend le même risque, monsieur. Sans cela, on n'avancerait pas. Et puis, vous prenez les gens pour des enfants, je crois. En plus, vous savez, la vie d'un individu à un rapport assez intime avec son inconscient. Si vous croyez que vous pouvez modifier un inconscient avec ce que vous en dites, je vous souhaite bonne chance.

—Oui, mais ce n'est jamais bon de porter des gens à croire à des idioties.

—À quoi est-ce qu'il faut croire? Dites-moi, je vous écoute.

—Mais je ne sais pas, moi. À rien en particulier. C'est vous qui avez des certitudes, pas moi.

—Moi des certitudes? Il doit y avoir erreur sur la personne. Voilà six siècles que je m'amuse à chercher et à faire de la poésie universelle, et on me dit que j'ai des certitudes. C'est quand même paradoxal. Tout le monde ici a besoin de croire, et tout le monde a peur de croire. Vous estimez peut-être que les sciences actuelles ne croient en rien.

—Non, bien sûr. Mais elles sont méthodiques.

—Oui, elles ont *une* méthode. Vous pensez qu'il n'y a qu'une méthode?

—Non, bien sûr.

—Bon, eh bien moi j'en utilise une autre.

—Oui, c'est possible, admettons. Mais à ce moment-là, on n'a qu'à dire n'importe quoi méthodiquement, et dire que c'est vrai.

—Pourquoi n'importe quoi? Dites ce que vous sentez, ce n'est jamais n'importe quoi.

—Mais il n'y a pas de limites à cela.

—Pourquoi voulez-vous une limite?

—On doit bien être sûr de quelque chose!

—Pourquoi voulez-vous être sûr?

—Mais sinon c'est effrayant.

—C'est bien ce que je vous disais. C'est angoissant l'explication des choses ici.

—On est d'accord. Mais tout de même, vous n'êtes pas sérieuse.

—Vous oui, moi non. Pas le moins du monde.

Vous me demandiez sur quoi je me fonde, eh bien voyez, c'est ça: la poésie. Sans chercher forcément à atterrir sur une vérité. Juste un jeu pour soulager la conscience. Et puis, d'ailleurs, est-ce que vous croyez en la poésie?

—La poésie n'est pas une croyance. C'est lisible sans risques.

—Sans risques? Vous n'avez jamais été profondément marqué par un poème?

—Si, quand même.

—Bon alors voyez. Et ne me dites pas que la poésie ne parle pas de la vie, je ne vous croirais pas. Pourtant, on ne va pas la surprendre au lever du lit la poésie. On la connaît.

—Oui.

—Eh bien l'astrologie c'est pareil. Si vous en faites une chose trop sérieuse, vous aboutissez à des aberrations. Si vous l'écoutez comme un poème, elle est capable, à mon sens, de vous inspirer profondément. Même, de vous donner un fort sentiment de lien avec le mouvement environnant. Mais je le répète : c'est une poésie. Si je vous cite un vers bien connu : « Les sanglots longs des violons de l'automne », vous n'allez pas me demander s'il est vrai que l'automne a des violons, et si ces violons ont vraiment des sanglots.

—Non, évidemment.

—Bon, alors pourquoi ne faites-vous pas de même avec l'astrologie ? Ne vous dites pas : « Je suis Lion, donc je suis un créateur, c'est sûr ». Vous n'êtes pas plus Lion que moi curé. Dites-vous plutôt, je ne suis pas Lion, mais si je me regarde sous cet angle, est-ce que ça me parle ? Oui. Non. Quand un ami vous parle de vous, c'est pareil. Seulement là, parce que ça se passe au-dessus de votre tête, vous voulez croire. C'est dommage.

—Dommage ?

—C'est dommage parce que je vous assure que prise comme je vous dis, c'est une poésie qui fait méditer sur des choses étonnantes. Sur la Terre, qui est inclinée exactement comme le cœur, par exemple. Sur les électrons autour d'un atome, qui semblent vouloir reconstituer à petite échelle notre système solaire. Ou encore sur le fait que, tout de même, la facilité que l'on a à se représenter les mouvements intérieurs des gens par ceux de la nature, ceux des étoiles ou de toute autre chose est déconcertante. C'est à croire que quelqu'un l'a fait exprès. À croire que, pour être aussi interchangeables, ces réalités ne sont que les versants de la même réalité.

Donc parfois, c'est à croire que…, mais n'en faites rien. Vous voulez une bière ?

—Merci, non. Cette discussion ne mène nulle part.

—Je vous l'avais dit.

1

UNE DÉMARCHE D'INTERPRÉTATION

Le but de ce livre est de proposer une approche imagée de l'interprétation d'un thème astral individuel. Je tiens à rappeler qu'il y a quantité de façons de s'y prendre, chacune étant intimement liée à la philosophie et à la sensibilité de l'astrologue.

Comme je l'ai exposé dans le prologue, mon approche est celle de la poésie et du jeu, dont l'objectif est d'aboutir à de fortes inspirations quant à nos réalités intérieures et extérieures. Des évocations donc, plus que des vérités, émanant directement du cœur des symboles. Le fait est qu'un thème est pour moi plus un « guide sensoriel » vers l'état des choses qu'une révélation du sens des choses. Il me semble que la quantité de « Terre » et la place des Poissons dans mon thème pourraient bien refléter ce point de vue.

L'objectif de cet ouvrage n'est donc pas de justifier, ni théoriquement, ni techniquement, les outils que l'on emploie en astrologie. Simplement d'en offrir un déchiffrage pratique, le plus vivant possible.

Comme ce livre s'adresse tant aux débutants en astrologie qu'aux « avancés », il me faut, rapidement, exposer la manière de lire un thème. Une fois cette première lecture effectuée, je propose aux débutants d'approcher ces dessins exactement comme s'ils étudiaient des parchemins dont il était établi qu'ils concernent des individus, sachant qu'il en existe également un à leur sujet. Autrement dit, de s'ouvrir à une *expérience directe* de l'interprétation. Par la suite, il existe d'excellents livres qui expliquent d'où vient tout ce matériel.

Pour ceux qui sont plus avancés, ils pourront patienter sept pages, ou bien passer directement à ce qui suit : l'introduction aux méthodes de mise en scène du thème astral.

LECTURE DU THÈME : LE DÉCOR

Dans les neuf chapitres qui suivent, je vais montrer comment on peut transformer le thème astral en une pièce de théâtre intérieure à plusieurs personnages, présente en chaque individu, et unique pour chacun.

Comme il va s'agir, peu à peu, de « mettre en scène » le thème pour aboutir à une sorte de représentation théâtrale, on peut déjà commencer par les décors.

Il est rare de débuter la mise en scène d'une pièce par le décor, mais nous avons ici un cas un peu spécial : les éléments du décor, en astrologie, sont toujours les mêmes. Ce qui différencie un décor d'un autre, c'est l'agencement de ces différents éléments.

Les principaux éléments de ce décor sont au nombre de trente-quatre. On peut donc déjà imaginer une scène de théâtre où le décorateur (suprême !) doit se débrouiller avec tous ces éléments pour constituer une atmosphère particulière. Je vais les exposer rapidement.

Pour cerner la matière du décor, il est nécessaire de survoler brièvement le système solaire.

On peut dire qu'un thème astral est un dessin qui représente, d'une manière simplifiée, l'état de notre système solaire au moment de la naissance d'un individu. C'est une sorte de photo du ciel.

Il y a dix planètes dans notre système solaire. En prenant un jour au hasard, dans l'hypothèse où l'on pourrait réaliser cette photo en se plaçant au-dessus du système solaire (qui est comme un disque plat), on verrait quelque chose comme cela :

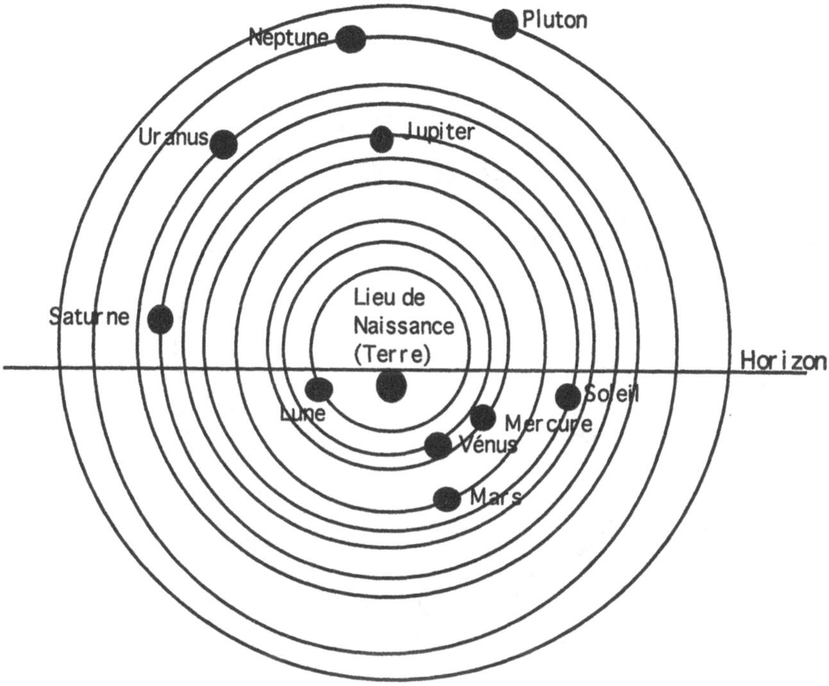

FIGURE 1

Vues de la Terre, les planètes du système solaire semblent nous tourner autour. Bien que, nous le savons, ce ne soit pas le cas (sauf la Lune), l'astrologie s'est essentiellement fondée sur cette illusion d'optique qui, par analogie, est un reflet possible du rapport subjectif que l'homme entretient avec l'univers.

Voici donc, à peu près, la «photo» du ciel que nous avions le 29 septembre 1996 à 18 heures, vu de la Terre.

Le thème astral d'un individu, né à Paris ce jour-là et à cette heure, ne fait rien d'autre que représenter schématiquement cette photo sur une roue:

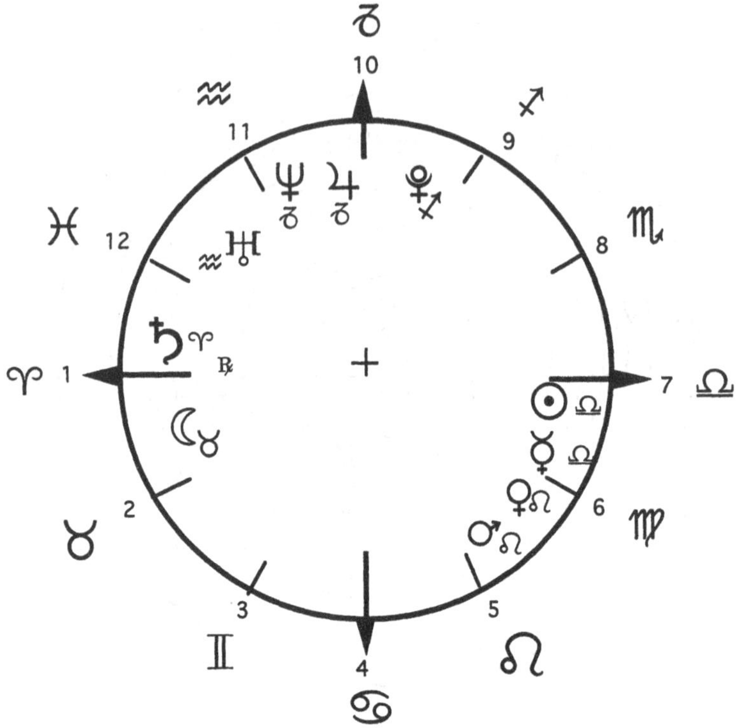

FIGURE 2 : THÈME D'UN INDIVIDU NÉ LE 29 SEPTEMBRE 1996
À 18 H À PARIS

Deux dessins semblables, donc, sauf que les dix planètes de la « photo » sont représentées dans le thème par les symboles suivants :

Soleil	☉	Jupiter	♃
Lune	☾	Saturne	♄
Mercure	☿	Uranus	♅
Vénus	♀	Neptune	♆
Mars	♂	Pluton	♇

FIGURE 3

Dans le thème, les symboles planétaires sont placés au même endroit que les planètes sur la photo.

Cependant, pour pouvoir resituer avec exactitude sur le thème les dix planètes «photographiées», il a fallu graduer la roue sur laquelle on les place. Pour cela, l'astrologie utilise deux graduations superposées, représentées sur la figure ci-dessous :

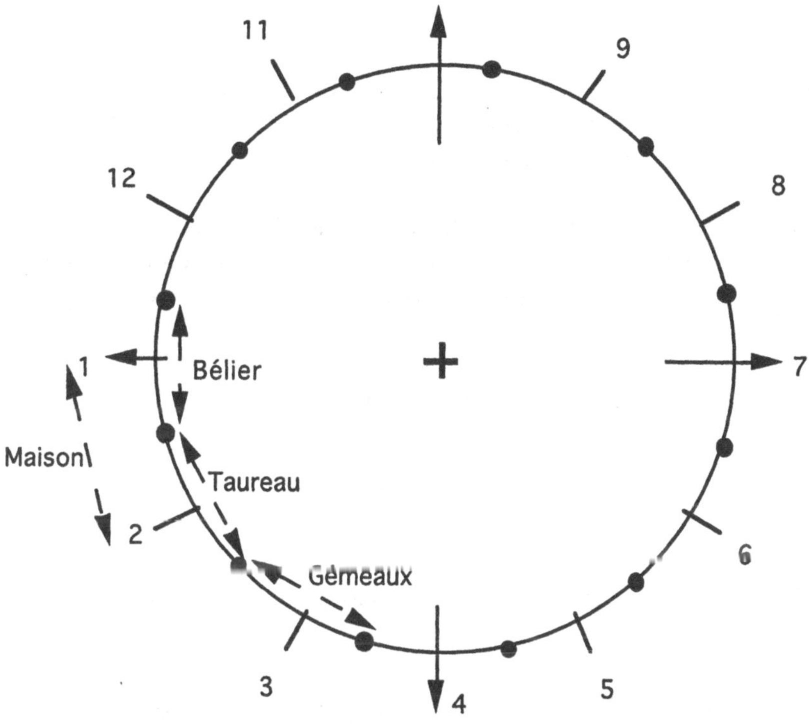

FIGURE 4

La première graduation correspond aux douze points placés tout autour de la roue. Ils forment douze «compartiments». Chaque compartiment est un signe du zodiaque. Cette roue à douze signes forme ce qu'on appelle le zodiaque *spatial*, sorte de bande circulaire entourant la Terre, et décrivant le déplacement *apparent* du Soleil autour de la Terre, comme le montre la figure 5 :

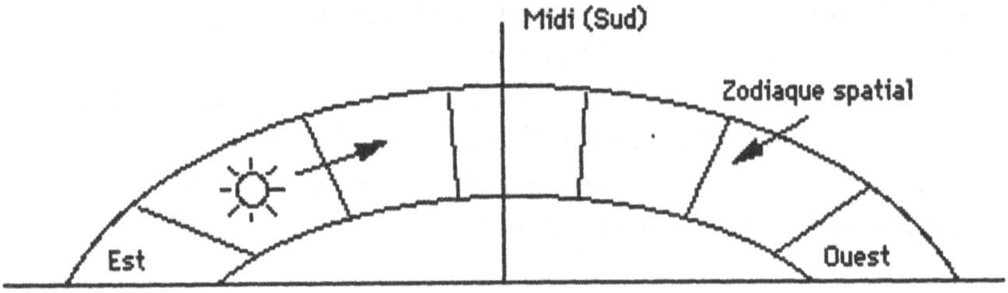

FIGURE 5

Pour des raisons, encore une fois, d'illusion d'optique, toutes les planètes du système solaire, vues de la Terre, semblent comme le Soleil se mouvoir dans cette bande d'espace.

Sur la figure 4, j'ai noté, entre autres, le Bélier, le Taureau et les Gémeaux, mais les autres signes se suivent ainsi tout autour de la roue, dans le sens inverse des aiguilles d'une montre, du Bélier jusqu'aux Poissons.

Voici la représentation symbolique des signes :

Bélier	♈	Balance	♎
Taureau	♉	Scorpion	♏
Gémeaux	♊	Sagittaire	♐
Cancer	♋	Capricorne	♑
Lion	♌	Verseau	♒
Vierge	♍	Poissons	♓

FIGURE 6

La deuxième graduation représentée sur la figure 4 correspond aux douze traits numérotés placés autour du dessin. Ils forment douze autres compartiments. On appelle ces compartiments des **maisons astrologiques**. Cette deuxième graduation se « superpose » en quelque sorte à celle du zodiaque spatial, un peu comme si, du milieu de l'horizon, on faisait partir plusieurs droites qui viendraient couper la bande du zodiaque en différents points :

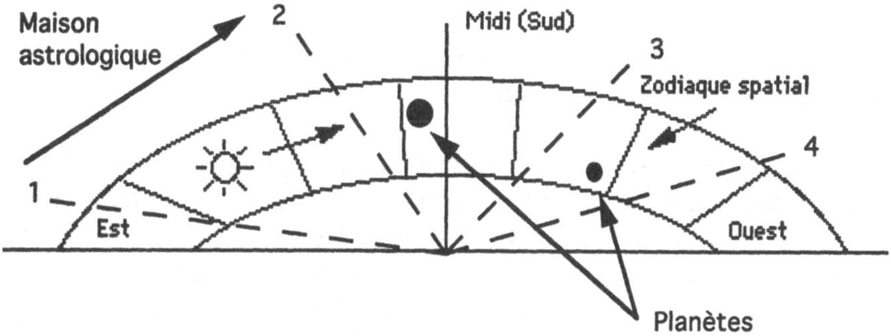

FIGURE 7

Ceci explique que, dès qu'on place une planète sur cette roue doublement graduée, elle se situe automatiquement dans les deux graduations ; autrement dit, elle se trouve à la fois « incluse » dans un signe et incluse dans une maison.

C'est ce que l'on veut signifier, en astrologie, lorsqu'on dit que Mars, par exemple, « est dans » le Taureau, et « est » aussi dans la sixième maison. Ce qu'on résume en disant « Mars est en Taureau et en maison 6 », ou encore « Mars Taureau en 6 ».

On appelle les douze traits qui séparent les douze maisons, des **cuspides**. Sur les figures 4 et 7, on peut remarquer que chaque cuspide « tombe » dans un signe. Sur la figure 4, la cuspide numérotée « 1 » par exemple, tombe dans la zone nommée Bélier. La cuspide n° 2, elle, tombe dans le Taureau. Tout comme les signes, les maisons sont des compartiments qui se suivent. Le premier compartiment va de la cuspide n° 1 à la cuspide n° 2 : c'est la maison 1. La maison 2 commence à partir de la cuspide n° 2, et s'étend jusqu'à la cuspide n° 3. Et ainsi de suite. Étant donné que chaque cuspide tombe dans un signe, on peut dire, dans le cas de la figure 4, que la maison 1 commence « dans le Bélier », que la maison 2 commence « dans le Taureau », ou encore que la maison 1 « est en Bélier », la maison 2 « est en Taureau », etc.

Pour résumer, dans un thème :

— chaque planète se trouve à la fois dans un signe et dans une maison ;
— chaque maison se trouve dans un signe.
Sachant que :
— le signe d'une planète et celui de sa maison peuvent être différents ;
— les signes dans lesquels se trouvent les planètes et les maisons varient selon chaque individu, tout ceci étant fonction de l'état du ciel à sa naissance ;
— la place d'une planète en signe et en maison est ce que l'on appelle une « position planétaire ».

Sur la figure 2, qui est la représentation anglo-saxonne du thème astral, toutes ces données sont schématisées. On ne distingue, en effet, qu'une seule des deux graduations : celle des maisons, sous forme de traits placés tout autour du cercle, dont quatre sont fléchés. Les signes du zodiaque n'apparaissent « qu'au bout » de chaque maison, pour rappeler simplement le signe dans lequel elle se trouve. De même, le signe de chaque planète est noté à côté de son symbole dans le thème. Jupiter par exemple, qui dans ce thème est en Capricorne, est noté de cette manière :

♃♑

FIGURE 8

D'après le numéro de chaque maison du thème, on constatera également sur la figure 9 que Jupiter Capricorne se trouve en maison 10, maison elle-même placée en Capricorne.

Voilà pour la première lecture du thème. Pour aider ceux qui débutent à décoder le thème de la figure 4, voici la liste de ses positions planétaires, suivie du thème de la figure 4 détaillé :

Le Soleil est en Balance en maison 6 Vierge
La Lune est en Taureau en maison 1 Bélier
Mercure est en Balance en maison 6 Vierge
Vénus est en Lion en maison 5 Lion
Mars est en Lion en maison 5 Lion

Jupiter est en Capricorne en maison 10 Capricorne
Saturne est en Bélier en maison 12 Poissons
Uranus est en Verseau en maison 11 Verseau
Neptune est en Capricorne en maison 10 Capricorne
Pluton est en Sagittaire en maison 9 Sagittaire.

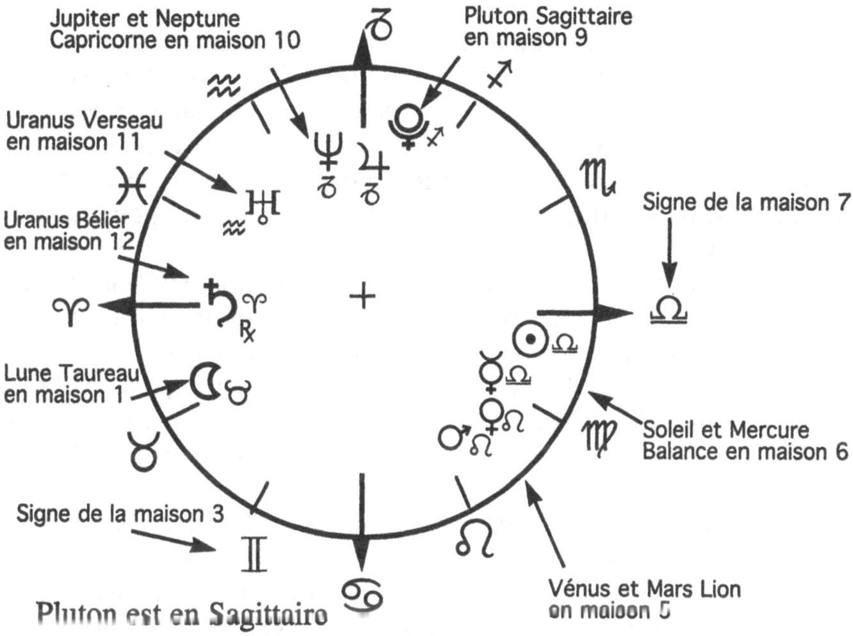

FIGURE 9

Que signifie ce langage ?

J'aurai l'occasion, plus loin, de détailler la signification de chacun de ces éléments. Pour le moment, je propose cette première simplification :

— Les dix planètes représentées dans le thème représentent **dix fonctions** que l'astrologie distingue dans l'individu. Ce sont des fonctions de base. La planète Mercure, par exemple, représente la fonction Penser. La capacité qu'a chaque individu de générer des concepts et de les organiser entre eux appartient à Mercure. À chaque planète du thème correspond ainsi une fonction assez large, mais bien distincte des autres.

— Les douze signes équivalent à **douze motivations** ou **douze modes de fonctionnement.** On peut encore dire douze stades ou douze états de la vie. Entre autres, on les utilise dans le thème pour préciser la façon dont chaque planète fonctionne chez un individu particulier. Reprenons l'exemple de Mercure : chaque homme a la capacité de penser — c'est à dire dispose d'un « Mercure » — mais aucun homme ne pense de la même manière. C'est le signe dans lequel se trouve Mercure dans le thème d'un individu qui va nous donner les premières précisions. Si, par exemple, Mercure est en Balance (voir figure 4), on dira que cet individu a une façon de penser de type Balance. Puisque « Balance » représente une certaine manière d'aborder la vie, la pensée de cet individu va opérer en prenant ce point de vue pour base, un peu comme s'il partait d'un postulat de départ. C'est ainsi pour chaque planète-fonction dans le thème.

— Les douze maisons du thème définissent douze expériences fondamentales de la vie. Par exemple, « naître » (maison 1), ou « créer » (maison 5), ou encore « rencontrer les autres » (maison 7).

Entre autres, on utilise les maisons dans le thème pour qualifier encore un peu plus précisément l'utilisation des fonctions planétaires propre à chacun. Personne ne pense de la même façon et, par ailleurs, personne n'oriente sa pensée sur les mêmes sujets. Les douze maisons représentent autant de **contextes** différents dans lesquels chacun peut faire l'usage de ses dix fonctions planétaires. La répartition des planètes dans les maisons du thème nous renseigne sur le type d'expériences sur lesquelles un individu a tendance à se concentrer, en y impliquant une ou plusieurs fonctions. Par exemple, dans la figure 4, Mercure, en Balance, se trouve en maison 6. De façon schématique, la maison 6 représente l'expérience d'une importante transformation de soi, liée à la découverte et l'acceptation, plus ou moins aisée, de contraintes extérieures à soi. Ces contraintes peuvent être, entre autres, celles de la culture dans laquelle vit l'individu. Par exemple, dans la plupart des cas, il est aujourd'hui nécessaire de travailler si l'on veut manger. On peut appeler cela une « contrainte nécessaire ». Si Mercure est en maison 6, on peut dire que l'individu a tendance à focaliser sa pensée *sur ce contexte*. Ceci pourra être illustré de différentes manières : il est possible que cet individu réfléchisse naturellement sur les conditions actuelles du travail, ou encore, qu'il cherche à gagner son pain grâce à un métier « intellectuel », etc. Mais dans ce contexte, on n'oubliera pas qu'il va réfléchir d'une certaine manière : selon « l'approche » Balance.

Le signe dans lequel se trouve chaque maison faisant référence à des idées plus complexes, je détaillerai cette donnée plus loin.

Pour le moment, ceux qui débutent l'astrologie peuvent donc considérer que le thème astral est une sorte d'imbrication de **dix fonctions intérieures, opérant de différentes manières et ce, dans des contextes particuliers.** C'est ce concert d'ensemble du thème qui permet à l'astrologie de donner différentes cohérences à la vie intérieure d'un individu.

À partir de là, l'exercice d'interprétation tient presque tout entier dans la capacité à *se représenter*, clairement, ce que signifie chaque planète du thème, dans son signe et sa maison, *sous forme de vécu.*

LE THÈME ASTRAL ET LA « LÉGENDE PERSONNELLE »

Même s'il est possible d'associer aux symboles astrologiques des idées telles que « fonction intérieure », « motivation » ou « expérience de la vie », ces symboles n'en restent pas moins très anciens, et certainement plus profonds que ces simples concepts. D'une certaine manière, aujourd'hui, c'est à peine si on peut les comprendre.

C'est tout leur intérêt.

Ces symboles n'appartiennent presque pas au monde conceptuel. Ce sont des océans, dont les idées et les théories ne laissent passer qu'un filet d'eau.

D'où, un problème.

Qu'est-ce qu'on fait ?

Comment en parler ?

Ce ne serait effectivement pas un problème si on ne devait pas en parler. Lorsqu'un astrologue observe un thème seul, au fond, il n'a pas besoin de formuler : il regarde les symboles, et il *ressent* le sens. C'est dès qu'on se le raconte à soi-même, dans la perspective réelle ou fictive d'en parler, que le problème surgit.

Comment, donc, faire parler les symboles sans en parler ? Voilà, il me semble, la première question que pose l'interprétation d'un thème.

Pour ma part, je crois que, sans parler exactement de ces symboles, on peut toujours s'efforcer de les *regarder surgir*, puis, avec un peu d'habitude, de les *faire surgir*. Autrement dit, procéder d'une manière telle qu'elle fasse apparaître les symboles dans tout leur silence et leur profondeur, sans avoir à les expliquer.

En réalité que se passe-t-il ? Quand on commence à «ressentir» la trame silencieuse d'un symbole astrologique, on peut le reconnaître de plus en plus souvent dans la vie courante. Vous allez rouler sur l'autoroute et lire : «pour les camions de plus de douze tonnes, sortie obligatoire», et vous remarquerez que cette phrase est une illustration possible de ce qu'en astrologie on nomme *Saturne*. Vous lirez un article de journal sur le protectionnisme économique et vous songerez peut-être que c'est aussi ce qu'on appelle *Lune*. Vous verrez une personne engager une discussion avec une autre dans l'attente du bus, et vous aurez une image très simple et très parlante de ce qu'est *Balance*. C'est ce que j'entends par «voir surgir» les symboles. Et c'est à partir de ce type d'observation que l'on peut, ensuite, les faire de nouveau surgir, et même, prolonger leur surgissement dans l'imagination.

Le langage du vécu, réel ou imaginaire, paraît donc particulièrement approprié pour parler des symboles sans en parler. C'est un langage métaphorique permanent. C'est la raison pour laquelle je cherche à utiliser ce langage dans l'étude des thèmes depuis plusieurs années.

On pourrait encore expliquer de mille façons l'intérêt et l'efficacité des images dans l'interprétation d'un thème : ce serait le sujet d'un livre entier. Comme il s'agit ici de pratiquer directement ce langage, je terminerai par ceci : les symboles astrologiques renvoient à des réalités universelles. Et les concepts et les théories que l'on développe pour les saisir sont apparemment plus résistants à cette universalité que ne le sont les images. Ils sont plus facilement frappés de culture. Or l'intérêt d'un thème est précisément d'offrir un accès à cette partie de l'individu qui prend racine hors de la culture.

Lorsque l'on cherche à transcrire le thème astral en images, on est rapidement étonné par la vision de ce qui est une sorte de Saint-Graal en interprétation : la *cohérence* de ce qu'elles évoquent. Et ce, dans n'importe quel thème. On peut presque dire que les images rassemblent le sens. Après quelque temps d'observation, elles s'organisent peu à peu d'elles-mêmes, jusqu'à faire apparaître une sorte d'histoire illustrée.

Que sont ces images ? Que voit-on en réalité ?

Les symboles astrologiques s'apparentent à des cartes — les similitudes avec les arcanes du Tarot abondent— à cela près qu'ils sont moins nombreux, et renvoient donc, chacun, à plusieurs images en même temps. Ce peut être des personnages, des paysages, des objets. Un même symbole renvoie à plusieurs illustrations. La Lune peut par exemple désigner un enfant, ou bien une mère, une couverture chaude, un rêve, l'estomac, un tissu en lin, l'ensemble des femmes, ou encore la foule entière. Bien sûr, on peut penser qu'une même notion réunit toutes ces images, et pourrait synthétiser ce qu'est la Lune. Mais encore une fois, on accède plus facilement à cette notion en restant près du sentiment que donne chacune des images. C'est toujours la même chose : en écoutant le cœur, on y voit plus clair.

L'ensemble des images contenues dans un thème est organisé dans un sens particulier, et forme une histoire. Il s'agit d'une histoire *symbolique*, d'une métaphore qui tente de décrire la réalité intérieure d'un individu, comme le ferait un conte personnalisé. On y parle par ellipses de la personne, de sa vie, mais non pas dans ses détails et ses événements : ils sont absents du thème. Ils n'ont du reste aucune importance dans ce que dit cette histoire, où il ne s'agit, pourrait-on dire, que de la vie de l'individu dans son essence.

Paulo Coelho, dans son livre *L'Alchimiste*, utilise un terme qui s'applique bien à ce qui apparaît dans un thème : « la Légende Personnelle ». Le personnage du roman prend contact avec cette vérité intérieure lorsqu'il revient d'une longue quête à son point de départ. Ce qui prend vie dans le thème veut s'approcher, en un sens, de cette « intime vérité », dont le cœur n'est pas vraiment dans les détails de l'histoire, mais plutôt dans la « morale » ou la clef qu'elle contient.

Ainsi, c'est un peu comme si l'histoire du thème parlait d'un fleuve secret ou souterrain, mais sans considérer les affluents qui s'y jettent, sans trop évoquer son cours non plus, mais plutôt sa vocation, quelque chose comme les terres qu'il va naturellement irriguer et la vie qu'il charrie, depuis sa source jusqu'à la mer.

Il y a mille et une façons de raconter l'histoire du thème. Puisqu'elle est symbolique, elle peut prendre de nombreuses formes. Inversement à ce que l'on croit parfois, il ne s'agit pas, en astrologie, d'enfermer quelqu'un sur un chemin déjà tracé. Il est simplement question d'*évoquer* quelque chose le concernant, des images, des mots, capables de faire résonner cette évidence qui lui est propre et, peut-être, de l'aider à conserver ou retrouver sa « légende personnelle ».

METTRE EN SCÈNE LE THÈME ASTRAL

Contrairement à son apparence, un thème astral ne reste pas figé ou obscur. Il ne garde pas la forme d'un dessin très longtemps. Il se transforme rapidement en un petit monde, une sorte de petite planète à lui seul où tout se trouve organisé d'une manière inédite. On prend contact avec la vie qui circule dans un thème dès que l'on connaît quelques symboles. Peut-être même avant, si l'on regarde attentivement ce que l'on a devant soi. Il y a un cercle, des cases, des lignes et des signes. Mais tout ceci n'est qu'une façade. Une sorte de salle d'attente ou d'inspiration.

Après quelques minutes d'observation du thème, c'est comme si de cette salle d'attente on passait dans une sorte de couloir. Au bout du couloir, il y a une pièce éclairée dans laquelle se tient une conversation à plusieurs, assez animée. Il y est question de quelque chose que l'on ne saisit pas immédiatement. Se concentrer sur le thème revient à avancer dans ce couloir jusqu'à entendre très distinctement le discours de chacun des occupants. Pour finir, on entre dans la pièce, où quantité de dialogues fusent de toutes parts. C'est exactement comme s'il s'y jouait une scène, dont on va comprendre peu à peu l'enjeu.

L'approche consistant à aborder un thème comme une scène, où se joue une comédie ou une tragédie, est ce qui a tout particulièrement guidé mes recherches durant ces quatre dernières années. Outre le fait que j'ai cherché à aller jusqu'au bout d'une approche imagée et théâtrale de l'astrologie qui m'est naturelle, je crois que, par nature, l'interprétation se prête particulièrement bien à cette représentation.

Avant d'entrer dans le détail, voici un exemple de la façon dont on procède à cette mise en scène.

Nous l'avons vu, l'astrologie se représente la vie intérieure d'un individu comme étant une combinaison particulière de différentes fonctions. Ces fonctions sont au nombre de dix, figurées dans le thème par les dix planètes du système solaire. On peut se les représenter comme dix dimensions de la personnalité (penser, agir, aimer, développer des relations, se transformer, etc.). Chacun possède en lui-même ces différentes dimensions. Il en va comme d'un matériau de base universellement partagé. Seulement, personne ne «vit» ces dimensions de la même manière, ni ne crée le même type de lien entre elles. C'est là que s'établit la particularité de chacun. De là à se représenter le vécu individuel de chacune de ces dimensions comme un personnage intérieur évoluant sur une scène, il n'y a qu'un pas.

De fait, lorsque j'entame le cours de première année, j'ai pris l'habitude d'expliquer que l'on peut, en effet, se représenter les dix planètes d'un thème comme les dimensions intérieures fondamentales d'un individu, mais encore comme **dix personnages** dialoguant sur une **scène intérieure**. L'exercice d'interprétation du thème, comme nous le verrons, mène au bout du compte à adopter un point de vue beaucoup moins fragmentaire de l'individu. Mais on peut prendre comme base l'idée qu'une partie de nous — un personnage en nous — se charge de nos pensées, une autre de nos sentiments, une autre de nos désirs, une autre de nos actes, une autre de nos relations, une autre de notre situation en société, une autre de nos idéaux etc. Chaque fois qu'un individu se place sur l'une de ces dimensions, c'est donc comme si un personnage particulier s'agitait en lui, ou comme si ce personnage se levait de son siège pour expliquer son point de vue ou prendre les opérations en main.

Suivant leur place sur la roue du thème, on peut déduire quel genre de relations entretiennent ces personnages-fonctions entre eux à l'intérieur de l'individu et ainsi, peu à peu, esquisser une histoire.

Prenons un exemple.

Considérons les symboles Vénus et Mars dans le thème. Vénus représente un personnage-fonction qui désigne, notamment, la forme générale qu'adoptent les désirs d'un individu. Mars, de son côté, correspond à la capacité d'agir de cet individu et, entre autres, l'aptitude à réaliser les désirs de Vénus. On peut donc imaginer ces deux personnages dans le thème de la manière suivante : le rôle de Vénus est d'exposer ce qu'elle veut, celui de Mars de faire ce qu'il faut pour l'avoir. À eux deux, ils forment un véritable couple. Ce sont leurs positions respectives dans la roue du thème, différentes pour chaque individu, qui nous renseignent sur la façon dont chacun de ces deux personnages intérieurs se comporte, et sur leur fonctionnement en tandem.

En étudiant Vénus et Mars dans le thème, on peut, par exemple, déduire qu'ils s'accordent très bien : Vénus veut faire un trek en Asie, Mars va réserver les billets et se procurer le matériel nécessaire. Vénus est attirée par quelqu'un, Mars échafaude la stratégie adéquate pour passer à l'acte. Mais il arrive parfois que ce ne soit pas aussi simple (vous l'aurez constaté). Vénus veut être seule et tranquille, Mars ne cesse d'inviter des gens. Vénus tombe amoureuse et Mars, en présence de l'autre, manifeste une indifférence totale.

Selon la position de Vénus et de Mars dans le thème, on peut bien sûr imaginer quantité d'autres situations, plus subtiles.

Ceci est un petit scénario pour deux personnages. Mais le thème comporte dix personnages. Dix qui s'entendent, se disputent, négocient, refusent de se parler ou forment des équipes de choc. Chacun a un rôle et une motivation différente. C'est ainsi que l'on peut se représenter le thème comme une pièce de théâtre constituée de sketches entrecroisés. L'ensemble de ces échanges finit au bout du compte par former un certain tumulte, tantôt harmonieux, tantôt dissonant : la vie intérieure d'un individu.

Quant à sa vie extérieure, on peut considérer qu'elle n'est que la représentation externe de cette pièce de théâtre intérieure, avec des variations sur le sujet. C'est généralement sur cette approche de l'intérieur et de l'extérieur que se fonde l'interprétation d'un thème astral.

Pour l'interprétation « théâtrale », le thème donne des informations qui vont au-delà des différents dialogues imaginables. Grâce aux symboles, il est possible de concevoir une atmosphère. Il y a des lumières et des ombres, on peut les identifier. Si l'on veut, on peut même concevoir le temps qu'il fait, ainsi que le lieu où se tient la scène. Il ne s'agit pas, encore une fois, de divination. Seulement d'illustrations, que les symboles, avec un peu d'habitude, permettent de mettre en place.

Cependant, les symboles astrologiques peuvent être illustrés de différentes manières. Il est donc possible d'installer plusieurs scènes de théâtre pour libérer la « légende » d'un thème, à condition de ne pas s'écarter du sujet qui lui, globalement, ne change pas. Pour cela, une connaissance précise des symboles est nécessaire.

Pour donner une première idée des acteurs-fonctions qui peuplent le thème, voici une liste simplifiée de chacun des dix personnages du thème.

SOLEIL
Oriente le *sujet* des scènes.

LUNE
Est en réaction constante, développe une *sensibilité* à tout événement, conditionnée par le sujet.

MERCURE
Pense, analyse et *disserte* sur le sujet.

VÉNUS
Exprime les *désirs* qu'engendre le sujet, leur donne une *forme concrète.*

MARS
Agit en conséquence de ces désirs.

JUPITER
Participe à la société dans le cadre du sujet.

SATURNE
Est garant de la *mise en place concrète et authentique* du sujet, et voudrait consolider une *place et une reconnaissance sociales*, toujours dans le cadre du sujet.

URANUS
Veut *bousculer toutes les idées reçues* de la société sur le sujet.

NEPTUNE
Propose de *nouvelles valeurs et de vastes idéaux* dans le cadre du sujet.

PLUTON
Cherche à *transformer fondamentalement* la manière habituelle d'agir dans le cadre du sujet.

À partir de là, le principe de la mise en scène est simple : chaque personnage du thème a une caractéristique propre et permanente, ainsi qu'un rôle, déterminé par le **signe et la maison** dans lesquels se trouve la planète qui lui correspond dans le thème. D'un thème à l'autre, les caractéristiques des personnages sont donc les mêmes, mais leur rôle se modifie, ce qui change absolument tout. Si l'on compare deux thèmes, deux pièces, le même personnage paraîtra par exemple timide et replié sur lui-même dans l'une, et totalement sûr de lui dans l'autre. De même, la manière dont chacun des personnages cherche à atteindre son « but » va changer. Par exemple, la Lune sera toujours la « voix sensible » sur la scène. Mais, si la Lune est en Gémeaux et en maison 9 (voir le thème qui suit), elle n'exprimera pas le même genre de sensibilité que si elle se trouvait en Taureau et en maison 1. Comme tous les personnages sont sujets à ce type de variations, au bout du compte, aucune « pièce de thème » ne se ressemble.

Pour que cette approche théâtrale paraisse immédiatement plus concrète, voici un court exemple de ce que cela donne.

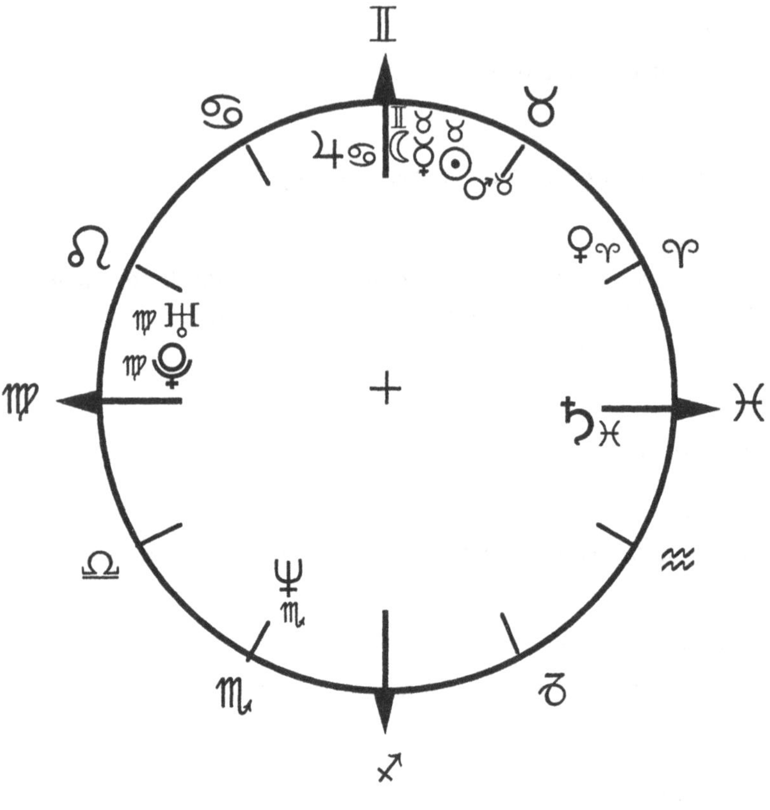

FIGURE 10 : THÈME D'UN INDIVIDU NÉ LE 20 MAI 1966 À 13 H À PARIS

Si l'on « écoute » ce thème en tenant compte d'une grande partie de ses symboles, voilà ce qu'on peut voir et entendre :

Dix personnes groupées dans un petit appartement, en soupente, transformé en salle de travail. De la fenêtre, on a une belle vue de Paris. Dans la pièce il y a des livres partout, des ordinateurs, des imprimantes qui crépitent, et une chaîne hi-fi qui trône au milieu, jonchée de disques. Un violoncelle est posé dans un coin. Tout le monde est affairé, en train d'écrire, de lire ou de téléphoner.

Soleil est plutôt calme. Il tire sur sa pipe en lisant un journal attentivement.

SOLEIL : Saint Thomas priez pour nous, encore une élucubration intellectuelle de l'association des musicologues en colère. Lis-moi ça. *(Il donne le journal à Mercure.)*

(Un temps.)

MERCURE : Oui... Pas très palpable. Manquent de calme ces gens-là. Impatients.

SATURNE, *concentré sur l'épluchage d'un listing* : Manquent de preuves, j'imagine. Comme toujours. Pas précis, pas logiques. Pas très réalistes non plus.

(Un temps.)

MERCURE : Nous on va lentement, mais au moins c'est du solide.

LUNE, *occupée à faire rebondir une balle de tennis sur le mur* : Moi je les trouve rigolos les musicos.

SATURNE, *sans lever la tête de son listing* : Rigolos mais pas sérieux.

LUNE : Rigolo et sérieux en même temps c'est pas facile.

SATURNE : Ça peut se faire. *(Il lève la tête.)*

Bon. On fait un point ?

VÉNUS : Allez !

SATURNE : Cela fait combien de temps, maintenant, qu'on étudie la structure et l'impact des concertos en *si* bémol majeur ?

SOLEIL : Il y a cinq ans que j'ai proposé ma première méthode sur plusieurs populations. Le premier article imprimé est paru il y a quatre ans. Ça nous a rapporté 10 000 F et deux séminaires qui ont eu lieu chez moi.

MERCURE : Les résultats actuels ?

URANUS et PLUTON : Grâce à la méthodologie révolutionnaire que nous avons conseillée, après 18 734 expériences sur des anxieux, on a constaté que ça rendait joyeux dans 82,3 % des cas.

VÉNUS : Faut écrire un livre sur la thérapie en *si* bémol majeur.

SATURNE : On se calme. Laisse venir, laisse venir. Le cas des anxieux suisses n'est pas résolu.

LUNE : Les anxieux suisses ?

MERCURE : Ça les rend boulimiques, on ne sait pas pourquoi.

LUNE : Le *si* bémol, le chocolat... ?

SATURNE : Très drôle. À cause d'eux notre théorie prend l'eau. Ça me rend malade.

SOLEIL : Écoute, on a dit qu'on expérimentait avec des méthodes classiques, du bon sens, et sans volonté de théoriser à la hâte. Si on veut des résultats tangibles et utilisables, on n'a pas le choix.

JUPITER : On aurait mieux fait de rester à la fac. En plus on était soutenus par des pontes.

VÉNUS : Tu parles de dinosaures, tes pontes. Heureusement qu'on s'est enfuis.

URANUS et PLUTON : Bien d'accord.

MERCURE : J'oubliais, on a aussi constaté que ça accélérait la pousse des agrumes.

SATURNE : Elle commence à devenir bizarre cette étude, je vous le dis.

NEPTUNE : Le bizarre, on refuse de le voir, mais il est là. Il nous environne.

URANUS et PLUTON : Ça te fait peur ?

SATURNE : Peut-être.

Voilà une scène possible. Il en existe beaucoup d'autres, sur le même thème. Dans tous les cas, il semble que le sujet s'oriente ici autour du fait de mener une recherche concrète sur des thèmes « hors-cadre », ou par des méthodes hors-cadre, dans des domaines plutôt fluctuants et particulièrement résistants à l'analyse (c'est une façon de l'exprimer). Parmi les personnages, certains sont très ouverts, d'autres précautionneux, d'autres très résistants.

À partir de là, la suite de l'interprétation va consister globalement à :

— concevoir d'autres scènes possibles, jusqu'à obtenir une sorte de spectre allant des vécus difficiles aux vécus plus harmoniques du sujet, en passant par des intermédiaires ;

— préciser de mieux en mieux, au-delà de l'harmonie ou des tensions, le *sujet sous-jacent* et la *finalité* communs à toutes ces scènes (en particulier, c'est vrai, *la finalité des tensions*, puisque c'est ce qui est demandé le plus souvent) ;

— se préparer à écouter en quoi la vie réelle de l'individu sera partiellement une métaphore de ces différentes scènes.

Nous pourrions prendre un autre exemple de thème, ce serait exactement comme passer d'une salle de théâtre à une autre. Mais celui-là, je crois, donne une idée de ce que produit l'utilisation de l'illustration vivante et imaginaire du thème. À partir de là, une chose est sûre : lorsqu'on utilise cette démarche en consultation, non seulement la discussion entre l'astrologue et son client devient rapidement drôle et animée, mais en plus, ils se situent immédiatement sur le plan de la vie, ce qui pour moi est essentiel. Sur cette base, il n'appartient qu'à eux, ensuite, d'évoluer vers des considérations de fond.

La « descente » dans la vie du thème me paraît donc être le but premier de l'interprétation. Pour cela, il est nécessaire de cultiver une certaine attitude vis-à-vis des positions planétaires du thème, dont nous allons parler maintenant.

L'IMAGINATION TECHNIQUE

« Partant d'ici, en marchant trois jours vers le nord, on trouve Nept, l'ancienne capitale d'un royaume de mathématiciens et de guerriers. Elle est en partie construite sur l'eau, et dominée par un château à douze ponts.

On raconte que son dernier roi, Niout, n'ayant plus de guerre en perspective, ni de problèmes à résoudre, déprimé, s'est un jour pris de passion pour le jeu. Jusqu'à ce jour, nul n'avait rencontré chez lui un tel intérêt ni une telle persévérance. Chaque matin, il quittait le château avec un coffre rempli d'or, pour ne revenir, le soir, que lorsqu'il était entièrement vide. D'aucuns disaient que sa passion secrète était de perdre. D'autres affirmaient que Niout cherchait discrètement à enrichir la ville. Mais seuls quelques serviteurs ont osé raconter ce qu'ils ne voyaient que trop souvent à la nuit tombée : le roi, affalé sur un escalier dans les environs du casino, totalement saoul, ou bien couché parmi les miséreux.

À vrai dire, la situation était devenue dramatique pour le royaume : les finances prenaient l'eau, et aucune autorité ni loi n'accédait plus au respect.

Un soir, on raconte que les laquais ne virent pas revenir le roi. Inquiets, ils le font rechercher dans toute la région, mais la nuit passe, et on ne trouve rien.

À six heures du matin, soudain, à trois kilomètres de Nept, un serviteur entend une voix familière s'élever dans la brume. On découvre le roi assis sur la rive de l'actuel fleuve 38, entouré d'une cinquantaine d'enfants. « Il n'a cessé, disent-ils, de nous raconter des histoires depuis le soir. Des histoires toutes aussi étranges que captivantes. » Quand l'un des enfants, ayant vu ses pieds dépasser d'une poubelle le soir précédent, l'en avait extirpé pour le réveiller, il s'était aussitôt mis à dire des poèmes, et avait ainsi rameuté tous les enfants du quartier.

« Ce n'est rien, il a trop bu », expliquent les laquais. « Mais non, pas une goutte, affirment les enfants. Il n'en a pas besoin, il est inspiré. Il dit qu'il est roi, mais on sait bien que c'est faux. »

Les serviteurs sourient, un peu gênés. On ramène le roi et laisse les enfants sur le quai.

Le dernier soir où l'on vit ce roi fut à peu près semblable. Sauf qu'on ne le retrouva pas le lendemain matin, ni le surlendemain, ni aucun matin des années qui suivirent. On ne sait même pas, aujourd'hui, s'il est vivant ou mort.

Certains disent qu'il serait peut-être ce vieux libraire qui vit à Sian, à une heure d'ici, vers le sud. C'est un vieux bonhomme, moitié conteur, moitié magicien, dont personne ne connaît l'origine. »

Cette histoire, qui a l'air d'un petit conte, est l'interprétation possible d'une position planétaire. Plus précisément, c'est l'extrait reformulé d'une histoire que j'ai racontée à un élève qui ne saisissait pas ce que pouvait signifier la position de son Soleil Poissons en maison 5.

On pourrait construire beaucoup d'autres histoires sur le thème de cette position. Celle-ci est celle qui m'est venue sur le moment. Après avoir beaucoup parlé, en concepts, du Soleil, des Poissons et de la maison 5, cette petite histoire a paru dénouer et refondre quelque chose.

Que l'on évolue vers une illustration théâtrale ou de type « conte », il est indispensable, dans ce genre d'interprétation, de s'habituer à utiliser les métaphores.

L'usage des métaphores, comme nous l'avons vu, n'est pas qu'un simple jeu imaginaire. C'est aussi un saut intellectuel, un « raccourci » qui laisse songeurs les scientifiques dans leurs considérations sur l'astrologie, alors qu'ils ne cessent eux-mêmes d'en faire usage. C'est également ce saut que l'on voudrait souvent, lorsque l'on étudie l'astrologie, repousser le plus loin possible en s'abreuvant de définitions ou de « recettes ». C'est le cas, comme on le verra, tant qu'une confiance n'est pas installée intérieurement en la pertinence de ses propres intuitions. Cette confiance apparaît progressivement lorsque l'on constate que tout contact réel, intuitif ou imaginaire, avec des symboles qui sont des contenus inconscients et collectifs présents en chacun, ne peut générer qu'une très faible marge d'erreur. La condition est de laisser s'établir ce contact : une grande partie de l'art d'interpréter se fonde sur cette opération.

Même si cela peut paraître curieux, l'interprétation correspond en fait à un saut dans le temps qui est à la portée de tout le monde (et gratuit !). D'autre arts ou sciences font état de ce type de « sauts de la connaissance ». Le détail de ce mécanisme, rencontré entre autres dans toute interprétation de thème, me semble bien expliqué dans cet extrait de *La Conscience et l'univers*[1] des deux physiciens David Bohm et F.D.Peat :

> (...) Cette notion de métaphore peut éclairer la nature de la créativité lorsqu'on établit un parallèle entre la découverte scientifique et la métaphore poétique. **Car en concevant une nouvelle idée dans le domaine scientifique, l'esprit s'engage dans le même type de perception créative que lorsqu'il invente une métaphore poétique.**
> (...) On comprendra plus facilement en prenant pour exemple la façon dont Newton eut initialement l'intuition de la gravitation universelle. En termes métaphoriques, cela peut s'exprimer sous la forme : « la lune est une pomme », développée ensuite en : « la lune est une terre ». Tout d'abord, cette figure de style génère un état d'énergie créatrice et de perspective, qui ne diffère pas fondamentalement de celle qu'éveille la métaphore poétique. À ce point du raisonnement, on sent donc que, de manière très importante, la lune, une pomme et la terre sont similaires mais comme dans la métaphore poétique, ce n'est pas encore exprimé explicitement. (...) **Mais l'étape suivante consiste à transposer la métaphore non développée sous forme de langage mathématique qui rend les similitudes et les différences plus explicites.**

Ceci est tout à fait applicable à l'interprétation. Toutefois, l'utilisation des métaphores dans l'étude d'un thème n'est qu'une phase préparatoire. Certes, elle facilite l'éclaircissement et l'animation de ce qu'on lit, et permet d'établir des illustrations souvent très parlantes de ce que vit un individu. Mais ce n'est là, en réalité, qu'un échauffement préalable, nécessaire à l'objectif principal de l'interprétation, lequel obéit pratiquement au processus inverse : non plus développer des métaphores, mais **distinguer, dans une vie, ce qui est métaphorique de ce qui ne l'est pas.**

Lorsque l'on développe une métaphore au sujet d'un symbole, on peut choisir plusieurs plans d'illustration : scènes de la vie quotidienne, mise en scène théâtrale, formulation poétique, parabole métaphysique, etc. Mais en astrologie, l'usage de différents plans métaphoriques sert essentiellement à une chose : rendre l'astrologue et son client réceptifs aux *différents niveaux d'expression* d'une même réalité, et ce dans un but essentiel : **pouvoir discerner, par la suite, en quoi le vécu d'une personne est à son tour une métaphore des symboles qu'on lit.**

---

1. Éditions du Rocher, 1990.

La « seconde étape » dont parlent D. Bohm et F.D. Peat est celle de la « transposition de la métaphore non développée sous forme de langage mathématique qui rend les similitudes et les différences plus explicites ». C'est, par analogie, le stade des définitions et des règles astrologiques. Et il me semble que le défaut d'une bonne partie des règles d'interprétation est de vouloir commencer seulement à ce stade. Moyennant quoi les interprètes qui essaient d'utiliser ces règles ne peuvent connaître l'état « d'énergie créatrice et de perspective » qui les a engendrées. On pourrait donc dire qu'ils n'ont pas, dans ce cas, « l'énergie de la métaphore » ou « l'énergie du sens » avec eux : ils auront beaucoup de mal, sur cette base, à pousser loin l'interprétation.

Ainsi, j'ai toujours eu le sentiment que pour interpréter, il fallait **remonter à un stade antérieur à celui de la formulation des règles et principes d'interprétation.** C'est-à-dire remonter, en quelque sorte, aux « premières » métaphores astrologiques.

Dans cette perspective, partant des symboles, il existe différentes méthodes permettant de développer les métaphores et l'imaginaire en astrologie. Je vais ici en évoquer quelques-unes, issues de mon expérience d'enseignement.

UTILISER LA VIE

A priori, on peut penser que n'importe quel élément de la vie actuelle est traduisible en termes astrologiques. S'exercer à ce genre de traduction est la manière la plus efficace que je connaisse pour développer sa capacité à mettre en vie les symboles. C'est une sorte d'exercice de dilution des « concentrés symboliques » qui a l'avantage d'être très ludique.

Il m'est arrivé d'animer, seul ou en compagnie d'autres astrologues, des séminaires visant à consolider en chacun sa perception vivante et métaphorique des symboles. Le principe consiste à présenter à des étudiants en astrologie des mots, des phrases, ou des situations de vie qu'ils auront à rapporter à l'univers de tel ou tel symbole.

On peut proposer la phrase : « le port de la ceinture est obligatoire », à laquelle sera associé, par exemple, Saturne. Mais il ne s'agit pas non plus d'enfermer les symboles dans des illustrations rigides. Ce n'est pas le but. Au sujet de cette phrase, on pourrait aussi bien répondre : Capricorne. Ce qui est intéressant, c'est que se met ainsi en place un débat : pour quelles raisons associerait-on Saturne à cette phrase ? Pourquoi le Capricorne ? Et chacun d'y aller de sa justification, et, ce faisant, de faire l'effort de définir un peu mieux les différences qui peuvent être établies entre les notions Saturne et Capricorne. C'est d'autant plus intéressant qu'il se peut parfaitement que quelqu'un dise : « carré Mercure-Saturne », ou même « Poissons », ce qui dans ce dernier cas étonnera peut-être, mais qui finira éventuellement par affiner une perception par trop caricaturale de ce que l'on entend par Poissons, ou bien au contraire, permettra à l'auteur de s'apercevoir que sa perception des Poissons n'est pas suffisamment claire.

Mais ce qui est le plus important, c'est que cet entraînement développe chez les étudiants une capacité à reconnaître les symboles à n'importe quel plan de vie, capacité qui les mène finalement à approfondir la racine profonde de chaque symbole, plutôt que de se perdre dans ses différentes représentations. Au bout d'un moment, les étudiants apprennent à reconnaître une situation « Scorpion », un discours « martien », une bande dessinée « Saturne/Lune », une musique « Lion », un motif de tissu ou une exposition artistique « Gémeaux/Sagittaire », aussi bien qu'une problématique psychologique de type Lune/Pluton.

Je vais donner un exemple des mots ou phrases sur lesquels nous avons travaillé. Pour les utiliser, il suffit de se demander : « À quel symbole ou phrase symbolique cela me fait-il penser ? » Cette question, je le répète, peut recevoir plusieurs réponses ou aucune. L'important est qu'elle incite à développer des associations d'idées.

Un lit
Les dix commandements
L'informatique
« Si je suis gentil avec les gens, ils m'aimeront »
L'arche de Noé
Liberté, égalité, fraternité
Des fleurs
Le Dernier Empereur (le film)
Les arts martiaux
Obélix
Je t'aime, moi non plus
« Si quelqu'un prend du café, j'en veux bien »
Une chorale

La délivrance
La nationalité
Le port de la ceinture est obligatoire
« Les événements ont souvent choisi pour moi »
La jalousie
Médecins sans frontières
Courage, fuyons
La broderie
Une brocante
Tintin

Un exemple, le premier mot, « lit », a été associé la plupart du temps au Cancer. La justesse de cette affirmation importe peu. On ne peut pas imposer que « lit » soit définitivement associé au Cancer ! Ce qui importe, c'est la possible justification de cette affirmation. C'est là que l'on peut voir si le principe Cancer a été saisi ou non. Dans ce cas, il m'a été répondu la chose suivante : « Le Cancer, c'est le monde intime, c'est l'enfant protégé du monde, caché sous sa couette si l'on veut. Je crois qu'on pourrait associer le lit au Cancer... » Je précise encore que tous les symboles astrologiques ou associations de symboles peuvent être cités. Autre exemple : « Si quelqu'un prend du café, j'en veux bien. » Quelqu'un m'a dit « Vénus Balance ». J'ai demandé pourquoi, et l'on m'a répondu : « Pour moi Vénus représente, entre autres, le monde des envies chez un individu. Si elle est en Balance, ce sont des envies qui sont fondées sur un accord avec l'autre, les autres. Elles tiennent donc spontanément compte d'autrui. Un peu trop parfois. C'est une caricature, mais symboliquement, être le seul à vouloir du café est typiquement ce qui pourrait ennuyer une Vénus Balance. » On aurait pu en rester là, mais quelqu'un d'autre a dit : « Pourquoi pas le Scorpion ? » Explication :

— Il me semble que le Scorpion est souvent assez doué pour faire pression sur les autres, quand ça le prend. Particulièrement sur ceux qui ont une certaine empathie.

— On peut voir les choses comme ça, en effet.

— Donc on peut parfaitement imaginer ici quelqu'un qui cherche à en entraîner d'autres, en prenant l'occasion du café comme prétexte.

Quelqu'un ajoute :

— Oui, ou qui simplement cherche un prétexte pour faire s'accorder plusieurs personnes dans la même envie, ce qui est un peu le but du Scorpion.

— C'est assez sinueux, mais bien Scorpion pour cela, je le reconnais. De ce point de vue, on pourrait dire « Scorpion », c'est vrai. Mais vous n'auriez pas dans votre thème quelques planètes en Scorpion, par hasard ?

— Quatre, dont le Soleil. (Rires.)

— Merci.

Pour améliorer sa perception d'un thème, on peut donc se livrer de temps en temps à cet exercice. La vie de tous les jours offre des centaines de situations permettant de repérer les symboles astrologiques. Exercice à consommer avec modération néanmoins, puisqu'on peut finir par ne voir partout que des signes, plutôt que de la vie, ce qui est fâcheux. Mais je ne connais pas de recherche de sens qui n'ait pas son terrain glissant.

PORTRAITS CHINOIS

Les portraits chinois sont un autre moyen intéressant pour s'entraîner à représenter et surtout à contacter l'effet des symboles en soi. On utilise beaucoup cette technique dans les groupes de créativité. Je l'utilise moi-même avec des élèves qui apprennent ou ré-apprennent les symboles astrologiques.

Je prends un symbole, Saturne, par exemple, et je demande :

— Si Saturne était un arbre, comment le verriez-vous ?

Les réponses, évidemment, sont très variées et propres à chacun. Par exemple, dans ce cas, j'ai eu les réponses suivantes (entre autres) :

— Un cèdre. Un cèdre centenaire du Liban.

— Oui, ou un chêne.

— Moi je vois quelque chose dans la pierre. Qui pousse au milieu des pierres. Très résistant. Un arbuste quelconque, indéracinable.

— Moi je ne vois pas un arbre pour Saturne, je vois une écorce.

— Et si c'était un paysage ?

— Je ne vois pas ce qu'on dit habituellement, des montagnes tout ça, je vois plutôt un ravin sombre.

— L'inverse des montagnes, quoi.

— Oui, voilà.

— Ou alors un désert. Saturne, ça me fait penser à un désert, mais pas le jour avec l'enfer de la chaleur, plutôt le soir quand on s'aperçoit qu'en fait, c'est habité. Voilà tiens, Saturne, c'est le désert à sept heures du soir.

— Joli.

— Autre chose ?

— Oui, la montagne, ça me parle moi. La falaise. La falaise qu'on gravit à mains nues.

— Avec un corde de rappel, tout de même.

— Oui, avec une corde de rappel, si tu veux !

Le principe des portraits chinois est de proposer ainsi plusieurs directions métaphoriques : Si c'était un livre ? Un pays ? Un animal ? Un fleuve ? Une ville ? On peut choisir ce que l'on veut. L'important est de réunir par la suite les idées obtenues, pour rendre compte de la cohérence transversale qui se révèle pour chacun, à travers le choix de ses images. Cette cohérence exprime souvent très bien ce que chacun ressent profondément face au symbole choisi. Outre le fait que cette technique entraîne à l'usage de métaphores, elle permet de travailler sur les symboles avec une certaine finesse. On mettrait peut-être des heures à expliquer en concepts que, si Saturne peut faire penser à un éléphant, il y a aussi dans cet éléphant quelque chose d'un chat et d'un caméléon.

Enfin, j'ajouterai que la technique des portraits chinois, comme n'importe quel exercice projectif, permet de prendre conscience de la nature de projections personnelles, qui n'apparaîtraient peut-être pas dans un discours plus formel. J'ai souvent vu des étudiants surpris de constater, à travers leurs représentations, qu'ils se faisaient une image spontanément négative de Mars, par exemple, ou de la Vierge, contrairement à la Lune, qui leur suggérait des images plus positives. Et c'est une prise de conscience qui, avant de s'adresser à de futurs « clients », me semble très importante, comme dans n'importe quelle relation d'aide ou de conseil.

Une fois que l'on s'est habitué à transformer les symboles astrologiques en métaphores, dans l'optique d'une mise en scène ou d'un conte, on peut s'entraîner à les incarner en individus et en objets. Un moyen pratique pour réaliser cet exercice est de prendre l'habitude de choisir ses métaphores dans le quotidien : une table, des fleurs, le travail de chaque jour, les gens de chaque jour, etc. Quant on commence à acquérir une certaine souplesse à ce jeu, on peut se lancer dans ce qui fait l'objet des méthodes de ce livre : le mélange des métaphores entre elles. En effet, comme on l'a vu, tous ces exercices ont un but : illustrer des positions planétaires. Or, une position planétaire c'est une planète, dans un signe, et dans une maison. Pour chacun de ces éléments on doit construire une métaphore. Quand c'est fait, on n'a plus qu'à mêler les trois métaphores obtenues en une seule.

Ce n'est pas si compliqué qu'il y paraît.

Prenons un exemple.

Imaginons une Lune en Gémeaux, c'est-à-dire un personnage (Lune), qui se comporte d'une manière Gémeaux. Plutôt que de se dire : « La Lune en Gémeaux signifie une sensibilité intellectuelle, un contrôle émotionnel fréquent, un besoin quotidien d'excitation, de mouvement, la nécessité quasi vitale de se tenir informé, un solide sens de l'humour, des facultés d'expression remarquables », essayons de conjuguer différentes métaphores de ces deux éléments. Cela donnerait quelque chose qui ressemble à cela :

La Lune Gémeaux, on peut la mettre chez elle, c'est-à-dire dans son intimité (Lune). Elle est au téléphone (Gémeaux), ravie que l'on ait inventé le signal d'appel, qui permet de soutenir deux conversations en même temps et surtout de ne rien rater (Gémeaux). Assise, donc, sur le sofa du salon avec le téléphone dans une main et le journal (Gémeaux) dans l'autre, comme chaque matin (Lune), plaçant trois jeux de mots et deux plaisanteries par phrase (Lune et Gémeaux), riant d'untel et d'unetelle qui se prennent trop au sérieux (Gémeaux). Vous êtes à l'autre bout du téléphone, à lui expliquer votre désarroi actuel. Cependant, elle est plus sensible (Lune) et réagit plus (Lune) à vos mots qu'à votre émotion (Gémeaux), au point que lorsque vous avez dit : « J'ai l'impression d'être une bille ballottée dans tous les sens », elle a rebondi sur l'idée (Gémeaux) en vous proposant d'aller faire une partie de flipper « comme lorsqu'on avait dix-sept ans »

(Gémeaux), histoire d'essayer de rire de tout cela parce que, bien qu'elle soit informée du fait (Gémeaux) que vous avez mal, que vous souffrez,

— ah, excuse-moi, j'ai un appel sur l'autre ligne.

... elle sait mieux qu'une autre que la vie continue, raison pour laquelle elle insiste pour le flipper, une bonne occasion de vous nourrir (Lune) d'une sagesse vieille de dix siècles : rien ne vaut le moment présent (Gémeaux), il se passe chaque jour (Lune) quelque chose d'intéressant quelque part (Gémeaux), même si parfois vous avez l'impression que tout s'est arrêté. Ce qui explique cette manière qu'elle a de materner (Lune) les gens en les informant sur tout (Gémeaux) ou en les faisant rire, bref, en cherchant à ce qu'ils restent connectés et conservent un peu de légèreté, malgré tout.

Ouf.

Bien entendu, ceci est un portrait incomplet. Mais, comme nous l'avons vu, l'exhaustivité n'est pas son objectif.

Il nous permet néanmoins de saisir un peu mieux le principe de mise en scène du thème : lorsqu'on monte une scène à plusieurs personnages, on ne fait rien d'autre que choisir quelques situations de ce type pour chaque planète. L'intérêt de cet exercice est qu'il est aussi pertinent que ludique.

Je citerai à cette occasion S. Arroyo, dans son livre *Les Cycles astrologiques*[1] :

> (...) l'individu devrait être capable de prendre plaisir à l'astrologie. Toute les vérités ne sont pas découvertes grâce aux analyses théoriques, logiques ou statistiques. L'individu devra quelquefois s'attacher à saisir la nature vivante des idées en s'en amusant, et cette démarche est souvent plus profitable pour les étudiants en astrologie que toutes les tentatives systématiques se voulant profondes et significatives.

Pour reprendre cet exemple de la Lune Gémeaux, il me semble important de préciser encore une fois que l'exhaustivité de ce type d'illustration importe vraiment peu. Le but n'est pas d'illustrer totalement un symbole, mais de faire jaillir des vécus possibles de ce symbole, drôles, dramatiques, selon l'aspect de la planète que l'on choisit de mettre en lumière. Il faut exercer son imagination, vivre ce qu'on lit. Plus on apporte d'idées de vécus possibles, plus d'autres apparais-

1. Éditions du Rocher, 1986.

sent, puis d'autres encore, comme une succession d'images qui font peu à peu que l'on se «branche» sur ce qu'on pourrait définir comme la vibration, ou l'énergie qui est à l'origine de n'importe quel vécu qu'on puisse imaginer pour la Lune Gémeaux. On devient alors capable de ressentir sur un plan plus profond ce que ces symboles signifient, plan auquel les mots et l'esprit analytique, je pense, n'auraient pas pu nous mener.

Mais la Lune Gémeaux n'est pas seule dans le thème. Il y a d'autres planètes, d'autres personnages qui ne fonctionnent pas de la même manière.

Mettons que l'on trouve dans le thème un Saturne Sagittaire. Sans aborder, pour l'instant, l'aspect d'opposition ou de quinconce que la Lune pourrait former avec ce Saturne, retenons simplement le fait que Saturne est dans un signe opposé ou complémentaire à la Lune, ce qui dans tous les cas va créer une dynamique polaire à l'intérieur de la personne.

Comme on l'a fait pour la Lune, voyons comment on pourrait illustrer Saturne Sagittaire.

Imaginons que Saturne Sagittaire soit le responsable (Saturne) de la section Anthropologie (Sagittaire) du CNRS (institution saturnienne). Un personnage assez sérieux dans l'ensemble (Saturne et Sagittaire), difficile à détourner de ses opinions (Sagittaire et en plus, Saturne...) constamment occupé (Saturne) à organiser des faits dans une pensée qui les englobe (Sagittaire), pensée qui bien que focalisée sur un domaine (le Sagittaire, parfois), cherche inconsciemment à rejoindre la Vérité comme s'il n'en existait qu'une, peut-être même en lui donnant force de loi (Saturne).

Arrêtons-nous là pour l'instant.

Deux personnages cohabitent ainsi dans la personne. Tous deux ont en commun le fait de s'intéresser aux données de l'existence, mais leurs attitudes et philosophies sont apparemment contradictoires. D'un côté, le choix d'être léger, de l'autre, la recherche d'un sens qui transcende les faits et ses possibles implications sur la vie. Le personnage Saturne étant plus lent (Saturne dans le ciel se déplace plus lentement que la Lune), l'astrologie nous indique qu'à l'intérieur de la personne les deux personnages s'expriment certes en même temps, mais que c'est tout de même le point de vue de Saturne qui a tendance à primer. Ceci va donner lieu à un débat intérieur.

Contrairement à ce que nous avions pensé, le joyeux personnage au téléphone est pris dans une conversation beaucoup plus sérieuse que celle que nous avions imaginée plus haut. Assise sur son sofa, il faut

(Saturne) que la Lune écoute au téléphone une leçon d'anthropologie structurale (Saturne Sagittaire), qui ne la ravit pas forcément. Il faut savoir (Saturne Sagittaire !) que lorsque Saturne Sagittaire parle, il a l'air de savoir tellement de choses (Sagittaire) qu'on imagine bien que la Lune soit aux prises avec un complexe intellectuel aigu (talon d'Achille du Gémeaux), quoiqu'un peu énervée, car il est vrai que la tolérance et l'humour ne sont pas la spécialité de monsieur le responsable de section (intolérance chronique et sérieux intellectuel du Sagittaire). On commence à percevoir quelques éléments du débat intérieur que vivrait un individu ayant ces positions dans son thème : comment réussir à intégrer en une seule et même voix les deux pôles de l'axe mental Gémeaux/Sagittaire ? Comment poursuivre le jeu comme le fait notre Lune, dans le cadre de ce que propose l'anthropologue du CNRS ? Comment peut-on continuer de blaguer tout en faisant une conférence sur les rites funéraires des Bororo et leur relation avec la place de la mort dans les sociétés occidentales ? Comment être sérieusement engagé dans une conviction sociale (Sagittaire) tout en ne s'impliquant pas sur le plan de sa sensibilité personnelle (Lune Gémeaux) ? Comment faire une place à son besoin vital de légèreté et de dégagement (Lune Gémeaux) dans un contexte qui parle de l'engagement philosophique et de la responsabilité morale de chacun face à la société (Saturne Sagittaire) ? Comment épouser l'instant présent au quotidien (Lune Gémeaux) tout en restant dans une vision globale mais idéologique qui cherche à encadrer cet instant présent dans une perspective de long terme (Saturne Sagittaire) ? Pas simple.

La combinaison des deux dimensions passerait par la capacité, par exemple, d'appliquer et de nourrir les gens au quotidien (Lune) de la conviction et des lois de Saturne Sagittaire, mais de différentes manières, en tenant compte des différentes opinions et situations, en gardant un certain recul et un certain humour (Lune Gémeaux). En fait, accepter comme non contradictoire l'idée que l'on puisse conserver une certaine curiosité et capacité à jouer et s'adapter, dans le cadre d'une philosophie très structurée. Un peu comme un chef religieux (Saturne Sagittaire) qui accepterait quelques souplesses (Gémeaux), jusqu'à les reconnaître comme étant nécessaires, justement, à la conservation de la foi.

On pourra ensuite préciser que la Lune en Gémeaux, notamment, représente la forme de sensibilité de la personne, tandis que Saturne représente, entre autres, la façon dont elle cherche à faire sa place dans la société. Autrement dit c'est sur ces deux plans que va se jouer le petit scénario que nous avons décrit. Elle devra *s'autoriser* (Saturne) à faire vivre sa sensibilité (Lune) *dans le cadre* de son intégration sociale et ses principes (Saturne).

L'intérêt de cette petite mise en scène est qu'elle permet, sans avoir à « intellectualiser », de poser rapidement une situation palpable sur la base de laquelle il est possible de réfléchir, ensuite, par analogie. Ce que nous avons imaginé est certes une scène vivante, mais elle est symbolique. Maintenant que nous avons mis cette scène en place, il ne reste plus qu'à aller à la recherche, dans la vie de la personne, de ce que nous avons appelé « le responsable de la section anthropologie du CNRS et le joyeux personnage au téléphone », ainsi que des différents vécus et problématiques psychologiques qui sous-tendent ce petit scénario.

Ainsi, interpréter, me semble-t-il, revient d'abord à savoir mettre en scène. Et mettre en scène, c'est trouver un moyen de faire vibrer les positions planétaires, une vibration humaine dans le cas où le thème est celui d'un individu. Même si vous avez devant vous une abstraction symbolique de sa vie, pour atteindre cette personne, et je dirais même, pour lui donner quelque chose, il est nécessaire que vous vous placiez sur le « plan » de la vie. Posez-vous la question : un Saturne Sagittaire, comment cela se vit-il au jour le jour ? À quoi cela pourrait-il confronter l'individu en permanence ? Quelles situations puis-je imaginer pour me représenter cette partie de l'individu ?

Pour tout dire, il me semble que la clef de l'interprétation est bien de **remettre en situation**. L'émotion de vivre une situation quelconque me semble fréquemment plus apte à nous mettre en contact avec le vécu intérieur que ne l'est l'intellect, puisque c'est elle, à vrai dire, qui dirige l'intellect. Ne vous êtes vous pas souvent surpris en train de construire de grandes théories pour vous protéger d'émotions fortes, mais toutes simples ? Des théories qui s'écroulent à la moindre mise en situation…

Je pense que beaucoup d'astrologues seraient d'accord pour dire que l'astrologie est un outil très mental. Seulement, sa racine est émotionnelle. Et elle la fuit le plus souvent.

C'est pourquoi la *base* de l'interprétation me semble être de retrouver la circulation de l'émotion dans le thème.

Voyons maintenant dans le détail comment on peut procéder.

2

PLANÈTES VÉCUES
ET PERSONNAGES INTÉRIEURS

Nous venons de voir qu'il était possible, dans le cadre de l'interprétation, de se représenter les positions planétaires sous une forme vivante et concrète, et que l'on pouvait notamment y parvenir en imaginant des personnages et des situations de vie. L'imagination est d'autant plus fertile qu'elle est encadrée. Imaginer sans « cadre » semble bien plus difficile qu'avec un minimum de structure, ou en tous cas, demande plus d'expérience. Si on vous dit : « Imaginez un arbre », c'est immédiatement plus inspirant que si l'on vous dit « Imaginez quelque chose, n'importe quoi ».

Il est tout à fait possible de construire ce « cadre imaginaire » en astrologie. Il consiste, pour commencer, à proposer pour chaque planète un « personnage type », représentatif de la planète, dont on peut s'aider pour construire une petite mise en scène. L'introduction de la démarche psychologique en astrologie a beaucoup fait dans ce sens, lorsqu'elle a apporté son habitude de reconnaissance des mythes dans le quotidien humain. C'est ainsi que Liz Greene et Howard Sasportas nous expliquent comment Prométhée et d'autres héros ont quelque chose à voir avec le Soleil de chacun, ou que Joëlle de Gravelaine, par exemple, au sujet de la Balance, nous parle d'Éros et de Psyché. Mais il existe d'autres possibilités de représentation des symboles astrologiques qui ont particulièrement retenu mon attention. Il s'agit des représentations des symboles astrologiques sous forme de personnages quotidiens ou théâtraux. Ce sont également des personnages types, mais peut-être plus proches de notre vécu que les mythes.

Dans ce chapitre, je me propose d'exposer en détail ces premiers cadres imaginaires : les personnages planétaires types.

J'ai donc passé en revue chaque planète, sous trois angles :

—une proposition de repérage de la planète dans un vécu possible, sous forme de petite histoire ;

—une discussion autour de la planète dans le thème et une définition clé de ce dont nous informe la planète dans le thème (📖 et 🔑) ;

—plusieurs propositions de personnages types pour la mise en scène de la planète (🧍).

Ces définitions et propositions ne sont pas exhaustives. Elles proposent simplement de se faire une représentation vivante et claire de chaque planète.

SOLEIL : LA BIOGRAPHIE, LE ROI ET LE HÉROS

La Biographie

Vous vous intéressez à un homme célèbre. Vous allez à la librairie acheter sa biographie, vous rentrez chez vous et commencez à lire. Huit cents pages, le livre ne tient pas dans la main. Que nous a laissé cet homme ? Quatre-vingt-douze années parmi nous, et deux progrès historiques pour la société. Autour de ces deux progrès, des centaines d'événements, d'actions, de joies, de créations, de crises, de réalisations. Des rencontres importantes. Parfois, des changements étonnants de direction. Des inspirations nouvelles. Par moments, des retours aux sources. À l'enfance. Et puis ça repart : action, création, construction, recherches. Un long, très long chemin… **Vers quoi** au fait ? Les journalistes ont enquêté. Des amis qui le connaissent bien témoignent : au fond, il n'a jamais vraiment changé. Il a toujours cru ceci, **voulu** cela. Même lorsqu'il nous a semblé s'égarer, c'était encore cela qu'il cherchait, mais ailleurs. En réalité, il n'a jamais quitté cette **volonté**, ce souhait **primordial**. Sa vie se confond en quelque sorte avec ce **but** ; elle est devenue ce but. C'est un peu comme si tout ce qu'il avait fait dans sa vie n'était qu'une illustration variée de cette seule volonté. D'ailleurs, on dit que cette volonté, il l'avait inscrite sur une médaille qu'il portait à son cou depuis son plus jeune âge. Une sorte de talisman.

Ce talisman, c'est le Soleil. Chacun peut imaginer que sa vie tend vers quelque chose, suit une **direction** ou une forme générale, au-delà souvent de ce dont il est conscient. On peut appeler cela un **but**. Le but permanent de notre vie, celui que notre éventuelle biographie essaiera d'approcher. Notre vie durant, ce but est pour nous par moments conscient et grossièrement formulé, enfoui, parfois perceptible lorsque l'on se retourne sur le chemin parcouru. En général, ce sont les autres qui le voient mieux que nous. Il faut dire que cela **émane** de chacun sans qu'il s'en rende compte ; c'est un **rayonnement**. On pourrait dire : c'est sur notre visage. Dans nos gestes. Le ton de notre voix peut-être. Mais non. Cela vient de plus loin. De l'intérieur, sûrement. On ne sait pas trop, mais c'est **partout présent**.

Le Soleil est un lieu de très grande force. Notre **force de vie**, ni plus ni moins. Contrecarrer cette dimension chez quiconque, c'est déclencher en lui des réflexes de survie qui, on le sait, peuvent donner lieu à un dégagement de **puissance** qu'on ne soupçonnait pas. Le Soleil est un très grand pouvoir. Un **pouvoir fondateur**. Demandez-vous ce qui vous pousse à faire tout ce que vous faites. Où allez-vous comme cela ? Qu'est-ce qui vous guide ? Vous motive ? D'où vient cette vie que vous portez en vous, et la « couleur » qu'elle prend ?

Pour conquérir ce pouvoir qui est en même temps un but de vie, les héros de la mythologie passent des tests, doivent souvent transgresser ou s'approprier quelque chose : voyez Prométhée, Hercule. C'est dans ces actes qu'ils trouvent finalement la **puissance de création** dont ils sont porteurs et qui, par leur œuvre, va leur survivre.

Ainsi, le Soleil représente ce que l'on veut laisser derrière soi. C'est un personnage qui travaille dans l'**immortalité**.

Le Soleil dans le thème, par son signe, renseigne entre autres sur la *forme* générale[1] que la personne cherche à exprimer tout au long de sa vie. Sur le type de **but qu'a sa vie**. Comme si elle allait chercher à exprimer ce signe dans tout ce qu'elle fait, à sa manière. La maison où se trouve le Soleil nous montre l'**expérience centrale** autour de laquelle la personne va avoir tendance à organiser sa vie.

1. Pour plus de précision, on peut remplacer les termes « forme générale » par « image primordiale » ou par « archétype ».

Personnages solaires

Un Roi

Un Héros

On l'a vu, le Soleil est une sorte de réservoir d'énergie central. Sur Terre, pas de vie sans lui ; en soi, pas de sentiment de vivre pour quelque chose sans cette lanterne.

C'est pourquoi on peut considérer que toutes les autres planètes du thème n'ont d'autre but que de travailler au « chantier » solaire. Ce sont des ministres. À chacun sa tâche, sa spécialité. Il peut même y avoir un chef de gouvernement (le maître de l'Ascendant, souvent). Mais tous travaillent dans les grandes directives solaires.

On peut donc voir dans ce « grand directeur » un Roi. Il y a un Roi en chacun de nous, quelque chose de royal aussi, chez un individu qui marche vers sa vie, vers son domaine.

Le sentiment de « tâche centrale » à accomplir qui est celui du Roi est encore ce qui peut donner lieu au personnage du Héros.

Il y a certaines questions que vous pouvez vous amuser à vous poser pour cerner en vous-même ces « aspirations » solaires.

Quel genre de Roi/Reine feriez-vous ? Quel serait votre style ? Vos vêtements ? Votre attitude envers vos sujets ? Votre mode de commandement ? Vos maximes ?

Quel est ou a été votre héros préféré ? Quel était son pouvoir ? À quel genre de créateur aimeriez-vous ressembler ?

Vous a-t-on mis, ou vous êtes-vous trouvé un jour en position de « régner » ? Quel a été votre comportement ?

La plupart du temps, avec ces questions vous sentirez quelque chose du signe de votre Soleil, ainsi que les aspects qu'il fait aux autres planètes.

Le Roi en nous

En nous le Roi rayonne, gouverne et commande à la manière du signe dans lequel il se trouve.

Il a un projet d'État : lequel ? À vous d'imaginer.

S'il s'agit par exemple du Cancer, demandez-vous de quelle manière un Cancer commanderait, et quel serait sa motivation profonde (sa politique générale !).

La **maison** dans laquelle se trouve le Soleil est le domaine dans lequel nous agissons en Roi/Reine.

Il vous faudra donc définir ce domaine comme une sorte de royaume.

Le Héros en nous

S'il s'agit d'un Héros, le **signe** va représenter le genre de pouvoir dont ce héros dispose pour accomplir sa tâche. Aussi le pouvoir dont nous allons chercher à faire plusieurs démonstrations.

On peut voir la **maison** comme cette tâche à accomplir, le type de «test» que va devoir passer ce héros en nous, ou encore la situation dans laquelle nous allons faire l'exercice de notre pouvoir.

LUNE : PETIT DÉJEUNER DANS LES LIMBES, LA MÈRE, L'ENFANT ET LA MUSE

Petit déjeuner dans les limbes

Vous vous réveillez le matin. Il est 7 heures. Bien qu'adulte, chaque jour à cette heure-là, vous êtes encore un **enfant**. Sous la couette, au chaud. Lentement, vous prenez **contact avec le monde**. Est-ce qu'il fait beau ? Oui, il fait beau. Cela vous met de bonne humeur. Vous vous levez. Mais il fait froid dans la chambre. C'est l'hiver. Immédiatement vous **réagissez**. Il faut **rétablir** la situation. Robe de chambre en laine polaire, pull-over, vite. Ça va mieux. Ce n'est pas fini. Qu'est-ce qu'il vous faut encore ? Café, thé, chocolat ? Comment le café ? Avec du lait. Un sucre et demi. Et puis un peu de musique. Douce, classique. Votre

mère, elle, vous donnait toujours ces **ingrédients fondamentaux**: robe de chambre, café-au-lait-avec-un-sucre-et-demi, musique, douce et classique. Un vrai rituel. Depuis, vous avez grandi. Quarante ans, mettons. Vous avez quarante ans, mais le matin, **ça n'a pas changé**. Même avec vos trois enfants sur les genoux, votre conjoint dans la cuisine, rien à faire, vous êtes en robe de chambre, vous avez un **besoin** irrépressible de café au lait avec un sucre et demi, et vous demandez s'il est possible que l'on mette de la musique.

Et puis vous vous apercevez qu'il y a une tache de café sur le sol de la cuisine. Vous trouvez que la tache ressemble au tracé du pôle Sud. Vous y **rêvez** un instant, vous imaginez le pôle Sud. Vous vous souvenez des livres qu'on vous avait achetés à ce sujet, lorsque vous étiez enfant.

— À quoi tu penses ? vous demande un de vos enfants.

— Rien… au pôle Sud. Tu connais le pôle Sud ?

Finalement vous vous levez. Il faut que vous écriviez une lettre à un ami. Vous vous asseyez à la table du salon, papier, stylo, et vous commencez à chercher des mots, l'**inspiration**.

Voilà. On a là une façon, je pense, de décrire l'univers lunaire. Il y a beaucoup de choses en jeu dans cette petite histoire. On peut essayer de les distinguer point par point.

On peut déjà dire que la Lune symbolise nos **besoin vitaux**. Notre **minimum vital**, la base, pour fonctionner. Le petit (ou gros) besoin de **sécurité** nécessaire au déroulement de toutes les opérations, et tous les **automatismes inconscients** qui lui correspondent. **Sécurité alimentaire, affective, matérielle, identitaire**: la Lune. Derrière cela, pas très loin, toute notre **sensibilité**. La Lune, c'est une membrane. La plus fine sans doute. Le capteur des capteurs. La Lune **ressent** tout et **réagit** immédiatement : le moindre déséquilibre, dès que le monde vient nous toucher de près. Par un mouvement, un bruit, un son, une couleur, un individu. La Lune est là pour nous en faire **prendre conscience** et, si besoin, réagir et nous **protéger**. Protéger quoi ? Notre **univers intime**, pour commencer. Chacun, même adulte, a besoin de protéger et **stabiliser cet univers** dans sa forme d'enfance, c'est naturel. C'est, comme on le verra, un des moyens avec Saturne de construire son ego et un sentiment d'identité. La Lune est ce qui nous permet de nous **reconnaître** en toutes circonstances. Aux gens qui ont subi un grand choc, un accident ou une opération importante, on demande parfois s'ils reconnaissent toujours leur propre odeur. Manière de voir si la fonction « lunaire » a été préservée. La Lune est donc une sorte de **fonction maternelle** interne, protectrice et affective : pour nous-mêmes, mais aussi pour les autres. Si elle nous permet de nous materner, la Lune montre aussi quelle genre de « maman » nous serons pour les autres.

Mais on peut revenir à l'enfant que nous sommes le matin sous la couette : le même, au fond, qui jouait dans sa chambre et s'inventait toute une histoire avec deux voitures ou trois poupées. Lorsqu'on le regardait, on disait « qu'il était dans son monde ». Ce monde, c'est encore la Lune. Son **monde intérieur**, à qui il donne des formes dans la réalité. Grâce à son **imagination**.

En somme, la Lune représente une réactivité au monde, ainsi qu'une perception, imagination et inspiration constamment en alerte et partiellement inconscientes chez tout individu.

La Lune dans le thème.

Elle nous renseigne donc, par son signe, sur la forme spontanée de **réaction, d'automatisme, d'imagination et de sensibilité** qu'a l'individu. La maison où se trouve la Lune indique le domaine particulier de la vie dans lequel l'individu va exercer et exprimer, entre autres, sa réactivité, son imagination et sa sensibilité, ainsi que le contexte dans lequel on va chercher à **se nourrir** et **nourrir les autres.**

Personnages lunaires

Un Enfant

Une Mère

Une Muse

La Lune, on l'a vu, répond aux questions suivantes :

Qu'est-ce qui me touche intimement ? À quoi suis-je sensible ? De quoi ai-je un besoin vital ? Comment m'a-t-on materné, protégé, nourri ? Qu'est-ce qui me sécurise ?

Ce contact avec la sensibilité, avec l'intimité, à quoi on pourrait ajouter un contact avec le corps, on peut l'illustrer par un enfant. Un enfant est tout entier dans cette sensibilité, à l'écoute de son corps : il réagit à la moindre égratignure, il demande de manger lorsqu'il a faim.

Il est aussi très dépendant de sa mère, de ses parents. Il a besoin d'être protégé, rassuré. Par ailleurs, son imagination n'a pas de bornes. On peut se souvenir du Petit Prince qui voit sur un dessin un boa qui digère un éléphant, là où les adultes ne voient qu'un chapeau.

Chez un adulte, la Lune est comme un enfant intérieur. C'est en fait tout l'univers de l'enfant que représente la Lune, univers qui, longtemps, ne peut faire abstraction de celui de la mère. Ce qu'a représenté la mère en tant *qu'image* pour l'enfant est du reste souvent illustré par la Lune dans le thème, en signe et en maison. Mais notre mère, d'une certaine façon, a révélé quelque chose en nous : la fonction maternelle. Notre mère intérieure, celle qui nous servira à être une mère pour nous-mêmes (se nourrir, se protéger, prendre soin de son corps) mais aussi à l'être pour d'autres. Avec la Lune en signe, on peut voir ainsi douze types de « mamans ».

Quant à la Muse, on a vu que la Lune fait fonction de récepteur et de mise en forme imaginaire. Par conséquent elle est aussi, en nous, ce qui nous inspire et peut inspirer les autres.

Voici quelques questions que vous pouvez vous poser :

Quelle genre de « mère » feriez-vous ? (pour les hommes aussi !). Comment maternez-vous vos proches, vos amis, lorsque la situation se présente ? Qu'est-ce qui vous met la larme à l'œil ? Quel « personnage » représente pour vous votre mère ? Quelles étaient vos activités préférées lorsque vous étiez enfant ?

L'Enfant en nous

Là, il va vous falloir imaginer un enfant intérieur qui se comporte à la manière du **signe** dans lequel se trouve la Lune.

À quoi pourrait ressembler, par exemple, un enfant Poissons ?

À quoi joue-t-il ?

Quelles sont ses humeurs ?

Comment réagit-il au monde ?

Quel est son caractère ?

La **maison** dans laquelle se trouve la Lune vous permettra de définir quel est le « monde » de cet enfant.

Quel est son domaine favori ?

Où se sent-il « chez lui » ?

Dans quelles situations va-t-il s'exprimer complètement ?
Il ne vous restera plus qu'à imaginer une « scène » correspondante.

La Mère en nous

Qu'est-ce qu'une mère Sagittaire, par exemple ?

Le signe de la Lune :

Que donne-t-elle à ses enfants ?

De quoi les nourrit-elle en priorité lorsqu'elle considère que les gens sont en « manque » ?

Avec quoi cherche-t-elle à rétablir l'équilibre ? Que présente-t-elle comme vital ?

La maison de la Lune :

Quels exemples dans la vie donne-t-elle à ses enfants ? Quelles expériences cette mère intérieure va-t-elle chercher à encourager ?

Comment va-t-elle protéger, rassurer ses enfants/les gens dans ces expériences ? Etc.

On projette souvent cette mère intérieure sur sa propre mère (ou ce qui a fait office de mère). À ce titre, il est toujours intéressant de faire l'exercice de décrire sa propre mère et de comparer cette description à celle de sa propre Lune en signe et en maison.

La Muse

Le signe de la Lune :
Quel est l'univers d'inpiration de cette muse ?
De quoi a-t-elle besoin pour être inspirée ?
Comment inspire-t-elle les autres ?
La maison de la Lune :
Dans quelles « scènes » de la vie va-t-on rencontrer cette muse ?
Quelle dimension de la vie inspire cette muse ?

MERCURE : LA PLANCHE ET LE RUISSEAU, L'ÉTUDIANT ET L'ANALYSTE

La planche et le ruisseau

Vous êtes encore très jeune. Vous êtes assis près d'un ruisseau de campagne. Pas très grand : il a peut-être vingt centimètres de large, pas beaucoup plus, et à peine cinq centimètres de profondeur. Le ruisseau rejoint une mare, non loin de là. Vous restez une heure, tranquillement, à regarder l'eau couler. Vous aimez bien cet endroit. En y allant, sur la route, vous avez trouvé une planche de tonneau par terre. Solide, arrondie. Comme elle vous paraissait curieuse, vous l'avez prise et amenée jusqu'au ruisseau. Une fois arrivé, vous **essayez** de la casser. Pas facile… à moins d'y mettre beaucoup de force. Bon. L'eau, en comparaison, c'est plutôt facile de la traverser, d'autant qu'ici le courant n'est pas très fort. Alors il vous vient une **idée** : si vous placez la planche de tonneau en travers du ruisseau, logiquement, l'eau ne devrait plus pouvoir passer. Vous **faites l'expérience**. En effet, l'eau ne passe plus. Seulement, petit à petit, le ruisseau se fait plus profond à l'endroit de la planche, puis l'eau passe sur les côtés, et finalement, par-dessus la planche. Vous **réfléchissez** et vous **concluez** que, pour stopper complètement l'eau, il faudrait d'autres planches, sur les côtés. Ou alors une planche en forme de U, peut-être. Et très haute.

Qu'à cela ne tienne, vous vous procurez la planche qu'il faut. Et c'est ainsi que vous construisez une sorte de bassin.

Dans ce bassin, maintenant, vous allez peut-être faire nager des hannetons pour voir s'ils se débrouillent. Et, surprise, pas du tout. Ils se noient, systématiquement. Tiens, c'est **intéressant**. Maintenant, si vous faites un trou en forme de triangle à la base de votre planche, vous allez **découvrir** que le jet d'eau qui en sortira prend au départ la forme du triangle : génial !

La journée d'un enfant compte peut-être dix découvertes de ce genre. On peut ainsi se souvenir de l'enfant que l'on a été, et imaginer que celui qui faisait toutes ces expériences, c'était bien nous, et particulièrement Mercure en nous. Plus tard, à l'école, à l'université, au travail, dans les discussions, Mercure évidemment continue de fonctionner. Il sera sans doute plus mature, et aura **compris** beaucoup de choses. Mais celui qui, malgré tout, posera encore et toujours des **questions**, ce sera lui. Mercure, quel que soit notre âge, reste cet enfant assis près du ruisseau avec sa planche. Le ruisseau, la planche, s'appellent cette fois philosophie, marchés financiers ou systèmes de transmission mécanique. Peu importe. Mercure, en nous, reste un éternel **testeur** à la recherche de toutes les **combinaisons** et élucubrations possibles. Mercure construit des liens. Tous types de **liens**: physiques, mentaux. Dans la mythologie, c'est lui qui accompagne les âmes dans leur voyage au travers des différents royaumes. Il connaît et discute avec tout le monde: Vulcain, dans sa forge aux enfers, Zeus, Dieu des dieux, dans sa lumière. C'est également lui qui construit une guitare en arrachant la coquille d'une tortue et en faisant sécher ses tripes pour en faire des cordes. Mercure n'est pas vraiment ce qu'on pourrait appeler une fonction sensible. C'est une **mécanique d'expérimentation et de raisonnement.** Comme le dit je crois Alexandre Ruperti, entre une tombe et un fossé, ce n'est pour Mercure qu'une question de degré.

Mercure dans le thème

Il nous renseigne, par son signe, sur la **manière dont un individu interprète et formule** spontanément ce qu'il comprend. Comment il dirige naturellement **sa pensée.** Comment il **conçoit et raisonne** sur la vie. La maison qu'occupe Mercure représente le domaine sur lequel l'individu aura tendance à porter sa réflexion.

Si vous concevez que notre mode de pensée puisse orienter une grande part de nos énergies, vous pouvez imaginer l'importance de Mercure.

Personnages mercuriens

Un Étudiant

Un Analyste

Je pense qu'il n'est pas besoin de beaucoup d'explications pour proposer l'étudiant comme personnage mercurien, pas plus qu'il n'en faut pour justifier l'analyste. Je pense aussi que l'on pourra facilement retrouver en soi l'étudiant que l'on a été ou que l'on est encore.

L'Étudiant en nous

Le **signe** de Mercure vous informe sur le comportement naturel de cet étudiant intérieur.

Quelle est sa façon naturelle d'aborder toutes les matières ?

Comment raisonne-t-il dans les dissertations ?

Quelles sont les matières dans lesquelles il paraît naturellement à l'aise ou vers lesquelles il s'oriente ?

Quant à la **maison**, elle vous renseignera sur le domaine de la vie dans lequel l'étudiant va exercer le fruit de ses études et de sa manière de penser, ainsi que l'expérience sur laquelle est particulièrement portée sa pensée.

L'Analyste en nous

L'analyste est quelqu'un que l'on appellerait pour réfléchir sur une question. Il va tout rationaliser, tout vouloir expliquer. Là encore, le **signe** de Mercure vous éclairera sur la démarche spontanée que cet analyste va adopter.

Selon quel point de vue va-t-il approcher la question ?

Que cherche-t-il à comprendre de cette question ? (On peut imaginer qu'un Mercure Verseau n'envisage pas la question sous le même angle qu'un Mercure Vierge).

Pour la **maison**, on pourra suivre le même raisonnement qu'avec l'étudiant : quel est le domaine de prédilection de cet analyste ?

VÉNUS : LE MOUVEMENT DES PEUPLIERS, L'AMOUREUX (SE) ET L'ARTISTE

Le mouvement des peupliers

La maison d'un artiste. 17 heures 30. C'est l'automne. L'artiste, à l'automne de sa vie lui aussi, peint et sculpte depuis toujours. Le voilà reconnu, souvent exposé. Les journaux parlent de lui. C'est, dit-on, un des grands artistes actuels. D'ailleurs, aujourd'hui, on vient encore l'interroger sur sa vie, son art. Le journaliste est assis en face de lui.

—Pouvez-vous nous dire ce que vous avez cherché en trente années de sculpture ?

Le sculpteur sourit.

—Ce que j'ai cherché ?...

Lui dire ce qui, **depuis le début**, était là dans la pierre.

—Mes sculptures, dit l'artiste, je crois que je les dois au mouvement des peupliers.

—Le mouvement des peupliers ?

—Oui, le mouvement des peupliers. La première fois que j'ai vu cela, vous ne pouvez pas imaginer. J'avais cinq ans. C'était la première fois que je voyais dans le monde quelque chose d'aussi **beau**. Je n'exagère pas. Je crois que c'est cela : j'ai passé ma vie à chercher, à trouver ailleurs le mouvement des peupliers. À **décliner ses formes.** Dans les corps, dans la pierre, le bois. C'est ce qui, pour moi, représente toute la **beauté de la vie**. Mon **amour de la vie**. Pourquoi peut-on aimer la vie ? Pour le mouvement des peupliers.

—Quelle est cette chose ? Le mouvement du feuillage ?

—Le feuillage, je ne sais pas. Peut-être... Non, je ne peux pas vous dire. C'est pour cela que je sculpte, d'ailleurs. Parce que je ne sais pas en parler. Je ne sais pas, du reste, si j'ai vraiment réussi dans la sculpture à saisir cela.

—Si vous avez réussi ?

—Oui. Dans une ou deux sculptures, peut-être. Sur les quatre cents que j'ai faites, j'ai pu m'approcher un peu, vraiment, de ce que j'ai vu ce jour-là, à cinq ans, dans les peupliers. Aujourd'hui encore, j'essaie.

—On peut dire que vous y êtes arrivé, quand même.

—Peut-être mais ce n'est jamais fini. C'est toujours là. Pour tout le monde. Pour vous aussi.

—Je ne suis pas sculpteur.

—Vous n'êtes pas sculpteur, mais vous portez un pull rouge.

—...?

—Alors je suppose que vous aimez le rouge. Mais est-ce que vous allez pouvoir me dire pourquoi ? Ça, j'en doute. Vous allez me dire, au mieux : « Parce que je trouve que c'est beau. » Et puis si vous cherchez, vous allez finir par me dire ce que j'essaie de vous expliquer depuis que vous êtes arrivé : « Pour une raison que j'ignore, je crois que j'ai toujours aimé le rouge, et c'est tout. » Eh bien pour moi, le rouge, c'est le mouvement des peupliers. La différence, qui n'a pas grand intérêt, c'est que j'ai cherché à **le représenter** dans la pierre.

Vénus, c'est un peu ce que l'on a **toujours aimé**. Spontanément. Toutes les choses que l'on aime, sans pouvoir dire vraiment pourquoi. Le rouge, le bleu, certaines formes d'objets, certaines atmosphères météorologiques, certains plats, certaines personnes, certaines valeurs, etc. Toutes ces choses et au fond, une seule : la même, représentée différemment. Dans la nature, dans la ville, dans certaines couleurs, certaines formes. Parfois aussi, dans le regard d'un homme, d'une femme. Est-ce vraiment le regard, d'ailleurs ? Difficile à dire. Son corps peut-être. Ou bien ses mouvements. Ou la personne tout entière. Oui. Non. On ne sait pas. Mais d'autres que nous, parfois, portent en eux ou sur eux cette chose que nous aimons du fond du cœur depuis toujours. Cela fait un drôle d'effet quand on les rencontre. Ce mouvement du cœur que l'on essaie en vain de décrire, cette **« reconnaissance » en l'autre d'une partie de soi-même**, c'est encore Vénus, l'amour. Mais Vénus est un double mouvement. Ne l'oublions pas, cette **forme aimée** que l'on rencontre à l'extérieur, on la porte en soi. C'est peut-être bien ce que l'on appelle notre **charme**. Notre **style**. Ce n'est pas un hasard si l'on s'habille de cette manière. Ce n'est pas un hasard non plus si notre manière de parler, nos gestes sont ce qu'ils sont. Vénus, au fond, est un **principe magnétique : ce qui nous attire et ce que l'on attire à soi**. Une bonne partie du **monde relationnel** est gérée par Vénus. Ce qui fait que l'on est attiré par certaines personnes et d'autres non. Vénus, dans cette situation, n'est pas vraiment rationnelle. Cette personne, tout le monde le dit, est insupportable. Rien à faire, on l'aime. Vénus est injustifiable. Vénus s'entoure de ce qu'elle aime : les gens, les choses. Elle cherche à constituer, chaque fois, cette **harmonie** qu'elle porte en elle. Cette beauté, cette forme particulière qu'elle discerne dans la vie, elle s'efforce de la **reproduire** partout : chez elle, dans une création, dans une relation. À partir de cette forme intérieure très particulière à soi, on construit beaucoup de choses : ses **goûts** et surtout, ses **valeurs**, son **jugement** *a priori* (ce que l'on aime et n'aime pas, ce que l'on juge bon ou mauvais). En cela Vénus est sans doute l'expression la plus intime de ce que l'on est, la plus fidèle.

Vénus dans le thème

Par son signe, elle nous renseigne sur la manière dont un individu tend à organiser **ses relations, son comportement sentimental, ses réalisations esthétiques.** C'est aussi le signe qui nous donne la base de son **jugement**, de ses **valeurs.** La maison dans laquelle se trouve Vénus indique l'expérience de la vie par laquelle l'individu va aller à la rencontre de cette harmonie, aussi le « lieu » où il va chercher à l'installer.

Personnages vénusiens

Un(e) Amoureux(se)

Un(e) Artiste

On peut concevoir deux personnages pour Vénus, l'un trouvant son harmonie personnelle dans la relation, l'autre dans la forme :

L'Amoureux(se) en nous

Pour l'amoureux(se), on peut imaginer un personnage en quête de la relation idéale. Non pas qu'il l'idéalise, mais il cherche simplement une relation qui lui convienne, c'est-à-dire qui corresponde à sa forme vénusienne.

Le **signe** de Vénus dans le thème peut donc nous renseigner sur le genre de relation sentimentale qu'il veut vivre, sur le comportement qu'il va adopter pour la construire, pour séduire par exemple.

Vous imaginez bien que Vénus Poissons n'aura pas la même stratégie de séduction qu'une Vénus Bélier.

La **maison** dans laquelle se trouve Vénus représente le contexte de vie par lequel va se «déclencher» l'amour, celui dans lequel va se vivre la relation amoureuse.

L'Artiste en nous

Le raisonnement est identique en ce qui concerne l'artiste, sauf qu'il faut lui trouver un art, que l'on essaiera d'imaginer grâce au signe.

Que cherche-t-il à exprimer dans cet art ?

La manière dont il s'y prend peut également être esquissée par le **signe** de Vénus.

Dans «le mouvement des peupliers» on peut peut-être penser, par exemple, à un artiste Taureau, à l'écoute des formes que propose la nature et profondément touché par elles.

Quant à la **maison**, elle renseigne sur l'expérience de vie qui va inspirer et motiver cet art.

MARS : LE PREMIER COUP DE STYLET, LE GUERRIER ET L'ENTREPRENEUR

Le premier coup de stylet

C'est l'histoire du même sculpteur que celui de la planète précédente, sauf qu'il n'est pas à l'automne de sa vie, mais en plein printemps.

Revenons quarante ans en arrière, alors que le sculpteur — qui n'est pas encore sculpteur — habite dans une chambre de bonne, laquelle n'est pas vraiment une chambre de bonne, mais plutôt un taudis, dans le vingtième arrondissement de Paris. Seulement, il y a des peupliers dans la cour.

Il a envie de sculpter. Cela fait un certain temps, mettons, qu'il y songe. Seulement il n'a rien. Pas de glaise, pas de plâtre ni de matériau quelconque. Aucun outil.

Il interroge Marc, un ami sculpteur, pour savoir ce que l'on **peut faire** dans ce cas. Marc, qui avoue ne s'être jamais posé la question, assez logique tout de même, lui dit que pour être sculpteur, il vaut mieux sculpter. Oui. Et pour sculpter, il faut se décider à sculpter et se procurer du matériel de sculpture. Alors, un après-midi, le futur sculpteur descend de chez lui, **fonce** au magasin d'arts plastiques le plus proche, achète trois stylets, de la glaise, du plâtre et, audace, un morceau de marbre. Puis il rentre chez lui.

Pour commencer, il aimerait sculpter une main. Pas la sienne. Une vieille main, ridée. Pour cela, il faut trouver un modèle âgé qui veuille bien offrir ses services. Grand-mère, par exemple. Mais grand-mère habite en Creuse. Bon, c'est comme pour la sculpture, se dit-il, pour être en Creuse, il faut **décider** d'aller en Creuse et y aller **effectivement.** Le futur sculpteur achète un billet de train. Arrivé chez la grand-mère, il y dort la nuit et se réveille le lendemain matin en se souvenant de son projet. Tout va se jouer après le petit déjeuner. Il va falloir **s'y mettre.** C'est un peu comme le voyage en Creuse, songe-t-il. Une fois que la grand-mère aura accepté de ne plus bouger, la main posée sur un socle, il faudra **entamer la pierre.** Donner le premier coup de stylet. Et c'est, comme le reste, sur lui seul que reposent cette **décision** et cet **acte.**

Voilà Mars. On peut déjà dire une chose simple : sans Mars, on ne pourrait rien **faire.** Même si c'est la tarte aux fraises qui se trouve dans la pièce à côté dont vous avez envie, encore vous faut-il y aller, en prendre un morceau et vous **décider** à le manger. Sans Mars, impossible. On reste dans son fauteuil avec son envie. L'envie, on l'aura reconnue : Vénus. C'est elle qui est attirée par quelque chose, veut lui donner forme. Dans cette situation, Vénus et Mars se comportent comme un couple : Vénus désire et dit : « Vas-y Mars ». Et Mars, si tout va bien, s'exécute sans broncher.

En temps normal, ces deux planètes fonctionnent spontanément. Mars, à vrai dire, **ne réfléchit pas,** il y va. L'histoire que j'ai proposée expose un Mars un peu plus secondaire qu'il ne l'est en réalité. Ceci pour bien dissocier deux idées : l'envie, le désir, et la **réalisation de ce désir dans l'action.** Une expression plus fidèle de Mars serait peut-être le personnage de Marc qui, lui, n'a pas réfléchi à « comment se mettre à la sculpture ». Il s'y est mis, un point c'est tout.

Mars manifeste à l'extérieur tout ce qui s'est développé dans l'individu jusque-là : une sensibilité (Lune), une pensée personnelle (Mercure), des attractions, des goûts et des valeurs personnelles (Vénus). Disons qu'il **actualise tout cela dans la réalité.** Le propre de Mars est en principe de tout extérioriser. C'est lui qui se charge d'**exprimer nos émotions**, par exemple. C'est Vénus qui est triste ou joyeuse à l'intérieur. Mais c'est Mars qui rit ou fait sortir les larmes.

Mars, au bout du compte, représente la **capacité d'agir à notre guise**, selon nos désirs. Cette dimension ne tient normalement pas compte de l'environnement. Pour satisfaire nos désirs, il est nécessaire que nous **maîtrisions** l'environnement, car nous cherchons à agir sur lui. Donner aux choses la forme souhaitée, sans se soucier des contraintes et réalités extérieures. Lorsque nous tendons le bras pour saisir un objet, nous ne réfléchissons pas à tout ce qu'il faut faire pour cela. Nous le faisons. Puisqu'il nous permet de mettre en place à l'extérieur notre réalité intérieure, on peut dire de Mars qu'il est aussi, finalement, ce qui nous permet de **nous imposer au monde**, de nous affirmer, et, si nécessaire, de **nous battre pour cela.**

Une dernière idée : comme il nous faut « façonner » le monde extérieur selon notre désir, Mars est aussi **ce qui nous pousse à comprendre le monde.** Pour réparer le robinet de notre salle de bains, il faut d'abord que nous comprenions comment ce système fonctionne. Si au lieu d'un robinet, il s'agit de la vie, Mars nous pousse, par exemple, à nous inscrire à un cours de philosophie.

♂ *Mars dans le thème*

Par son signe, il nous renseigne sur la **façon qu'a un individu d'agir**, la manière dont il « s'y prend » lorsqu'il désire quelque chose. De quelle façon va-t-il mettre en place ses **initiatives personnelles** ? Comment cherche-t-il à **s'affirmer** ? La maison où se trouve Mars indique le domaine de vie où l'individu va vouloir prendre ces initiatives.

Personnages martiens

Un Guerrier

Un Entrepreneur

Après ce qui vient d'être dit, je pense que l'on n'aura pas de difficulté à imaginer ces deux personnages. L'un fait référence à l'éventuelle capacité de combat présente en chacun pour imposer son désir à l'extérieur (le guerrier), tandis que l'autre ne parle que de la capacité d'entreprise individuelle que représente Mars (l'entrepreneur).

Le Guerrier en nous

On peut ici définir, avec le **signe** de Mars, le type d'armes dont dispose le guerrier pour mener à bien son affirmation.

Quel est son art de combat ?

Quelle est sa stratégie d'attaque ?

On peut imaginer qu'un Mars Capricorne ne se «bat» pas de la même manière qu'un Mars Balance.

La **maison** nous montre le domaine de vie où peut avoir lieu ce «combat» et cette affirmation de soi.

L'Entrepreneur en nous

C'est un peu la même chose qu'avec le guerrier: le **signe** de Mars nous dit comment cet entrepreneur s'y prend pour monter son entreprise.

Comment fait-il avancer les choses ?

Quel genre de leader est-il ?

La **maison** où se trouve l'entrepreneur nous indique le domaine dans lequel un individu aura tendance à entreprendre, là où il est «entreprenant».

JUPITER : LES DÎNERS PHILOSOPHIQUES, LE PROFESSEUR ET L'ORGANISATEUR

Les dîners philosophiques

Vous venez d'arriver à l'université. C'est la première année, et on vous a donné la liste des cours auxquels vous serez censé assister chaque trimestre. Ces cours ont lieu pour la plupart en amphithéâtre. Au bout de quelques semaines, imperceptiblement, des groupes d'élèves se forment, par correspondances mutuelles et aussi, éventuellement, pour travailler. **Vous vous intégrez dans l'un de ces groupes.** Il y a plusieurs matières en première année de fac, et dans le groupe, petit à petit, vous commencez à devenir celui à qui l'on demande régulièrement **conseil** pour les sciences humaines. Le fait est que vous vous **épanouissez** sans problèmes dans cette matière, et qu'en vous voyant si à l'aise, on a fini par vous « introniser » conseiller en sciences humaines. Il y a aussi votre amie Louise. Elle, c'est plutôt les langues. Vraiment très forte. Vous, comme les autres, lui demandez régulièrement **d'apporter ses lumières** sur la question.

Et puis il se trouve que vous avez pris l'habitude, parce que vous aimez bien cela, **d'organiser** chez vous des dîners qui se terminent souvent **en grandes discussions philosophiques**. Au bout du compte, dans le groupe, vous finissez par **représenter celui** chez qui l'on vient manger et se creuser la tête. Louise, en revanche, organise chaque été des voyages lointains : on se fie à elle. Quant à Patrick, **il est celui** qui supervise les placements en Bourse de ceux qui veulent bien lui faire confiance.

L'année d'après, vous serez dans un autre contexte social, avec d'autres élèves. Mais au bout de quelques mois, tout se remet en place. On vous demande conseil en sciences humaines, et vous proposez peu à peu vos dîners philosophiques. C'est ainsi que dix ans plus tard, personne ne s'étonne de vous retrouver en train de faire des conférences sur les sciences humaines, après lesquelles vous invitez les gens à une discussion autour d'un buffet.

Comme on le voit, Jupiter parle de notre façon de **participer à la dimension sociale** qui nous entoure. Jusqu'à Mars, on pouvait dire que l'on était essentiellement centré sur soi, en train de mettre en place son monde personnel. Il ne disparaît pas avec Jupiter. C'est bien notre façon de penser (Mercure) qui fait que l'on est devenu « spécialiste en sciences humaines », notre façon d'entrer en relation (Vénus) qui nous a fait apprécier et réunir un certain type de gens avec qui l'on entretient maintenant des relations particulières, notre façon d'agir (Mars) que l'on retrouve dans l'initiative de « faire des dîners ou des conférences ». Seulement, on cherche maintenant à intégrer ces dimensions dans un contexte social, plus large. On « officie » parmi les gens, c'est-à-dire en tenant compte, pour continuer de **s'épanouir**, du fait qu'il existe **une dimension plus grande que soi**. Un peu comme si l'on devenait conscient qu'après s'être développé soi-même, il était naturel, ensuite, d'apporter ce que l'on est aux autres, au monde. C'est ce que j'entends par « volonté de participer ».

Stephen Arroyo a avancé l'idée qu'on parlait souvent de l'amour en parlant de Vénus, mais que Vénus représentait une forme d'amour très intéressée comparée à Jupiter qui, en poussant l'individu à s'épanouir en faisant **don de soi** aux autres, représentait également une forme d'amour, mais désintéressée cette fois.

Jupiter, en fait, représente **l'assimilation** du fait que sa propre vie, bien qu'individuelle, est néanmoins étroitement liée à la condition humaine et ses prolongations dans l'univers. Il permet de concevoir et de comprendre que l'on appartient aussi, soi-même, à l'ensemble de ses semblables et ce qui les a créés. Jupiter est ce qui pousse un individu à célébrer cette appartenance en apportant sa propre pierre à « l'édifice » humain, et plus qu'humain. Jupiter n'est pas le maître du Sagittaire pour rien.

En cela, Jupiter représente chez un individu sa **première conscience sociale**. À ce titre, cette planète symbolise tout autant la capacité qu'a un individu de poursuivre son épanouissement dans une dimension sociale, que celle qu'il a de pouvoir **organiser** une dimension sociale, et, par là, susciter chez ses semblables une conscience sociale. C'est, par exemple, Jupiter qui va organiser un tournoi de football entre deux villages. Grâce à cela, chaque membre des deux équipes pourra à la fois se sentir être lui-même mais aussi **membre d'un ensemble**, et encore **représentant** de son village, chacun ayant dans ce contexte un **rôle** bien défini. Jupiter marque ainsi la **première apparition de l'individu sous une forme socialisée** ou, si l'on veut, civilisée. L'individu joue à présent un rôle selon les **rituels sociaux**. Ce rôle peut être un **masque**, ce qu'on a appelé la **persona**. Et il y a toujours le risque de s'identifier à ce masque. Se croire médecin, par exemple, plutôt que soi-même.

Par extension, sans qu'il soit besoin d'un match de foot, Jupiter vous fait sentir que, tout en étant vous-même, vous êtes également membre de votre société, de votre époque, de votre planète et même de l'univers. En cela, ce que l'on a nommé la **« pulsion » religieuse** d'un individu appartient au personnage Jupiter. L'expression du sentiment d'appartenir à quelque chose de plus grand que soi, l'intuition d'un Dieu intérieur et extérieur, tout comme **la foi** qui lui correspond, sont des dimensions jupitériennes.

Jupiter dans le thème

Par son signe, il nous renseigne sur la forme de **participation sociale et de don de soi** qu'un individu a tendance à développer, le genre de **rôle** qu'il veut jouer parmi ses semblables, mais aussi le type de **masque social** qu'il peut vouloir porter. Le signe de Jupiter indique aussi l'attitude qui fonde **sa foi en la vie.** La maison dans laquelle se trouve Jupiter représente le contexte de vie dans lequel il va chercher à installer sa forme de participation et à **transmettre** une conscience sociale.

Personnages jupitériens

Un Professeur

Un Organisateur

Le Professeur, lorsqu'il enseigne, fait lui aussi référence à quelque chose de plus grand que lui. L'Histoire, par exemple. S'il enseigne l'Histoire, on peut dire qu'un professeur contribue personnellement à alimenter cette conscience sociale qu'est l'Histoire. Le seul fait, même, d'enseigner un savoir, est une forme de participation sociale, de rôle social. Vous éduquez : c'est une fonction sociale. Vous faites participer des gens à leur monde, société, culture, par le biais du savoir.

Quant à l'Organisateur, il est ce personnage qui, dès qu'il arrive quelque part, propose un projet ou considère le projet de quelques-uns, réunit et focalise du monde autour de ce projet, répartit les tâches et développe ainsi une activité collective organisée.

Le Professeur en nous

Le **signe** dans lequel se trouve ce professeur nous éclaire sur son style et sa méthode d'enseignement.

Quelle est sa motivation lorsqu'il enseigne ? Il y a des chances que la matière qu'il enseigne soit en adéquation avec la façon qu'il a d'enseigner, le signe peut donc nous en donner une idée.

La **maison** qu'il occupe, comme d'habitude, nous renseigne sur le contexte de vie dans lequel il enseigne qui, lui aussi, bien entendu, va influencer la matière qu'il a choisie.

L'Organisateur en nous

Mettez l'organisateur sur n'importe quel projet, le **signe** de Jupiter vous donnera l'attitude et la démarche que cet organisateur va adopter.

De la même manière, il est bien possible que son type d'organisation soit en adéquation avec les projets qu'il se propose de mettre en place.

Quant à la **maison**: dans quel contexte de vie cet organisateur se manifeste-t-il ?

SATURNE : MONSIEUR TUAN-LI, LE MAÎTRE, LE GARDIEN ET LE PÈRE

Monsieur Tuan-li

Voilà maintenant quatorze ans que vous pratiquez les arts martiaux. Disons le karaté, dans l'esprit de la **Tradition**. Vous avez eu différents **maîtres**. Cela a été pour vous assez **lent, laborieux**, mais vous avez finalement passé toutes les ceintures, plusieurs **grades**. Cela parce qu'il y a une **hiérarchie organisée** en niveaux dans cet art, que vous devez **respecter** si vous le pratiquez. Ce sont ces niveaux, aussi, qui vous permettent de vous **situer**.

Depuis quelques années, il vous arrive fréquemment de vous entraîner seul, en salle, pour le plaisir. Vous vous inventez des systèmes de **défense**, développez certains gestes. Certaines situations vous paraissent ne pas avoir été résolues : en l'occurrence certains mouvements qu'il est possible de simplifier, de rendre plus efficaces. Des enchaînements de gestes aussi, qui permettent, en les répétant, d'atteindre un état particulier. Ce sont des mouvements parfois curieux, mais ils sont pour vous tout à fait **naturels**. Ils sont certes composés de gestes traditionnels — **il faut bien que vous partiez de quelque chose** — mais ils sont en quelque sorte mieux adaptés à vous, à votre tempérament, à votre morphologie.

Vous testez souvent le fruit de vos petites découvertes lors de combats avec d'autres praticiens. Vous obtenez, parfois, des résultats étonnants. Du moins, ils surprennent l'adversaire. Un jour, d'ailleurs, vous livrez un combat contre votre maître, et vous utilisez sans y songer une de vos « bottes ». Le maître est surpris, et réussit tout juste à gérer la situation difficile dans laquelle vous le mettez.

Après le combat, il cherche à en discuter avec vous. Vous lui dites avoir commis une grossière erreur. Il ne vous croit pas : vous êtes **ceinture noire**. Vous n'osez pas lui dire que vous avez mis au point tout un ensemble de mouvements, qui pourraient presque maintenant former une technique entière. Vous avez peur qu'il vous réprimande au nom de la Tradition.

Vous finissez tout de même par lui en toucher un mot. Confirmation de vos craintes, le maître se fâche : « Ce n'est pas du karaté. Ce n'est pas **réglementaire** dans un combat. »

D'abord penaud, puis finalement entêté, vous continuez à développer vos techniques en salle. Après tout, pensez-vous, il n'y a pas que le karaté. D'ailleurs vous changez de cours. Il s'agit d'un autre art martial, élaboré par un autre maître, monsieur Tuan-li, à partir du karaté, à la suite d'un grave accident de voiture qui lui a interdit de faire certains mouvements. Ce maître-là, fort de l'expérience d'avoir dû tout **réinventer lui-même à partir des bases**, vous propose de vous entraîner avec lui et de lui montrer vos techniques personnelles. Pour la première fois, un peu anxieux sur le moment, certes, mais très content tout de même, vous exposez vos trouvailles dans leur totalité à quelqu'un. Ce maître va vous encourager à continuer.

La morale de l'histoire est que vous allez finir par développer votre propre défense, votre **propre discipline**, comme lui, **à partir d'une base ancestrale**, et par là consolider une **confiance en vous et une identité différenciée.**

Sans Saturne, on ne se construirait pas **authentiquement**. Dès que nous rentrerions en contact avec une quelconque organisation sociale, nous serions soumis à ses règles, entièrement encadrés par des lois. Jupiter nous a donné un rôle parmi nos semblables. Mais ce qu'il faut souligner, c'est que ce rôle, si tout s'est bien passé, s'est défini à partir de ce que nous étions, de notre personnalité. Il y avait déjà la possibilité, lors de ce premier pas dans l'existence sociale, de s'identifier à un rôle qui ne nous ressemblait pas fidèlement : vouloir par exemple être un fêtard, ou un poète, ou encore un chef, pour les personnages sociaux qu'ils représentaient plutôt que parce qu'ils nous correspondaient naturellement.

Partons d'un rôle jupitérien authentique : s'il est possible de conserver sa **différence** dans ce premier investissement social, il devrait en aller de même au niveau de Saturne, c'est-à-dire dans l'opération ultérieure qui consiste à **se faire reconnaître dans ce rôle par la société** et ses lois, règles, et structures. On devrait pouvoir **faire sa place** dans la société en conservant son authenticité, et en accédant à **un statut particulier**, c'est du moins ce que suppose l'astrologie. Et c'est ce que permet la fonction saturnienne d'un individu.

Bien entendu, cette opération ne va pas sans confrontation, sans douleur peut-être, sans peur en tout cas.

Nous naissons dans une société qui a ses règles, et qui entend que nous les suivions. Nous pouvons nous identifier à ces règles. Elles sont sociales. Il n'y a rien d'individuel là-dedans. Et il existe des règles pour tout. Si l'on est créateur artistique par exemple, il existe des règles sociales qui **départagent** ce qu'à cette époque on considère comme de l'art de ce qu'on ne reconnaît pas comme tel. Si l'œuvre que l'on propose n'est pas **considérée** pas la société comme de l'art, il est clair que celle-ci ne la reconnaîtra pas. On aura alors le choix entre ne pas reconnaître soi-même d'existence à son œuvre (on est alors identifié aux règles sociales, ce qui revient à suivre les conseils du premier maître de karaté), ou s'efforcer de la faire reconnaître (on ne nie pas les règles, mais on cherche à les élargir pour qu'elles nous intègrent, c'est-à-dire suivre les encouragements de M. Tuan-li), ou encore s'affranchir de la nécessité d'être reconnu (ce qui mène en général à laisser quelques plumes psychologiques dans la bataille, si l'on considère qu'il y a un **besoin naturel de reconnaissance** par la communauté). Sacré programme, donc, que propose Saturne. Pourtant, c'est ce personnage intérieur qui permet à un individu de se construire ou non une **identité sociale** reconnue, authentique ou artificielle d'un point de vue personnel, et finalement une identité tout court, puisque cette notion n'existerait pas si un autre n'était pas là pour qu'on puisse s'en distinguer. Pour mener à bien cette initiation, Saturne fait essentiellement appel à la **confiance en soi**, mêlée à l'acceptation saine (c'est-à-dire non soumise ou fataliste) des **réalités**.

Saturne dans le thème

Par son signe, il indique donc la manière dont un individu peut et veut **se faire reconnaître par la société**, c'est-à-dire la façon dont il cherche à **se faire une place dans cette société**. Le signe de Saturne renseigne également sur la façon dont l'individu peut se **construire une identité différenciée** et authentique. La maison où se trouve Saturne nous montre le contexte ou le domaine dans lequel cet individu trouve sa place (même si la manière dont il s'y prend, c'est-à-dire le signe, influe également sur ce domaine).

Personnages saturniens

Un Maître

Un Gardien

Un Père

Ces trois personnages ont plusieurs facettes, comme c'est le cas de Saturne. Le Maître est entièrement établi dans son domaine : il le maîtrise, se sent incontesté et règne avec autorité. C'est bien un des rôles de Saturne que de nous rendre « maître » du domaine extérieur social qui nous correspond en nous donnant une place, ainsi que de notre domaine intérieur, en nous donnant la capacité d'y délimiter une identité différenciée. C'est en cela un initiateur. Mais il va nous faire beaucoup travailler pour cela : dégager son authenticité est un long travail.

La position de Saturne indique l'expérience pour laquelle nous pouvons avoir tendance à chercher des maîtres (maison), et quel genre de maître (signe). Mais comme nous l'avons vu, il existe deux sortes de maîtres : **celui qui freine et celui qui pousse.** Ainsi, la position du maître désigne l'endroit où l'on aura tendance à se sentir empêché, en même temps que celui où aura finalement lieu le **rite de passage** décrit symboliquement dans la petite histoire.

Le Gardien, lui, défend quelque chose : notre intégrité, pour commencer. Il est le système de défense saturnien de chaque individu. Là où il se trouve, l'individu entend bien défendre ce qu'il est : il ne s'y laisse pas mener par le bout du nez. Il veut contrôler la situation à cet endroit. Mais le Gardien peut aussi être un personnage pris dans la peur : on ne s'ouvre pas forcément là où il se trouve, par peur d'être vulnérable. Le Gardien fait barrage à ce qui voudrait vous soumettre ou vous influencer si tout va bien, mais aussi à ce qui voudrait sortir de vous si vous avez peur.

Quant au Père, on l'aura reconnu dans les deux personnages précédents : il est l'autorité. C'est aussi lui qui vous apprend à vous différencier dans le monde. Le père conjugue les visages du maître, du gardien et du censeur.

Le Maître en nous

Quel genre de Maître ? Le **signe** de Saturne nous renseigne sur le type de Maître qui nous habite.

Quelle est son attitude ?

En quoi fait-il autorité ?

Le maître nous donne des règles, des structures, une discipline. Il évalue notre niveau et par là, nous ramène régulièrement à la réalité.

Quel genre de règles ?

Quelle dimension de la réalité ?

Quel type de discipline ?

La **maison** nous informe sur le domaine de spécialité du Maître, c'est-à-dire là où il a bâti quelque chose de solide, structuré, pour y asseoir une forme d'autorité.

Le Gardien en nous

Le Gardien garde un temple. C'est lui qui l'a construit, c'est son joyau. C'est un monument élevé à la mémoire d'une tradition.

Quelle tradition ? Le **signe**.

De quel système de défense se sert le Gardien pour protéger ce temple ? Le signe de Saturne.

On peut également imaginer qu'il y a dans ce temple quelque chose qui ne doit pas sortir : de quoi s'agit-il ?

La **maison** du Gardien : dans quel domaine a-t-il construit son temple ?

Ou bien, s'il est dans la peur, quel est le domaine de vie dont il protège le temple ?

Le Père en nous

Saturne **en signe et en maison** ressemble parfois étrangement à l'image que nous nous faisons de ce qui nous a tenu lieu de père, puis de tous les « pères » symboliques que nous avons rencontrés par la suite. De nos **pairs** aussi. Du père dynamique, fouettard, au père fantôme, le signe et la maison de Saturne peuvent souvent nous permettre de reconstituer cette image.

URANUS : POINT DE CARRÉ, L'INVENTEUR ET LE RÉVOLUTIONNAIRE

Point de carré

Vous connaissez peut-être l'exercice qui consiste à joindre neuf points disposés en carré, en quatre traits de crayon, sans lever le stylo :

On peut chercher un certain temps.

Et puis, **tout à coup**, on aura peut-être l'idée de faire la chose suivante :

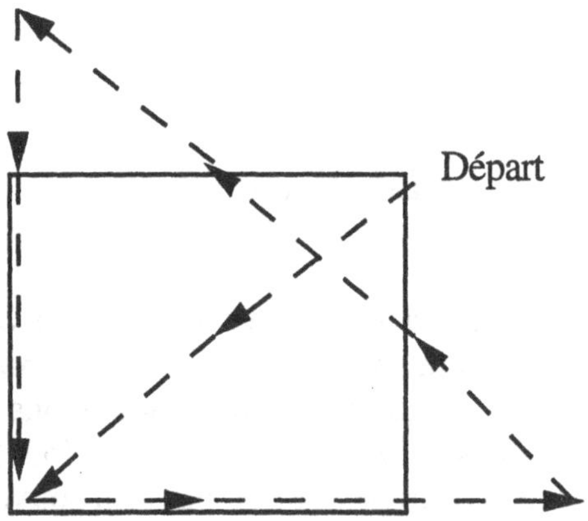

C'est-à-dire **sortir du cadre**.

Qui nous avait dit, en effet, que le crayon devait rester dans le cadre des neuf points ? Personne. Ou plutôt si : notre culture, l'école.

La pensée « hors-cadre » est une bonne façon de parler d'Uranus, ou plus exactement, la **conscience hors-cadre**. Car, même si Uranus désigne en effet des opérations mentales somme toute aussi logiques que celles de Mercure (son petit frère « terrestre »), c'est bien le niveau de conscience dans lequel elles s'inscrivent qui le différencie de la pensée mercurienne. Uranus a simplement conscience du cadre plus large dans lequel s'inscrit n'importe quelle donnée. Dans l'exemple de notre carré à neuf points, au lieu de ne regarder que le carré, Uranus a pris conscience du carré **dans le cadre de la page entière**. Par analogie, nous verrons que ce carré pourrait bien représenter la réalité terrestre et la conscience humaine, et la page… l'univers.

Mais Uranus ne s'inscrit pas uniquement dans l'univers mathématique. Il agit à tous les niveaux. Uranus représente la faculté qu'a un individu d'aborder et de concevoir toutes les données de la «réalité» au-delà de celles que lui fournissent sa culture et la conscience de son époque. Il a en cela la possibilité de bouleverser sur tous les plans — moral, scientifique, social, religieux… — les conceptions admises par cette époque. Sur le plan scientifique, on a longtemps cru que l'électricité était un phénomène entièrement distinct de celui du magnétisme, jusqu'au jour où l'on a compris qu'il s'agissait des deux facettes interdépendantes d'un même phénomène: l'électromagnétisme. Il aura fallu plusieurs raisonnements uraniens pour sortir de ce cadre.

Pour donner un exemple, prenons un autre passage du livre de David Bohm et F.D.Peat, *La Conscience et l'univers*:

> (...) pensons à la conception du monde qu'on avait en Europe au Moyen Âge. Elle ne marquait pas un intérêt très fort pour l'hygiène publique. À dire vrai, l'hygiène n'avait aucune part dans cette interprétation du monde. Néanmoins, quantité de gens furent tués par la peste, quoi que la société pût penser sur l'origine et la nature de ce fléau. Les gens ne virent pas de rapport entre la maladie et leur point de vue, ou plutôt leur absence de point de vue, sur l'hygiène. Ils étaient probablement convaincus qu'il ne pouvait exister aucun rapport de ce genre. Cependant, dès qu'on perçut le lien entre ces deux phénomènes, il devint possible d'introduire un changement positif, si bien que la nouvelle conception du monde permit des progrès révolutionnaires dans la prévention des maladies et des épidémies.»

Tout individu a ainsi la possibilité de percevoir et concevoir n'importe quel domaine de la réalité sur un plan plus inclusif, et est ainsi capable de «décloisonner» les conceptions courantes. Ceci étant, les propositions d'Uranus n'ont pas pour habitude d'être «souples» par rapport à la réalité acceptée. Uranus propose de vraies ruptures (quoique ce n'est peut-être là que l'image que s'en fait Saturne en nous). C'est pourquoi, en tout cas, il y a tant de résistances, autant intérieures qu'extérieures, à Uranus. Si, par exemple, Uranus est en maison 7 (maison de la relation à autrui et au monde) on peut imaginer l'attitude de cet individu dans la relation. Potentiellement, la façon qu'a cet individu de se lier est uranienne (au sens astrologique du terme), c'est-à-dire qu'il aura tendance à bouleverser les critères admis selon lesquels sa société considère qu'il y a relation ou pas. On peut donc s'interroger sur la manière dont cet individu réagira face aux mœurs qui exigent qu'il y ait des fiançailles, un mariage, un contrat, etc. De même, on peut se demander si la présence physique régulière de l'autre, habituellement considérée comme indispensable, semblera si nécessaire à Uranus. On ne sait pas. Mais Uranus peut parfaitement déclarer que tout ceci n'a pas grand-chose à voir avec ce qu'est une relation, ce qui risque peut-être d'intriguer beaucoup de gens. De même, Uranus peut ne rien trouver de si particulier aux relations homosexuelles, car il n'est pas prisonnier de l'aspect physique des choses. Il est évident pour lui qu'une relation s'établit d'abord entre deux êtres, pas entre deux sexes, ni même entre deux âges. C'est pourquoi Uranus se trouve souvent **au-delà de la morale de l'époque**. Non pas qu'il soit immoral (quoique… mais la morale est-elle morale ?) car en réalité, **a-moral** conviendrait mieux. Disons qu'Uranus invente une nouvelle morale, laquelle sera dépassée par les Uranus des générations suivantes…

Uranus est pour ainsi dire un inventeur. Or, tout inventeur est inévitablement confronté aux conceptions de son époque. Il a donc le choix d'essayer de se faire comprendre ou de **se révolter**, ou encore celui de se considérer comme un **génie** (la société ne comprend rien), ou bien comme un **fou ou un «extra-terrestre»**. Il peut encore ne vivre que dans l'esprit et **loin du «corps»** des choses, ou bien accepter que l'on puisse incarner ses **nouvelles conceptions**.

♅ *Uranus dans le thème*

Il nous indique, par son signe, au nom de quelle idée générale l'individu cherchera éventuellement à **révolutionner les conceptions de son époque**. La maison où se trouve Uranus nous renseigne sur le domaine de vie où cet individu aura tendance à effectuer cette révolution et à inventer, ou du moins, **ne pas accepter les règles en vigueur** et par là, chercher un **haut degré de liberté**. Mais la maison où se trouve Uranus dans le thème est également le lieu où l'individu peut rester dans des **abstractions pures**, des mythes en quelque sorte, ou des **absolus exprimés en principes**, qui peuvent le pousser à se situer perpétuellement au-dessus de la réalité, c'est-à-dire à ne jamais la vivre… (il ne pourrait plus idéaliser). Là où se trouve Uranus, il peut arriver qu'on se sente incapable de vivre, vu les données de l'existence, l'expérience de la maison concernée, ce qui laisse le choix, dans ce cas, entre se considérer comme quelqu'un d'incompris et profondément seul dans ce domaine, ou bien, de « trop » génial.

Personnages uraniens

L'Inventeur

Le Révolutionnaire

Après ce qui a été dit, ces deux personnages sont facilement concevables. Retenons néanmoins que ces deux personnages ne sont pas vraiment des sentimentaux (c'est la caractéristique d'Uranus). Les idées sont pour eux plus importantes que les sentiments ou l'émotion que procure le vécu. Dire qu'ils sont un peu « froids » est un peu fort, mais c'est à peu près cela.

Compte tenu de la lenteur d'Uranus (cycle de 84 ans, 7 ans dans un signe), les personnages dans leurs signes ont des caractéristiques partagées par beaucoup de gens en même temps. Ce sont donc des dimensions collectives, mais qu'il est possible à une personne d'individualiser.

L'Inventeur en nous

Le **signe** d'Uranus permet de définir le modèle selon lequel l'inventeur fonctionne et qu'il va chercher, justement à révolutionner.

Quel type d'inventions ?

La **maison** dans laquelle se trouve l'inventeur permet de cerner plus facilement Uranus. C'est dans cette expérience de vie que l'inventeur va développer ses inventions.

Dans quel domaine ont lieu ces inventions ?

Le Révolutionnaire en nous

Pour ce qui est du **signe**, même raisonnement qu'avec l'inventeur : on a là la base idéologique du révolutionnaire.

La maison où il se trouve est le lieu où ce révolutionnaire va précisément faire la révolution, provoquer, casser, jusqu'à une éventuelle escalade dans la violence.

Si on lui donne un micro (sans fil), il dira qu'il veut tout changer dans le domaine de la maison, et à grande échelle, tant qu'à faire. Il veut que chacun y soit absolument libre.

NEPTUNE : LE CONCERT DU SOIR, L'IDÉALISTE, LE MYSTIQUE ET L'INSPIRÉ

Le concert du soir

Vous vivez dans une ville près de la mer. C'était aujourd'hui une dure journée de travail : vous avez commencé tôt, il y a eu plusieurs réunions, trois rendez-vous, et vous deviez terminer la rédaction d'un dossier, ce que vous avez fait, finalement, entre 19 heures et 21 heures.

C'est l'été. Lorsque vous sortez, le soleil n'est pas encore couché et vous prenez votre voiture, traversez la ville. Votre famille est partie en vacances. Vous allez la rejoindre à la fin de la semaine. Même si vous avez beaucoup de travail à boucler, ces quelques jours qui vous séparent d'eux vont vous permettre de souffler un peu. Du coup, ce soir, vous décidez d'aller vous promener un peu sur la côte, ce que vous faites rarement. Vous arrêtez la voiture, grimpez sur les dunes, puis descendez vers la plage.

Vous voilà assis, en costume de travail, sur le sable. Le coucher de soleil sur la mer est superbe. Magnifique. Ce n'est pas exactement le mot. On en parle souvent, songez-vous, des couchers sur la mer, mais on n'arrive jamais à définir ce que cela fait vraiment. C'est une vision tellement simple et tellement forte que dire « c'est beau » est un peu court. D'ailleurs vous vous souvenez que lorsque vous avez vu des couchers de soleil en compagnie d'amis, en général, au moment où tout devient rouge et liquide, tout le monde se tait. Parce que c'est trop, en quelque sorte. Trop de quoi ? On ne sait pas. De ciel. D'univers autour. De beauté. Trop vaste peut-être, ou trop parfait. Et

puis, que sommes-nous, face à cela? Qu'est-ce que c'est, durant quelques minutes, que cet individu — vous — qui se lève à sept heures, écoute les infos à la radio, noue sa cravate ou enfile son tailleur, et fonce à son premier rendez-vous à travers les embouteillages ? D'où vient cette ambition de réussite qui le mène par le bout du nez, quand on regarde ce ciel ? D'où sort cet ego qu'il passe son temps à entretenir ? Et ces beaux raisonnements qu'il déploie ? Et cette maison à laquelle il s'attache, cet argent qu'il accumule, ces liens de sang qu'il distingue ? Que devient tout ce petit monde qu'il protège, face à ce soleil qui se couche pour la moitié de l'humanité ?

Vous regardez votre montre. Onze heures, déjà. Il reste un peu de lumière à l'horizon. Pas grand-chose. Le voyant lumineux EXIT d'une salle de concert. C'est un peu ce que vous avez entendu. Un concert.

Bien sûr, autour de vous, il y a toujours le sable, avec ses grains. Les herbes folles et leur mouvement au moindre vent. Les vagues en face de vous, avec leur mousse. Et il est même onze heures et deux minutes maintenant. Vous pouvez voir tout cela dans chaque détail. Le toucher aussi. Mais vous y voyez aussi autre chose. Quelque chose d'immense. La même et unique chose, dans le sable, dans les brins d'herbe, les vagues et finalement, en vous. Quelque chose que vous n'arrivez pas à nommer mais qui, d'une certaine façon, vous murmure la **Totalité dont vous faites partie.**

Difficile de parler de Neptune. À la limite, on pourrait ne rien dire. Le silence en parle très bien (par opposition à tous les textes). **Indiscible, invisible.** Il y a des choses que la musique nous fait sentir et dont on ne pourra jamais parler. On peut sentir seulement. C'est là, voilà ce que dit Neptune. Parfois aussi, c'est dans la rue, dans la lumière qui descend contre un mur, dans l'atmosphère qui règne, on sent quelque chose qui est au-delà ce que l'on peut voir. Quelque chose comme un **point commun** à toutes les formes d'existence. Un lien entre telle rue de Paris et tel visage que l'on connaît, tel champ qu'on a traversé récemment à la campagne et tel temple qu'on a aperçu à Bombay, et de fil en aiguille, un lien entre toutes les choses que l'on connaît.

Neptune aborde la vie sous l'angle de ce point commun. Pour Neptune, n'importe quoi parle de tout. **La séparation des choses entre elles est abolie.** On comprendra que les **langages universels** (musique, astrologie etc.) soient les rares langages à pouvoir exprimer Neptune. Il n'y a pas, dans cette dimension, de différence entre noir et blanc, entre bien et mal, vie et mort, souffrance et joie, amour et haine. Ce ne sont que des séparations de la conscience. Leur réalité est hors des valeurs. La conscience tend, par exemple, à écarter certaines expériences de la vie parce qu'elles sont déplaisantes, ou jugées mauvaises ou douloureuses. C'est tout le contraire de ce que fait Neptune. Vous êtes heureux ? C'est très bien. Vous êtes malade ? C'est très bien aussi. Neptune n'exclut rien. C'est Neptune qui montre au saint qu'il y a en lui un criminel, au criminel qu'il abrite aussi un saint. Si Uranus est un autre genre de Mercure, plus global, moins enfermé dans les cadres de la conscience, Neptune est alors **un autre genre de Vénus**. Car il s'agit bien, en effet, d'un **autre système de valeur**. Ce système est surprenant parce qu'il se situe au-delà de la traditionnelle division Bien-Mal, Haut-Bas etc. C'est pourquoi on associe facilement Neptune à **l'Amour sans discrimination, aux grands idéaux rassembleurs, humanitaires, égalitaires.** Ou encore à **l'inspiration artistique** qui descend d'on ne sait trop où, mais d'une perception globale, sans doute.

Neptune propose une dimension compassionnelle très vaste. On excuse tout, comprend tout et tout le monde. Le point de vue de Neptune est très large et n'exclut personne : on ne juge plus, on aime. On ne fait d'ailleurs aucune différence, fondamentalement, entre soi et les autres. On **s'identifie** à eux, on vit avec eux leur joie comme leur souffrance. Même à dix mille kilomètres de distance : une photo, ou une image à la télévision suffit.

Il arrive aussi que l'on cherche à personnifier cette dimension silencieuse qui nous dépasse et nous traverse. On va l'appeler Dieu. On va l'appeler idéal, totalité, musique des sphères, Bouddha, Brahma, ou magie de la vie.

On peut se perdre dans Neptune. Car Neptune multiplie les formes de réalité. À celles que l'on peut voir, toucher, sentir et sur lesquelles on peut raisonner, Neptune ajoute celles qui sont « derrière » ce que l'on voit. Si une tomate tombe sur vos pieds alors que vous passez devant l'étalage du marchand, vous pouvez dire qu'elle a basculé de l'étal puis roulé jusqu'à vos pieds. Mais qui vous empêche de dire que c'est aussi un signe de Dieu ? Voilà le problème avec Neptune : tous les plans de réalité sont valables. On comprendra que la folie soit mise en rapport avec cette planète. Comme les crises mystiques. Neptune est ce dont on peut se servir pour échapper à la réalité palpable, en particulier si on y est mal à l'aise. On va alors choisir de vivre dans d'autres réalités. La drogue en propose une. Le cinéma et tous les métiers d'images une autre, comme, encore, la religion, ou l'éternel voyage, la musique, l'astrologie, l'imagination etc. Seulement, qui nous dit que ces réalités-là sont moins valables ? C'est la question et la richesse qu'apporte Neptune, car ce symbole représente la **relativité** même. Pourtant, le risque principal de Neptune est d'en rester à cette relativité. Y rester peut autant apporter de la tolérance que de la dépression, car au bout du compte, Neptune peut destructurer tout système de valeur sans reconstruire quelque chose derrière. Tout se vaut, c'est-à-dire, sur un plan individuel, plus rien n'est valable. C'est le piège préféré de la planète. Car ce qu'on pourrait appeler le « véritable message » de Neptune, ce n'est pas tellement qu'il existe d'autres réalités que la réalité palpable, mais qu'il y a bien une **unité** derrière l'apparente démultiplication.

Neptune dans le thème

Il nous indique, par son signe, la dimension dans laquelle un individu va développer ses **idéaux rassembleurs ou communautaires.** Quelle est aussi, peut-être, la dimension que l'individu est capable de « **sublimer** » ou de vouloir vivre ou étendre à un plan collectif. La dimension du signe est également le lieu où l'individu a une grande **capacité à relativiser**, sachant qu'il peut vivre et reconnaître cette dimension sur plusieurs plans. Le signe peut également devenir un **fantasme** pour l'individu, ou encore un lieu **d'illusion ou de rêverie** en dehors de sa réalité vécue. On peut longtemps rêver avec Neptune, sans jamais incarner quoi que ce soit. C'est le risque principal sur le plan individuel.

La maison où se trouve Neptune indique simplement le domaine de vie par lequel l'individu est en contact avec cette dimension. Expérience ou domaine qui sera un lieu **d'inspiration religieuse, artistique, mais également rempli d'idéaux, d'images ou d'illusions,** et où l'individu peut être sujet à **l'influence de courants et d'images** collectifs (modes etc.).

Personnages neptuniens

Un Idéaliste

Un Mystique

Un Inspiré

Comme c'était le cas d'Uranus, Neptune est extrêmement lente (cycle de 165 ans, 13-14 ans par signe). On peut cette fois parler de planète de génération. Comme pour Uranus, on peut supposer qu'il est possible à une personne soit d'être prise dans ce courant (la position de Neptune dans le thème montrera alors le lieu de sensibilité à ce courant), soit de donner une forme individuelle à ce courant.

L'Idéaliste en nous

Le **signe** dans lequel se trouve l'idéaliste nous donnera la base sur laquelle il va construire ses idéaux.

Dans ce cas, le signe devient un idéal. Cela peut être politique, philosophique, religieux, humanitaire, communautaire.

Mais l'idéaliste peut se faire idéalisateur dont les rêves et les mythes seront aussi ceux du signe.

Il se perd dans l'image de ce qui se rapporte au signe. Il est fasciné par cette dimension et s'empêche, par là, de la vivre concrètement.

La **maison** où se trouve l'idéaliste indique simplement le champ d'expérience qui risque d'être idéalisé.

Le Mystique en nous

Le mystique entretient un contact direct avec « Dieu ». Il le voit et le sent partout, en particulier dans les formes du **signe** dans lequel il se trouve.

Les expériences de contact avec cette « magie » de la vie nous seront données par la **maison**.

L'Inspiré en nous

L'inspiré n'est pas très éloigné du mystique. Mais ce que le mystique appellera Dieu, ordre universel ou par un autre nom, l'inspiré l'appellera peut-être simplement le rythme ou la rime, dont il trouvera l'inspiration dans le signe et la maison où il se trouve.

PLUTON : UNE RECHERCHE ENTÊTÉE, « L'ESSENTIALISTE » ET LE TRANSFORMATEUR

Une recherche entêtée

Imaginez un **chercheur.** Peu importe la matière, mais considérons que ce chercheur a une certaine ambition dans son domaine. Il ne serait pas fâché de posséder personnellement une grande maîtrise de toutes les théories qui puisse le mener à une découverte, satisfaisante pour son ego, mais aussi pour la société.

Après avoir ouvert une voie de recherche, il y a cinq ans de cela, ce chercheur est aujourd'hui convaincu qu'il est en train d'approcher une **découverte fondamentale.** Pour aller au bout de son travail, il faudrait maintenant qu'il **creuse** une piste supplémentaire. Mettons que la recherche sur cette piste coûte cher en temps et en argent. Le laboratoire dans lequel il travaille ne donnant par ailleurs que peu de crédit à cette piste, on lui propose de l'abandonner et d'entamer un autre chantier. Il continue néanmoins de travailler dans la même direction. On menace de le renvoyer. Il continue. Considérant que manifestement, il est marié avec sa recherche, sa femme, à bout de nerfs, menace de le quitter.

Il est possible que notre chercheur, à ce point, renonce. On sait qu'il a envie de réussir socialement. Mais la question que l'on pourrait poser est : si l'on admet qu'il tient à son travail au laboratoire, qu'il aime sa femme et qu'il n'est pas devenu fou, qu'est-ce qui pourrait néanmoins faire qu'il ne renonce pas ?

Ce pourrait être une **obsession.** Un **obscur désir d'atteindre ou de rejoindre quelque chose.** Par exemple, la renommée que lui donnerait sa découverte.

C'est une possibilité, il y en a d'autres.

Ce pourrait être une réelle **question de vie ou de mort** pour lui.

Ce pourrait être, aussi, le sentiment qu'il y a **quelque chose d'essentiel** dans cette future découverte et que, s'il se sent capable de le faire, c'est presque un **devoir**.

Un «devoir» envers la science, envers l'humanité même.

Mettons que pour cette dernière raison il continue. On le renvoie du laboratoire. Sa femme le quitte. Malgré cela, il réunit tout ce qu'il a d'argent et poursuit la recherche. C'est plus fort que lui.

Il a néanmoins **sacrifié** beaucoup de choses: son travail et une relation importante. Alors, lorsqu'il se lève le matin, quelle signification peut-il donner à la journée qui vient? Quel sens donne-t-il à sa vie?

Déjà, on peut avancer que, s'il a abandonné presque tout ce à quoi il attachait de l'importance, et qu'il est resté sain d'esprit, c'est qu'**il n'est plus dirigé par cela**. C'est qu'il y a un autre genre d'intérêt, de sens, sinon, où trouverait-il sa motivation? Alors on peut imaginer qu'il se dise, sincèrement: «aujourd'hui, **je vais apporter mon pouvoir** particulier de recherche à **l'humanité**». Autrement dit, sa vie se situe maintenant sur un plan qui n'est plus personnel. Être ce qu'il est s'incarne sur le plan des hommes, de l'Histoire, de la planète. C'est l'**essentiel de ce qu'il est** qu'il atteindra peut-être dans cette dimension.

C'est Marie Curie qui a permis qu'on découvre le radium. Sur un plan personnel elle est Marie, avec sa personnalité. Mais son existence prend également son sens dans la marche mondiale de la connaissance, pour laquelle il semblerait qu'elle ait, au contact des métaux radioactifs, partiellement endommagé ses mains.

Il est difficile, aujourd'hui, de tenter d'expliquer Pluton sans parler de sacrifice. Je dis tenter parce qu'il semble que l'on n'ait pas encore fini de comprendre cette dimension en l'homme. Néanmoins, on peut l'expliquer en parlant de sacrifice personnel parce que c'est l'**impression** que donne la dimension Pluton lorsqu'on la compare à l'univers personnel d'un individu. On peut concevoir que la vie de chacun prend également son sens sur un plan beaucoup plus vaste que son seul plan personnel. Un peu comme chacune des cellules du corps. Elles sont innombrables. Pourtant, une cellule infectée peut en infecter d'autres et, au bout du compte, rendre malade le corps entier. Autrement dit, chaque cellule est responsable du corps. Il en va de même pour les hommes et le reste de la planète, et même, au-delà. Il n'est pas facile de vivre au quotidien dans la considération de cette idée. Sur ce plan-là, la personnalité importe peu et il est difficile de garder la sensation d'un sens à sa vie lorsque ce plan disparaît. Les guerres, par exemple, détruisent quantité d'individus. Elles appartiennent à une logique aujourd'hui mondiale. Mais on peut se dire qu'elles sont peut-être encore nécessaires à l'évolution humaine, tant que quelque chose n'aura pas été intégré. Ceux qui sont pris dans ces guerres participent donc, comme les autres, à la marche de l'évolution mondiale. Leurs vies prennent aussi leur sens dans cette marche, même si dans ce cas cela aboutit à leur destruction.

Pluton dans le thème

Par son signe et sa maison, il nous renseigne donc sur **le type de contribution qu'un individu va potentiellement pouvoir apporter à l'humanité,** *quel que soit le niveau auquel cela a lieu.* Ce n'est pas tant une question d'ampleur qu'une question d'état de conscience dans lequel on vit sa vie. Pluton indique parfois le lieu d'un **désir de pouvoir compulsif plus fort que la personnalité.** C'est une expression «déviée» et inconsciente du pouvoir effectif de chaque individu qui a, par ses actes, un impact sur tout ce qui l'entoure. La maison de Pluton est également un lieu où il est possible de mener des **recherches très profondes,** motivées par l'**accès à l'essentiel d'un sujet.** Un endroit où l'on conçoit des **absolus** très tenaces, et où l'on **peut nier sa part de voix individuelle** (ce qui est lié aux absolus que l'on conçoit, qui «écrasent» l'individu). C'est en tout cas un lieu de progression vers une **grande transformation personnelle,** où l'on peut avoir à quitter ou «**lâcher**» beaucoup de choses...

Personnages plutoniens

Un «Essentialiste»

Un Transformateur

Comme c'était le cas pour Uranus et Neptune, on peut encore préciser que Pluton a un cycle très lent (245 ans, 20-21 ans par signe). Il s'agit donc d'une mouvance collective très vaste. On peut concevoir qu'un individu soit pris dans les transformations et la marche de cette collectivité (la position de Pluton indiquera où l'individu ressentira l'impact de ces transformations collectives) ou bien être éventuellement un générateur individuel de ces transformations collectives.

L'Essentialiste en nous

Le **signe** de Pluton nous montre le principe selon lequel l'essentialiste va mener sa quête d'essentiel.

La **maison** est le domaine où va avoir lieu cette recherche. Dans cette maison, l'essentialiste agit en fonction des grandes valeurs qui sont celles du signe. Il abandonne tout le reste. Il peut en cela vouloir accéder au pouvoir, pour débarrasser la société de tout ce qui n'est pas, à son sens, fondamental.

Le Transformateur en nous

Le Transformateur modifie fondamentalement le vécu du **signe** dans lequel il se trouve, dans une direction de vécu impersonnel.

C'est la même opération qu'il réalise dans le contexte de la **maison** qu'il occupe. C'est lui qui gère les « grandes mues » de l'individu au cours de sa vie, selon le principe du signe. Le « centre sismique » de ces transformations se situe dans la maison où se trouve le Transformateur.

Pour ceux qui le souhaitent, le tableau qui suit permettra de lister, pour mémoire, toutes les positions planétaires de leur thème personnel.

PERSONNAGES DE VOTRE THÈME

	PERSONNAGES	SIGNE	MAISON	SIGNE DE LA MAISON
Soleil :	ROI HÉROS			
Lune :	ENFANT MÈRE MUSE			
Mercure :	ÉTUDIANT ANALYSTE			
Vénus :	AMOUREUX(SE) ARTISTE			
Mars :	GUERRIER ENTREPRENEUR			
Jupiter :	PROFESSEUR ORGANISATEUR			
Saturne :	MAÎTRE GARDIEN PÈRE			
Uranus :	INVENTEUR RÉVOLUTIONNAIRE			
Neptune :	IDÉALISTE MYSTIQUE INSPIRÉ			
Pluton :	« ESSENTIALISTE » TRANSFORMATEUR			

3

METTRE EN SCÈNE LES PERSONNAGES DU THÈME

Dans la «pièce de théâtre du thème», tous les personnages n'ont pas le même comportement, ni la même motivation. Chacun joue un rôle qui lui est propre, et occupe une place définie dans l'ensemble de «l'intrigue». Ces différents «acteurs» n'interviennent pas non plus dans toutes les scènes.

Dans le thème, ce sont les signes et les maisons de chacun des personnages planétaires qui permettent de définir précisément l'intervention de chacun d'eux.

Comme il s'agit d'illustrer des positions planétaires, aux personnages types que nous venons d'exposer il faut donc ajouter des comportements et rôles types pour chaque signe (ou encore des motivations types); et des expériences types, ou des scènes types pour chaque maison.

Ainsi:

Les **personnages** sont les **planètes**.

Leurs **rôles et motivations** sont représentés par leurs **signes**.

Les **scènes** dans lesquelles ils interviennent sont définies grâce aux **maisons** qu'ils occupent.

Les **dialogues et relations** entre les personnages sont déterminés par les **aspects** (angles) existant entre les différentes planètes.

C'est grâce à cette mise en scène, on l'a vu, qu'il est possible de construire des points de départ imaginaires, qui serviront de base d'inspiration pour l'étude de la position planétaire.

Par exemple, si l'on veut étudier un Mercure en Poissons en maison 8, on pourra utiliser les éléments suivants:

—personnage-type de Mercure: un étudiant;

—rôle et motivation types des Poissons: relier et unir les différents mondes, transmettre une foi en demain;

—expérience type de la maison 8: partager avec d'autres et se transformer psychologiquement.

Ainsi, on peut imaginer un étudiant assez poète, un brin religieux et pas très rationnel (Poissons), spécialiste des analogies entre différents éléments (Poissons), qui cherche à réunir des matières entre elles, le tout en s'unissant à d'autres dans la même pensée, en «faisant équipe», ou encore, en portant sa pensée sur l'union ou la transformation (maison 8).

À partir de là, plusieurs situations sont possibles pour mettre en scène notre étudiant, qui dépendent des représentations que l'on se fait de chaque élément, ainsi que de l'imagination de chacun. Ici, Mercure pourrait faire un bon étudiant en psychanalyse, par exemple. Spécialement à l'aise dans l'étude des rêves.

C'est grâce à cette image que l'on pourra ensuite s'attendre, dans la vie de la personne, à plusieurs possibilités de vécu de cette position planétaire, symbolisée, pour nous, par «l'étudiant en psychanalyse».

Dans ce chapitre, je me propose donc d'étudier plus précisément la manière de mettre en scène et en mouvement une position planétaire à l'aide de ces bases imaginaires.

COMPORTEMENT ET MOTIVATION D'UN PERSONNAGE: LES PLANÈTES EN SIGNES

Dans une pièce de théâtre, chacun des personnages a en général un comportement précis, et, derrière cela souvent, une motivation particulière. Le père, par exemple, est l'incarnation même du matérialisme, investit dans des entreprises et ne pense qu'à gagner plus d'argent; le fils est un idéologue qui s'enthousiasme et se bat pour l'écologie ; la mère ne songe qu'à partir aux Indes persuadée d'y trouver l'illumination; l'oncle est un poète, l'amant un «magouilleur», etc. Même chose dans un thème: chacun des personnages types a un comportement, une motivation. Dans le thème, **le comportement de chacun des personnages-planètes est défini par le signe dans lequel se trouve chaque planète.**

Étudions cela dans le détail.

Mettons que l'on trouve Jupiter Verseau dans un thème.

Pour Jupiter, dans le chapitre précédent, je suggère d'utiliser entre autres un des deux personnages-types : le Professeur ou l'Organisateur, deux « caricatures » de la fonction jupitérienne.

Prenons, par exemple, le **Professeur.**

Si on applique ce qui vient d'être dit, on a là un Professeur au comportement et à la motivation Verseau.

Reste à définir, maintenant, de façon imagée, ce que pourrait être un Professeur au comportement Verseau.

Pour cela, il nous faut avoir une idée claire du « comportement naturel » et de la « motivation » Verseau.

Le chapitre suivant est destiné à exposer les douze comportements et motivations que propose le zodiaque. Mais pour le moment, pour résumer, disons *a priori* que :

l'indépendance, l'avant-gardisme et l'originalité sont chez le Verseau un comportement naturel.

Et que :

libérer et inventer sur un plan social est la motivation du Verseau.

Voilà qui va nous permettre de définir un peu mieux le personnage Jupiter Verseau :

« Un professeur, indépendant, avant-gardiste et original, dont la motivation finale est de libérer et d'inventer socialement. »

« Conjuguer » la planète et son signe

Même s'il faut trois notions pour décrire une position planétaire (planète en signe et en maison), rien n'est plus séparé par la suite. Dans le cas de notre professeur, nous n'avons pas quelqu'un qui d'une part enseigne, et d'autre part a un comportement novateur. Cela semble naturel. Si le Professeur « est » Verseau, cela signifie que pour lui, *enseigner « est » Verseau.* Ce professeur n'enseigne donc pas n'importe comment : il enseigne d'une manière Verseau, c'est- à-dire d'une façon plutôt originale. C'est chez lui un comportement naturel. Il est possible qu'il enseigne en employant des méthodes inédites, d'avant-garde. Mais on peut aller plus loin, car on sait que derrière cela il y a une motivation : celle de libérer, d'inventer sur un plan social. Donc, on peut imaginer que sa manière d'enseigner est, par exemple, liée à une nouvelle conception qu'il se fait de la pédagogie, et qu'elle fait ainsi partie d'un projet social. En même temps, il est possible qu'il propose à ses élèves de se libérer, de s'affranchir de certaines règles.

Bref, il s'agit d'un professeur plutôt moderne, pas toujours en accord avec les normes sociales en vigueur dans leur domaine. D'un créateur, également.

LE PERSONNAGE EN SITUATION : LES PLANÈTES EN SIGNES ET EN MAISONS

Dans une pièce de théâtre, il est rare que tous les personnages soient présents dans toutes les scènes. Hormis le cas particulier d'un personnage principal apparaissant à tout moment, les personnages d'une pièce interviennent en général dans les scènes où ils sont nécessaires au déroulement de l'histoire. C'est bien le cas d'une planète dans un thème, qui certes, a un impact sur l'ensemble du thème, mais intervient dans des domaines particuliers de la vie de la personne. En astrologie, ces domaines particuliers sont d'abord définis par les expériences de la maison qu'occupe la planète.

Ensuite, on étendra ce domaine aux maisons des planètes avec qui elle fait un aspect, puis aux maisons qu'elle maîtrise, et enfin aux maisons où se trouvent les maîtres de son signe et de sa maison.

Considérons seulement, pour l'instant, la maison dans laquelle se trouve une planète.

Comme nous l'avons vu, une maison est un regroupement de situations et d'expériences particulières, qui ont toutes un point commun, lequel donne son sens symbolique à la maison.

Ceci fait qu'une maison astrologique peut, si l'on veut, donner lieu à différentes « scènes » théâtrales, qui sont en réalité des variations sur le même thème.

Par exemple, la maison 5 correspond à l'expérience consistant à s'exprimer personnellement en toute authenticité. C'est sa signification symbolique. Il s'agit en maison 5 d'expression personnelle pure, et par là de la recherche d'une prolongation-immortalisation de soi à l'extérieur, par la création, la projection amoureuse, etc.

Sur un plan théâtral, elle peut être représentée par diverses situations ou thèmes. Une scène, par exemple, où l'on voit un personnage en train de créer. Une autre, où on le voit tomber amoureux. Une autre encore où il décide de faire un enfant. Ou une autre où on le voit exprimer une émotion pure face à une assistance. Etc.

Pour continuer notre mise en scène, il est donc nécessaire de se faire une représentation théâtrale de la maison-scène qu'occupe Jupiter Verseau.

Supposons que Jupiter Verseau se trouve en maison 1.

La maison 1 correspond à l'expérience consistant à rechercher sa différence personnelle, son unicité. « Qu'est-ce qui me différencie des autres ? » « Qu'est-ce qui fait la particularité de mon chemin ? » pourraient être des questions typiques de la maison 1. C'est une maison où l'on est entièrement préoccupé par soi-même, par le fait de différencier son chemin des autres, et d'affirmer cette individualité. Une maison quelque peu existentielle. Sur un plan théâtral, la scène de la maison 1 correspond en quelque sorte à la situation où un personnage apparaîtrait seul sur scène, et se demanderait :

« Je sens que je suis différent des autres, seulement bon sang, qui suis-je ? »

« Où vais-je ? »

« Suis-je vraiment moi-même dans ce que je fais ? »

« Dans ce que je pense ? »

« Dans ce que j'aime ? »

« Ou bien suis-je conditionné par ce que font les autres ? » « Comment comprendre et affirmer ma différence ? » Etc.

Nous avons donc illustré « théâtralement » les trois éléments de la position planétaire. Il ne reste plus, maintenant, qu'à tout regrouper pour mettre en scène notre personnage.

Pour comprendre Jupiter Verseau en maison 1, on peut déjà avancer la chose suivante :

« C'est un professeur, indépendant, avant-gardiste et original, dont la motivation finale est de libérer et d'inventer socialement, et qui s'interroge sur sa différence. »

Conjuguer la planète en signe et en maison

On l'a vu, dans une position planétaire, rien n'est jamais séparé. Dans notre cas de Jupiter Verseau en 1, on n'a pas d'un côté un professeur moderne, et de l'autre quelqu'un qui cherche à cultiver son unicité. Tout cela est intimement lié, se déroule « en même temps » et sur un « même plan ».

Arrêtons-nous un instant sur la signification d'une planète en maison.

Pour l'interprétation, on se sert en général de deux notions pour intégrer l'idée de maison à un vécu individuel, qui sont deux formulations différentes du principe de planète en maison :

A. On peut considérer que la maison occupée par une planète est comme une sorte de « spécialité » de la planète : si Mercure est en maison 2, la pensée de cet individu est particulièrement portée sur les affaires de la maison 2. C'est une sorte de lieu d'inspiration permanent. Comme s'il s'agissait d'une orientation naturelle de la pensée vers ces expériences, ou encore d'une sorte de « déformation » naturelle de la pensée.

B. C'est grâce à l'utilisation de sa fonction planétaire dans le cadre des expériences de la maison que l'individu va vivre au mieux ces expériences. Si Mars est en maison 8, on peut dire que c'est en utilisant son Mars que la personne va aborder au mieux cette expérience de vie. La façon dont cet individu va vivre l'expérience de la maison 8 va donc être martienne, et il va vivre des expériences martiennes en maison 8.

C'est un peu comme s'il s'agissait de deux vécus : l'un extérieur, l'autre intérieur.

Dans le cas de Jupiter en 1 on peut donc dire :

1. L'enseignement de ce professeur est particulièrement porté sur l'individualisation, la recherche de l'unicité.

2. C'est en enseignant que notre professeur va chercher et trouver des réponses à la question de son individualité et unicité (ou encore : c'est en enseignant qu'il va chercher à se différencier).

En résumé, il «enseigne l'individualisation» et c'est par cet acte qu'il s'individualise lui-même.

Ainsi :

Jupiter Verseau en maison 1

«C'est un professeur indépendant et original à la recherche de son identité, qui, par son style d'enseignement personnel, apprend aux autres à s'individualiser, grâce à des méthodes nouvelles et avant-gardistes, et qui derrière cela, poursuit un projet social innovateur.»

MISE EN SCÈNE ET ÉVOCATION

Maintenant que la position planétaire est formulée sous forme de personnage, il ne reste plus qu'à imaginer des situations de vie qui puissent correspondre à cette définition. C'est là qu'intervient l'imagination, et aussi, un peu l'expérience de ce qu'on a vu vivre chez différentes personnes. Lorsque je travaille avec des élèves sur cette technique de mise en scène, arrivé à ce point, je demande : quel personnage pourrait-on imaginer ? Quelle serait l'histoire possible de ce personnage ? Quelles situations pourrait-on imaginer pour donner corps à ce professeur ?

Et chacun propose sa version.

Pour ma part, ce personnage de Jupiter Verseau en 1 me fait un peu penser à John Keating, le professeur du film de Peter Weir, *Le Cercle des poètes disparus*, interprété par Robbin Williams. Il s'agit d'un professeur de caractère qui ne cesse, dans un collège anglais, de vouloir transmettre à ses élèves le goût de se différencier, de se développer, de ne pas toujours suivre le mouvement de la foule. Ses méthodes, plutôt originales (lire debout sur les tables, hurler des maximes en jouant au football, déchirer des livres d'analyse poétique), qui déplaisent au plus haut point au directeur très conservateur du collège, finiront par mener à un drame et lui valoir un renvoi dans l'incompréhension générale. Sans aller jusqu'à ces extrémités, il est vrai que Jupiter Verseau en maison 1 peut avoir ce côté «affranchisseur» de personnalités. Jupiter en maison 1, en général, sans se départir d'une indéniable considération pour lui-même, est en même temps un des meilleurs Pygmalion « identitaires » qui soit.

Il est possible de procéder de la même manière avec d'autres personnages. L'organisateur, par exemple. Au fond, ce qui est important, c'est de choisir un personnage qui, tout en correspondant bien au symbole, fasse sens pour soi. Pour cela, il est important de se faire soi-même une représentation de Jupiter sous forme de personnage ; un personnage qui nous parle, et que l'on va pouvoir mettre en scène facilement, à notre manière.

Dans le chapitre précédent, j'ai proposé à titre indicatif des personnages-types pour chaque planète. Il est bien entendu possible d'en construire d'autres. Cela dit, la « méthode » de mise en scène des positions planétaires sera toujours la même. S'il s'agit, par exemple, de Mercure Scorpion en maison 5, on se demandera :

Quel personnage prend-on pour Mercure ?

Que pourraient être un comportement et une motivation Scorpion ?

Quelle scène choisit-on pour illustrer la maison 5 ?

Ensuite, il ne nous reste plus qu'à développer et mettre concrètement en scène ce personnage, en utilisant notre imagination.

MAISONS EN SIGNES OU DÉCORS DE SCÈNES

Dans une position planétaire, on a donc une planète en signe et en maison, c'est-à-dire un personnage qui se comporte d'une certaine manière, dans une certaine dimension de la vie. Mais, comme on le sait, la cuspide de la maison où se trouve cette planète tombe aussi dans un signe. Le signe de cette cuspide va nous donner un élément supplémentaire pour définir l'attitude de l'individu envers les expériences de la maison.

Reprenons l'exemple de Jupiter Verseau en maison 1. Le fait qu'il y ait une planète dans cette maison nous indique que l'individu investit de l'énergie dans l'expérience ou scène de la vie que l'on a résumée par « recherche identitaire ». Comment va-t-il mener cette recherche identitaire ? En ayant l'attitude réelle ou symbolique d'un « professeur», nous dit le thème, puisque Jupiter se trouve en 1. C'est-à-dire en «enseignant», et ce, d'une manière Verseau. Et, comme on l'a vu, plus il enseignera, plus il comprendra qui il est, simplement parce que Jupiter étant en 1, *ce qu'il est* a un rapport avec le fait «d'enseigner».

Seulement, on peut reconnaître qu'il y a différents contextes dans lesquels on peut aller chercher des réponses à la question de son identité. Et ce que l'on ne sait pas encore, c'est «par quel bout» l'individu aborde, lui, la question. Dans quel univers vit-il cette expérience? Quel niveau de réponse cherche-t-il? C'est ce que nous indique le signe de la maison où se trouve Jupiter, ici le signe de la maison 1.

Supposons que la maison 1 tombe en Capricorne.

Dans ce cas, on va pouvoir dire que cet individu «se cherche» (maison 1) dans l'univers Capricorne, ou cherche à résoudre la question de son identité à un niveau Capricorne.

Qu'est-ce que cela signifie? Quel est l'univers Capricorne?

Il y a beaucoup de choses dans cet univers, comme dans ceux de tous les signes. Mais on peut dire que le souci de reconnaissance sociale en fait partie. Donc, par exemple, un certain crédit donné aux institutions. L'autorité, le respect de l'autorité, ou encore l'intégrité font aussi partie de ce monde. Prenons ces quelques dimensions. Que signifierait donc «vouloir se chercher dans la reconnaissance sociale»? Ou encore «vouloir se chercher dans les institutions, dans les autorités, ou en étant une autorité, ou en étant intègre»? Il semble que ce soit clair: le professeur tendra à évoluer dans cet univers. Il voudra aller à l'encontre de sa différence (maison 1) en intégrant des institutions, en cherchant à acquérir de l'autorité, en cultivant son intégrité etc., et ce, tout en continuant d'enseigner d'une manière Verseau.

Le fait que John Keating enseigne dans un collège anglais, c'est-à-dire une institution, traditionnelle qui plus est, pourrait peut-être illustrer une maison 1 Capricorne. Encore qu'il eût été sans doute plus en accord avec le reste des enseignants, plus «politique» vis-à-vis des autorités du collège, ce qui n'est pas tout à fait son cas dans le film. Le Capricorne est réputé pour mettre la pagaille, mais dans le respect des normes. C'est un *troubleshooter* comme l'appellent les Anglais, c'est-à-dire un expert en provocation, mais calculée et discrète. Il serait peut-être plus juste de penser que la maison 1 soit Verseau dans ce cas, à moins qu'Uranus soit sur la cuspide ou opposé à Jupiter. Le fait que la cuspide de la maison 1 soit Verseau nous ferait dire que notre individu se cherche, non pas, cette fois, dans une intégration naturelle aux institutions, mais dans la réforme et l'affranchissement de ces institutions, ce qui ressemble peut-être plus au profil de notre professeur. Il est évident qu'il serait plus à l'aise dans une école moderne, qui correspondrait bien à un Jupiter en maison 1 Verseau.

Pour nous résumer, le signe d'une maison définit le cadre ou l'univers dans lequel on abordera les expériences de la maison, ainsi que l'attitude que l'on adoptera dans cette expérience.

Si l'on imagine une scène pour la maison, le signe de la maison nous montre finalement **comment l'individu entre en scène.**

Ici, on a affaire à un professeur Verseau. On sait qu'il est révolutionnaire, plein d'idées nouvelles, peut-être provocateur. Mais si la maison dans laquelle il se trouve est Capricorne, il n'entre pas en scène comme un provocateur. Il entre plutôt en scène avec ses diplômes sous le bras, la tenue réglementaire et le respect du protocole. C'est après, dans ce cadre-là, que Jupiter Verseau va développer, sagement, respectueusement, politiquement, ses nouveautés pédagogiques. Si l'Ascendant était Verseau, ce serait tout à fait différent : il entrerait en scène comme un révolutionnaire, il provoquerait à tout bout de champ, bref, il se démarquerait immédiatement, affichant clairement qu'il n'est sous l'autorité de personne. En fait, sans doute n'irait-il pas, symboliquement, traîner ses guêtres dans un établissement traditionnel. À moins que ce ne soit dans l'objectif intentionnel d'y semer la pagaille, ce qui n'est jamais exclu avec le Verseau.

C'est ainsi que le signe d'une maison, en plus de définir l'attitude de la personne face à l'expérience, esquisse une sorte de décor. C'est le **décor de la scène.** Il nous permet donc de sélectionner, parmi les expériences de la maison, celles vers lesquelles l'individu va être naturellement attiré.

Pour résumer les principes de mise en scène :

1. La planète est un personnage.
2. Son signe est son comportement, sa motivation, et au bout du compte, son rôle.
3. La maison dans laquelle ce personnage se trouve montre la scène, c'est-à-dire le domaine, ou contexte, dans lequel le personnage va évoluer et qui va l'inspirer.
4. Le signe de la maison est à la fois le décor ou l'univers de cette scène, et l'approche qu'en a le personnage.

En ce qui concerne les planètes en maisons, on peut être confronté à deux situations différentes :

1. Le signe de la maison est le même que celui de la planète qui l'occupe

Si l'on reprend l'exemple de Jupiter Verseau en 1, dans ce cas la maison 1 est Verseau également.

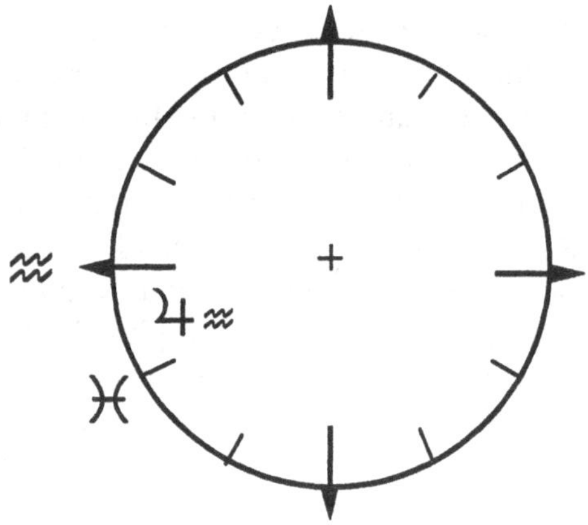

FIGURE 11

Bien entendu, cette situation peut être celle de n'importe quelle autre maison du thème. Dans ce cas, on peut conclure à une forte cohérence entre la façon dont l'individu a tendance à aborder cette expérience, et la manière dont se comporte son personnage intérieur dans cette expérience. Cette cohérence ne doit cependant pas nous faire oublier qu'il s'agit de deux plans différents : d'une part, un contexte et un angle d'approche (signe de la maison), d'autre part le comportement particulier d'un personnage intérieur (planète en signe).

2. Le signe de la maison est différent de celui de la planète qui l'occupe

Reprenons l'exemple de Jupiter Verseau en maison 1 Capricorne.

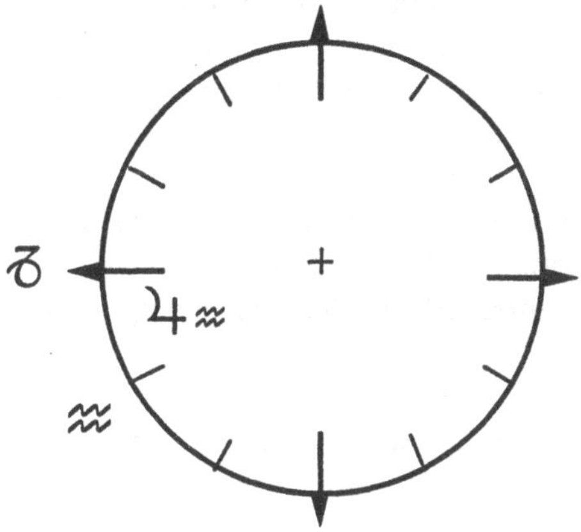

FIGURE 12

Ceci, encore une fois, peut être le cas de n'importe quelle autre maison du thème.

Dans ce cas, nous ne conclurons pas à une incohérence du comportement de la personne, mais sans doute à un peu plus de complexité. En effet, l'individu ressent bien, en général, la distinction des deux plans en lui. C'est un peu comme s'il abordait une expérience avec une motivation précise, et qu'en se mettant à la vivre, il en changeait. Ici, le professeur Verseau se cherche dans un contexte Capricorne. Lorsque ce contexte est en place, apparaît sa motivation Verseau. Mais dans ce cas, il faut imaginer que cette motivation Verseau est intimement liée au contexte dans lequel elle apparaît. On pourrait presque dire que c'est le contexte Capricorne (que l'individu va rechercher) qui génère en lui la motivation Verseau qui suit. L'un ne va pas sans l'autre. Un peu comme si cet individu avait besoin d'évoluer dans un contexte traditionnel ou institutionnel pour pouvoir y faire la révolution. Le contexte Capricorne est recherché comme un « stimulateur ». Alors que ce ne serait pas le cas d'une maison 1 Verseau : l'individu irait directement dans un contexte « en accord » avec le vécu qui s'y développe par la suite. C'est ce que j'entendais par une plus grande cohérence du premier cas de figure.

Ceci fait que le signe d'une maison nous donne d'importantes précisions sur le parcours psychologique de l'individu dans telle ou telle expérience. Notamment, il nous précise le cadre dans lequel un individu choisit d'inscrire une expérience donnée. On dira d'un Jupiter Verseau en maison 1 Capricorne qu'il choisit d'innover dans le cadre de structures traditionnelles et/ou institutionnelles et donc, probablement, que ses innovations auront à voir avec la résistance de ces structures. Tandis que dans une maison Verseau, Jupiter cherchera à opérer dans un cadre déjà avant-gardiste. Ceci change sensiblement notre personnage. Dans le premier cas, on a vraiment affaire à un contestataire-éveilleur, dans l'autre, on a un avant-gardiste qui officie parmi ses pairs dans un domaine d'avant-garde.

Le signe d'une maison affecte donc beaucoup le personnage qui s'y trouve.

Dans cette situation de signes différenciés entre la maison et la planète, le cas des signes dits « interceptés » est particulièrement intéressant.

Il arrive en effet que lorsqu'une maison tombe dans un signe, la maison suivante (sur la roue) ne tombe pas dans le signe qui suit. Ce serait le cas d'un Jupiter Verseau en maison 1 Capricorne, la maison 2 tombant en Poissons.

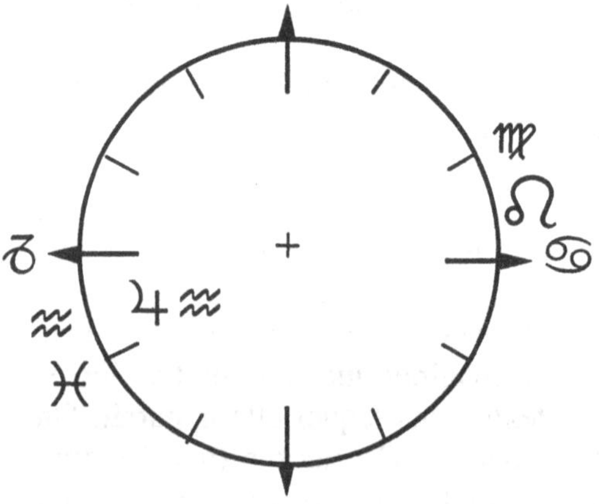

FIGURE 13

Dans ce cas, le signe Verseau n'apparaît pas sur une cuspide de maison. Il se trouve « coincé » entre deux cuspides, entre deux signes : on dit qu'il est **intercepté**. Cela étant, il est « compris » dans l'espace de la maison 1.

Ce phénomène est astronomiquement très simple. Ce livre n'étant pas consacré aux détails astronomiques, pour ce sujet, je suggère de se reporter aux bases de géométrie spatiale d'un livre pour débutants (le tome 1 des *Cours* de Bernard Crozier par exemple).

Je passerai donc directement au sens de cette situation en termes d'interprétation.

En réalité, dire que le signe d'une maison représente l'approche qu'a un individu de l'expérience de cette maison est incomplet. On devrait plus exactement parler d'approche *consciente*. En effet, le signe d'une maison renvoie à la possibilité, pour un individu, d'aborder consciemment cette expérience sous un certain angle : celui du signe. Ce qui suppose, par extension, que cet individu est capable de maîtriser consciemment la forme de l'énergie symbolisée par le signe.

Sur cette base, il est facile de donner un premier sens à un signe intercepté : c'est une forme d'énergie présente dans le contexte de la maison, mais que l'individu ne maîtrise pas consciemment. Autrement dit, dans cette maison, les choses prennent une forme ou un tour qu'il est difficile de contrôler.

Puisqu'il y a tout de même un signe sur la cuspide de la maison, tout se passe comme si, l'individu ayant consciemment abordé cette expérience en fonction de ce premier signe, il changeait inconsciemment d'approche en cours d'expérience, pour adopter celle du signe intercepté. C'est comme s'il y avait là une zone d'ombre. Non pas qu'elle soit forcément sombre, mais l'individu, à cet endroit, n'y voit tout simplement rien. Les autres peuvent lui renvoyer un certain comportement, il mettra en général du temps à comprendre ce dont ils veulent parler. Si bien qu'on trouve dans cette maison une situation à double tranchant : si l'on considère que, bien des fois, c'est la conscience que l'on a de soi et des choses qui nous interdit une expression « pure », la maison où se trouve le signe intercepté est une expérience de vie où précisément quelque chose de pur va pouvoir s'exprimer dans toute sa créativité et sa force, et en toute inconscience. Seulement, si pour une quelconque raison le signe intercepté est à l'origine d'un contexte problématique, l'individu aura certaines difficultés à ne pas répéter à cet endroit les mêmes scénarios cent fois. C'est souvent grâce aux transits et progressions passant dans cette zone que l'individu fera chaque fois un peu plus la lumière sur la question. Deux conséquences très différentes, donc, de la même situation.

Il y a beaucoup d'autres théories au sujet des signes interceptés. Notamment en ce qu'ils pourraient signaler, pense-t-on, l'influence, sur les expériences de la maison, d'un passé antérieur à la naissance de l'individu.

À l'occasion d'exemples d'interprétation, j'aborderai quelques autres approches des interceptions. Pour le moment, il me semble que la théorie que j'ai exposée ici est suffisante pour permettre une première observation valable de différentes formes de vécu des interceptions.

Cela étant, il est important de prendre en compte que lorsqu'un signe est intercepté, les signes étant deux à deux symétriques sur la roue du zodiaque, c'est tout un axe dans le thème qui se trouve intercepté. Si, dans notre exemple, le Verseau est intercepté en maison 1, le Lion, qui lui fait face, est forcément intercepté en maison 7. Ainsi, il est plus juste de dire que c'est la problématique plus générale de l'axe qui agit inconsciemment. L'axe des maisons où l'interception est située est, pour utiliser une expression psychanalytique, une zone d'expérience où l'individu est fortement « agi », tant qu'il ne réalise pas un profond exercice de conscience. Si, comme c'est le cas dans notre exemple, une planète est présente dans l'interception (ici Jupiter Verseau), il y a là une dimension intérieure dont il sera difficile, pour l'individu, de cerner consciemment le poids.

4

LE ZODIAQUE : 12 NATURES, 12 MOTIVATIONS, 12 RÔLES

Comme il existe déjà un nombre important de livres qui traitent du zodiaque, je vais seulement rappeler ici les notions propres à chaque signe qui me paraissent essentielles pour la mise en scène des positions planétaires.

Pour chaque signe j'ai donc proposé :

—une courte description dans des situations de vie ;

—le rôle « global » du signe ou ce qu'on peut encore appeler son Art ;

—une motivation pour le personnage dans ce signe ;

—un comportement pour le personnage dans ce signe ;

—une question à aborder, ou une problématique psychologique propre au signe.

On pourra ainsi se représenter, dans ces quatre dimensions, chaque planète ou personnage présent dans un signe.

BÉLIER : DONNER NAISSANCE ET DÉMARQUER

Description

Bélier marque le début du cycle zodiacal. Dans un processus qui se développe en douze phases, il est le 1. Le zodiaque étant une roue évolutive, c'est-à-dire une sorte de spirale, c'est chaque fois au Bélier que se pose la question symbolique de recommencer en tout point ce qui a eu lieu au cycle précédent, ou bien d'entamer quelque chose de neuf.

Commencer quelque chose de vraiment neuf n'est pas une opération simple. Elle suppose en effet d'oser quitter un passé et une histoire auxquels on est peut-être attaché. Ce peut être un lieu, une relation, une famille, une tradition, une attitude face à la vie. Laisser cela derrière soi est en quelque sorte le rôle du Bélier.

Le Bélier n'est pas celui qui bâtit cette nouvelle « vie », mais il est celui qui en donne l'impulsion de départ, l'étincelle sans laquelle rien ne se ferait. Du reste, cette opération est la plupart du temps inconsciente chez lui. On parle du Bélier comme d'un instable, comme d'un allumeur de centaines de feux qu'il n'entretiendra pas. C'est rarement aussi caricatural, mais le fait est que la stabilité et la permanence étant justement ce qu'il faut vaincre pour créer du nouveau, c'est symboliquement la nature du Bélier que d'être un déstabilisateur permanent. Le Bélier, en un sens, n'appartient pas à la civilisation. C'est un arrachement perpétuel à la civilisation.

Il faut imaginer que le Bélier cache peu de choses. C'est même la racine de son don : il ne retient pas la vie, il la laisse passer, que cela plaise ou non. En cela il peut parfois apparaître comme un spécialiste des « pieds dans le plat ». Mais c'est mal comprendre le Bélier que de penser que c'est un inconscient difficile à éduquer. Il est plus intéressant d'apprendre à regarder ce qu'il provoque.

Il est possible qu'un Bélier vous propose de traverser la Méditerranée en bateau. Et ce voyage donnera peut-être à votre vie un nouveau départ. Dans un an, il voudra peut-être lancer un nouveau club de vacances, puis tourner un film sur les Cyclades, lequel sera peut-être abandonné en plein milieu parce que l'idée l'aura traversé d'aller faire un pèlerinage au Tibet. Cela n'arrête jamais avec le Bélier. Seulement, il y a peut-être, maintenant, un associé heureux d'être à la tête d'une nouvelle espèce d'agence de voyages, un club de vacances qui a généré trois cents emplois et permis à un jeune architecte de s'exprimer, un acteur heureux d'avoir enfin été sélectionné, un éclairagiste du tournage qui a trouvé une nouvelle voie dans le bouddhisme tibétain. Certains restent, trouvent, s'installent. Le Bélier, non. Jamais vraiment. Ce n'est pas son rôle. Dans l'installation, la mise en forme, il perd son pouvoir, qui est de faire jaillir du neuf, démarrer, déclencher, inspirer, improviser, tourner la page. Les autres arrosent le champ pour que cela pousse, construisent, ou récoltent les fruits.

Lui, il aura semé.

Son Rôle ou son Art

Être un SEMEUR, un PIONNIER.

Motivation d'un personnage en Bélier

Se différencier des autres, réussir à être soi, pousser les autres à se différencier, à être eux-mêmes.

Comportement d'un personnage en Bélier: Quel que soit le personnage: *a priori*, plutôt dynamique et impatient. Impulsif et osé. Pris d'inspirations subites. Combatif, compétitif, ce qui ne va pas sans accès de peur.

Question à aborder

Le courage ou la peur de se «lancer»/ se différencier ? C'est-à-dire le courage ou la peur d'être soi ?

TAUREAU : PRODUIRE ET FAIRE EXISTER CONCRÈTEMENT

Description (histoire d'un groupe de musique, 2e étape)

Dans le cycle zodiacal, le Taureau suit le Bélier. Alors imaginons qu'un dimanche soir, l'impulsion soit venue au Bélier de monter un groupe de musique. Il fallait déjà oser lancer un pareil défi. Puis stimuler les copains. Oser formuler ce: «Et pourquoi pas ?» Maintenant qu'on est peut-être psychologiquement prêt à oser, à dépasser une peur, il va falloir mettre les choses en forme. Le Bélier a semé, au Taureau de faire pousser.

Faire pousser, c'est-à-dire incarner le projet dans la réalité. Pour répéter, il faut un local. Il faut des instruments de musique. Pour avoir cela, il faut de l'argent. C'est le rôle du Taureau d'aller vers cela.

Le Bélier est toujours là pour donner l'impulsion de départ, pour oser du neuf. Le Taureau, lui, est là en permanence pour donner forme. Le Bélier, dans le groupe, va peut-être dire: «Et si on faisait du blues?» Le Taureau va faire le morceau de blues. Après le Taureau, on ne dit plus: «on va se mettre à faire du blues». On dit: «tiens, écoute le morceau de blues qu'on a fait». Quand je dis que c'est le rôle du Taureau d'aller vers cela, il y a une chose qui me semble importante à comprendre, c'est que le Taureau ne voit pas la réalité autrement que par la mise en forme. Un projet énoncé, pour le Taureau, même s'il peut l'entendre et s'y intéresser, cela n'existe pas vraiment. Si vous dites «on va faire un groupe de musique», le Bélier va peut-être vous dire: «c'est bien, je vois que vous avez des projets, ça bouge, comment cela vous est-il venu?», tandis que le Taureau vous demandera peut-être: «et vous avez un local?», façon de savoir si le projet existe effectivement ou pas. Si «vous n'avez pas de local» ce projet n'a pas d'existence réelle pour le Taureau.

Ce symbole désigne donc une puissance de mise en forme, de production, qui donne au Taureau cette forte orientation pratique. Il est vrai que cette dernière peut parfois confiner au matérialisme et à la possessivité. Avoir et être, matière et esprit ne sont pas tout à fait dissociés au Taureau, pour le meilleur (donner forme à «l'esprit»), comme pour le plus douteux (ne voir l'esprit que dans la matière).

Son Rôle ou son Art

Être un DONNEUR DE FORME, un BÂTISSEUR.

Motivation d'un personnage en Taureau

Bâtir et posséder concrètement son territoire, en produisant puis faisant fructifier lui-même ce qu'il faut pour cela.

Comportement d'un personnage en Taureau

Quel que soit le personnage: *a priori*, plutôt lent et calme. Le temps de faire «pousser». Stable et régulier (quelque chose d'une force tranquille). Intéressé par le monde concret, par les choses visibles, palpables, utiles. Peut être assez traditionnel en ce sens. Il y a une maîtrise de soi et une présence de soi naturelle : on est bien ancré en terre, on est bien là. Sensuel, souvent.

Question à aborder

Consommer, acheter, ou découvrir que l'on peut compter sur son propre pouvoir de production pour satisfaire sa nécessité de « mettre en matière » ?

GÉMEAUX : EXPÉRIMENTER ET RELIER

Description (histoire d'un groupe de musique, 3e étape)

Un projet a été lancé par le Bélier auquel le Taureau a donné une première forme. S'il s'agit toujours du groupe de musique, on a maintenant un local et des instruments. Il va falloir commencer à jouer, faire l'expérience d'interpréter un morceau, pour tester la viabilité du projet. De plus, il semblerait qu'on ait besoin d'un saxophoniste, il va falloir le trouver.

De quoi s'agit-il au fond ? Maintenant que l'on a donné une première forme concrète, maintenant que l'on a un local, du matériel, des musiciens, on doit avancer avec cela. Il faut voir à présent comment on peut s'arranger avec les données de l'environnement. Quel genre de données ? Toutes les données, à tous les niveaux : par exemple, un instrument permet de produire un grand nombre de notes ou d'accords ; il y a des saxophonistes plus ou moins motivés ; certains instruments ont besoin d'être branchés pour fonctionner ; des livres donnent des conseils pour composer et il y a plusieurs styles de musique possibles etc. Voilà différentes données de l'environnement, de la réalité extérieure, étrangères au projet lui-même. Pourtant il faut bien s'en débrouiller : lier différents accords entre eux pour composer, chercher à connaître des saxophonistes si l'on veut en trouver un, s'intéresser à plusieurs livres de composition pour voir ce qu'ils peuvent apporter, ainsi qu'à plusieurs styles de musique pour trouver des idées.

Il y a donc deux mouvements : 1) aller à la rencontre des données de « l'environnement » extérieur ; 2) trouver une façon de s'arranger avec, pour mettre en place et développer le projet.

Ceci est par excellence le don du Gémeaux : aller à la découverte de l'environnement, expérimenter ses diverses données, les comprendre, les expliquer, puis les relier pour créer ensuite des systèmes qui lui permettront d'évoluer et d'affirmer sa volonté dans un environnement désormais connu et maîtrisé.

Ceci explique que le Gémeaux soit si curieux par nature. C'est un testeur né. Même en tant que penseur. Formuler une idée n'est pas pour lui fondamentalement une histoire de conviction. C'est un jeu : si l'on associe telle idée avec telle autre, cela donne quelque chose d'intéressant, et, pourquoi pas, de valable. En tout cas c'est amusant. Il est clair que se pose pour le Gémeaux la question de l'implication émotionnelle, qui n'est pas, pour lui, le domaine le plus confortable. Il risquerait de ne plus pouvoir se « dégager » : s'impliquer, c'est un peu choisir. Tout don a ses « défauts ». Mais en cela, le Gémeaux aère considérablement l'émotion de vivre. On parle de la superficialité du Gémeaux. On évoque plus rarement sa sagesse innée. C'est, je pense, parce qu'elle est plus difficilement acceptable dans notre culture. Je crois qu'il est très sérieux, pour le Gémeaux, de ne pas l'être. C'est un choix. « Si des gens veulent passer trente ans de leur vie à étudier les carbonifères dans un laboratoire, c'est leur affaire, dira le Gémeaux. Moi, je connais 342 000 autres formes de vie différentes, je fais régulièrement le tour des idées et des mots. Cela dit je connais la question des carbonifères : vraiment intéressant. Mais demain matin j'enterre mon grand-père, et le soir, on m'a parlé d'une fête sur les quais de la Seine. »

Il y a des gens que cette légèreté agace. Des gens pour qui la vie est moins mobile, moins mouvementée. Moins diversifiée qu'il n'y paraît. Question de point de vue.

Son Rôle ou son Art

Être un MÉDIATEUR, un CONCEPTUALISATEUR.

Motivation d'un personnage en Gémeaux

Développer et démontrer son contrôle de l'environnement en étendant son champ de compréhension et de relations.

Comportement d'un personnage en Gémeaux

A priori assez virevoltant, joueur, ou bien ouvert et intellectuel. Il est intéressé par tout, et accumule pour cela les expériences ou les raisonnements. A toujours un certain recul ou une capacité de « dégagement », parfois salutaire, parfois ennuyeux quand cela le mène à se regarder vivre. Pour cette raison, il est rare qu'il manque d'humour.

Question à aborder

Jouer ou spéculer sur des idées et relations déjà conçues, ou bien développer sa propre intelligence des choses et ses propres relations ?

CANCER : SINGULARISER ET PERSONNIFIER

Description (histoire d'un groupe de musique, 4e étape)

Nous commençons à nous éloigner du projet de départ. La « semence » Bélier est loin. Maintenant le groupe fonctionne, s'exerce à la composition dans le local, cherche son style qui, après quelques chansons, est doucement en train de naître. On a même trouvé un saxophoniste motivé. Maintenant que tout cela est en place, il va peut-être falloir se donner un nom. Spécialité du Cancer. Le nom du groupe, du projet. Le nom, c'est-à-dire, en fait, la première expression consciente d'une identité. Dans le cas de notre groupe, ce sera aussi la naissance d'une cellule à laquelle chacun pourra se sentir appartenir. Une famille. Grande spécialité du Cancer également, la notion de famille. Le Cancer, c'est cela : créer une « cellule » d'appartenance, à l'extérieur de soi ou en soi, une sorte de lieu de regroupement, de base identitaire. On comprend qu'il attache tant d'importance à la famille. Toutes les familles d'ailleurs, quelle que soit l'échelle à laquelle on la considère. Ce peut être la famille intime, mais encore un « département » de l'entreprise où l'on travaille, ou bien un « corps » uni comme la marine, par exemple, ou encore son propre pays. La nation est une idée Cancer, tout comme le nom du groupe de musique : Objectif Lune.

Le Cancer, dit-on, est la naissance de l'ego. C'est bien l'acte de se définir par une identité consciente, une appartenance à soi-même ou a un groupe, en effet, qui permet de se différencier consciemment des autres, c'est-à-dire de construire un ego. Ainsi le Cancer est une sorte de repli, d'établissement, de protection nécessaire dans le monde découvert par les Gémeaux. On cultive son jardin identitaire, son intimité, son chez-soi, sa famille extérieure ou intérieure, et par là toujours, son ego. Le Cancer, en vérité, est l'énergie qui pousse à créer et délimiter un univers différencié des autres. Il s'agit de créer un monde à soi. D'où la fameuse imagination du Cancer. D'où également une bonne dose, attendue, d'égocentrisme.

Le Cancer a donc par nature une conscience très forte de ce qu'est une individualité. La sphère personnelle d'un individu ou la spécificité d'une entité est immédiatement remarquée. Un Gémeaux est très heureux de vous rencontrer parce que vous êtes potentiellement une nouvelle expérience relationnelle. Il sera peut-être très curieux du contexte dans lequel vous évoluez, des gens que vous fréquentez, des relations que vous entretenez, ce que vous avez découvert ou expérimenté, et puis de ce que vous pensez personnellement de ceci ou cela. Pour finir il notera certainement votre numéro de téléphone. Un Cancer sera certainement plus réservé. Pourtant, il vous fera peut-être une remarque sur votre prénom. Son origine. Et puis il vous dira, par exemple, que vous avez l'air en forme, ou fatigué. Il est naturellement sensible à votre sphère personnelle et intime. Si vous faites une conférence, le Gémeaux va intellectualiser, déduire, raisonner sur ce que vous dites. Le Cancer aussi, quoique de manière plus sensitive. Mais il aura aussi remarqué que vous portiez une cravate bleue avec des petites feuilles vertes, et que vous aviez l'air un peu tendu.

Son Rôle ou son Art

Être un RÉUNIFICATEUR et un « PERSONNIFICATEUR ».

Motivation d'un personnage en Cancer

Mettre en place, délimiter ou identifier un cercle, intime ou social, soit pour revendiquer sa personnalité, son univers personnel, soit pour pouvoir se réclamer membre d'une famille, et par là disposer d'une identité par appartenance.

Comportement d'un personnage en Cancer

A priori doux, maternel ou féminin (s'identifie facilement au rôle de la mère), même si les hommes ont parfois tendance à s'en défendre. Souvent imaginatif ou rêveur, très subjectif et conscient de soi. Très personnel donc, avec une franche délimitation de ce qui « ne regarde pas les autres ». Prompt à développer l'esprit de corps et d'identité différenciée, et facilement conservateur pour cette même raison.

Question à aborder

Dépendre perpétuellement d'un cercle protecteur, ou d'un modèle de « famille », ou bien créer son propre cercle, et ainsi, être autonome ?

LION : EXPRIMER ET CRÉER

Description (histoire d'un groupe de musique, 5e étape)

Grâce au Cancer, on a maintenant un premier sentiment d'identité. Un « nom » symbolique auquel on peut s'identifier. Le groupe de musique n'est plus un projet en train de se monter. Cette histoire-là vient de s'achever, pour laisser la place à une nouvelle aventure : celle d'« Objectif Lune ».

Objectif Lune possède un matériel de musique (Taureau), une technique personnelle de composition et d'arrangement (Gémeaux), laquelle vient d'aboutir au dégagement d'une identité propre, d'une particularité musicale et d'un « son » et, pourrait-on dire, d'une âme propre au groupe (Cancer).

À présent, il s'agit de développer cette âme. La développer, c'est-à-dire la prolonger. Engendrer différentes représentations d'elle-même. L'illustrer dans des formes extérieures. Inventer des morceaux qui soient autant de reflets de cette âme du groupe. En un mot, il va s'agir de créer, et c'est le propre du Lion que d'intervenir dans cette opération.

Le Lion est un créateur. Non pas que les autres signes ne soient pas créateurs, tous le sont, mais le Lion est particulièrement centré sur la fière extériorisation de l'individualité qui s'est développée depuis le Bélier et cristallisée en identité au Cancer. Fière, mais profondément inquiète. Cette différenciation construite par le Cancer, cette âme qui s'est révélée, certes le Lion la porte en pleine lumière, il sait la projeter, la dramatiser. Seulement le Lion, en un sens, c'est le drame de l'individu qui s'efforce de faire exister son unicité et son œuvre, sa vérité individuelle face à la dimension collective. C'est un drame d'amour. « Aimez-moi, reconnaissez-moi ». C'est dans cette force de projection que le Lion trouve sa puissance de création. Il capte l'âme Cancer, la condense, pour pouvoir la présenter, la donner en spectacle, lui donner des formes, en parler, bref, la livrer à une reconnaissance et à une appréciation.

En réalité, je trouve que l'on devrait parler plus fréquemment du rapport que le Lion entretient avec la mort. Ce lien est enraciné tellement profondément qu'il est longtemps inconscient. Pourtant, on pourrait dire que ce que cherche le Lion à travers ses expressions créatives, c'est bien l'immortalité. Laisser une trace. Une œuvre. Des enfants. Pour se prolonger, continuer d'exister au-delà de la mort. C'est en ce sens que l'on peut aussi voir dans le Lion tout l'orgueil humain face au « programme » divin.

Son Rôle ou son Art

Être un CRÉATEUR, un DISPENSATEUR DE VIE.

Motivation d'un personnage en Lion

Être le centre des choses, la source de ce qui vit. Créer, pour laisser quelque chose de soi, des autres. Être reconnu, aimé. Pour cela, projeter son émotion de vivre et d'être soi dans des créations. Finalement, sans cesse, chercher à donner vie.

Comportement d'un personnage en Lion

A priori, une certaine tendance à se faire remarquer, et une opinion de soi plutôt élevée. Mais au fond plutôt simple, franc et généreux… quand son besoin d'amour est enfin comblé. Créatif (mais : « c'est moi qui l'ai fait ») et spécialiste de l'expression, voire dramatisation des émotions.

Question à aborder

Vouloir créer, s'exprimer pour être soi, ou réussir à être soi en laissant simplement s'exprimer quelque chose à travers soi ?

VIERGE : CLARIFIER ET AMÉLIORER

Description (histoire d'un groupe de musique, 6e étape)

Maintenant qu'on a créé, maintenant que le groupe, à la tête d'une dizaine de morceaux, a fait un petit concert le jour de la fête de la musique, une chose a lieu à laquelle on s'attendait un peu, mais que le Lion, momentanément, avait choisi d'ignorer. Il y a d'autres groupes. D'autres créateurs de musique. On le savait bien, mais le jour de la fête de la musique, c'est devenu très réel : il y avait d'autres groupes et… certains jouaient mieux que nous.

Voilà, le constat est tombé. Décourageant. Un peu humiliant, peut-être. Il faut dire qu'avec le Lion, on se préparait à la gloire. Il faut réviser les objectifs. Cela fait un peu mal. On pourrait choisir de critiquer. Dire que, oui c'est vrai, ils jouent mieux, mais ils ne font vraiment rien d'original. Par exemple. Ou alors qu'avec les têtes qu'ils ont, ils n'iront pas bien loin. En plus il paraît qu'ils se droguent. C'est une voie que peut choisir la Vierge. Critiquer les autres à la hauteur de sa propre dépréciation et de son analyse autocritique.

Mais la Vierge connaît des voies plus positives. Celle, en particulier, de l'amélioration. Celle qui consiste à accepter qu'on n'est simplement pas encore au point, et qu'il faut retravailler un peu. Personne ne connaît le solfège dans le groupe, il faut peut-être étudier la question. P'tit Louis, le chanteur, manque un peu de coffre. Une octave de plus ne lui ferait pas de mal. Il faudrait qu'il travaille sa voix.

C'est ainsi que commence un vrai travail technique, grande spécialité de la Vierge. Ce n'est pas qu'un simple apprentissage. C'est aussi un travail sur l'émotion. On ne pouvait pas rester éternellement avec cette épée de l'échec suspendue au-dessus de la tête du Lion, ni dans cette dépendance à la reconnaissance des autres. C'était épuisant. La Vierge se dit que s'exprimer, c'est peut-être aussi apprendre à réaliser simplement un acte juste, vrai et finalement humble. Pur. C'est le résultat qui compte, dirait la Vierge. Ce n'est pas l'émotion de réaliser. Alors on va essayer de couper la corde de cette épée suspendue, et l'émotion avec. Parce qu'au fond, est-ce que cette expression apporte quelque chose aux autres ? Est-ce qu'elle est utile ? Il faut faire en sorte qu'elle le soit, sinon elle ne se justifie pas. Voilà pourquoi on dit souvent que la Vierge cherche à se rendre utile, à servir.

La Vierge représente donc une importante transition. Les cinq signes précédents avaient un objectif commun : se développer eux-mêmes, pour eux-mêmes. Pour la Vierge, un développement centré uniquement sur soi n'est plus justifiable. Il y a les autres. La vie de chacun est liée et prend son sens dans celle des autres. La Vierge est la toute première conscience de la dimension collective. Seulement à ce stade, cette dernière fait encore peur. Elle impose le respect par contradiction. C'est cette raison qui rend la Vierge parfois réservée, parfois timide, et qui la pousse à se remettre en question constamment. « Suis-je à la hauteur ? » est l'une des questions lancinantes de la Vierge. C'est ainsi que l'on peut encore expliquer sa recherche constante de perfectionnement, de perfection parfois. Mais c'est aussi parce qu'elle sait que c'est l'émotion de créer qui brouille la création, la réalisation, et qu'il faut la « nettoyer ».

L'apprentissage de la précision technique est l'un des moyens que choisit souvent la Vierge pour arriver à ses fins. Il est vrai que l'on rencontre beaucoup de gens de ce signe qui sont techniciens ou engagés dans une forme de relation d'aide ou d'utilité sociale. Pour vous faire une bonne idée de l'art Vierge dans les deux domaines, vous pouvez imaginer un chirurgien. Pensez-vous qu'il réussira une opération à cœur ouvert s'il se met à songer qu'il n'a que six minutes pour opérer, et que la vie de la personne est maintenant entre ses mains ? Croyez-vous qu'il peut se permettre de trembler ? Il est obligé de ne se concentrer que sur la technique, presque mécanique, ce qui lui permet de discipliner son émotion.

D'une certaine façon, discipliner son émotion, c'est savoir faire le tri entre ce qui est réalité et réaction subjective à la réalité. C'est savoir distinguer, en soi d'abord, dans les choses ensuite, les contours exacts que l'émotion déforme. En cela la Vierge est également un pouvoir de discrimination, de précision et de clarification.

Son Rôle ou son Art

Être un AMÉLIORATEUR, un CANALISATEUR.

Motivation d'un personnage en Vierge

Se rendre utile. Analyser toute question pour être sûr d'être juste. Faire la part des choses et maîtriser parfaitement chacune d'elles, pour être sûr de ne pas se tromper, être irréprochable (il y a une vraie joie d'être précis et «technique»). Se réconcilier et réconcilier les autres avec ce qui les atteint.

Comportement d'un personnage en Vierge.

A priori plutôt réservé, précis, ordonné et souvent occupé à travailler. Familier des contraintes. Maître de soi extérieurement, quoique doutant souvent de soi et étant pris régulièrement, pour cela, par des «bouffées» d'émotions intérieures pas toujours contrôlables. De là viennent ses possibles glissements vers la critique.

Question à aborder

S'excuser d'exister et de s'exprimer, ou redonner une réelle et juste place à son existence et son expression?

BALANCE: HARMONISER ET ÉCHANGER

Description (histoire d'un groupe de musique, 7e étape)

La «crise» Vierge est passée. On ne considère plus que le monde n'est qu'une extension de soi-même. En un sens, on est un peu entré dans la confidence de la vie. Sans doute est-on prêt, maintenant, à rencontrer les autres et le monde dans des termes un peu plus équilibrés. Il y a moins d'inquiétude. C'est même une joie. Le monde existe, on vient de s'en apercevoir. Il s'y passe plein de choses. Plus exactement, il y a plein de gens différents qui font, pensent, aiment, décident, créent beaucoup de choses. Cela donne des villes, des coutumes, des architectures, des livres, des opinions, des modes, des engouements politiques. Cela donne une culture. Le groupe de musique, sorti de six mois de travail technique acharné et stimulé par le doute, sort de nouveau le bout de son nez. Il semblerait que la Ville de Paris organise des rencontres entre gros labels et jeunes musiciens. Il semblerait également que le hip hop, très à la mode en ce moment, soit recherché. Encore un peu échaudé par son petit échec, soucieux d'être apprécié, le groupe compose à la hâte quelques morceaux de hip hop dans les règles de ce qu'il entend à la radio. Puis, direction les rencontres producteurs-musiciens. On a également changé le nom. Il ne s'agit plus d'Objectif Lune, mais de Blue Urban Hip Hop, et on a demandé à P'tit Louis de s'habiller comme un musicien. Lorsqu'il a demandé: «et comment cela s'habille un musicien?», tout le monde a levé les yeux au ciel de consternation. «Comme ça», lui a-t-on dit, en lui tendant un magazine de hip hop.

Rencontre avec des producteurs. Le groupe plaît beaucoup. Décroche un contrat. Enregistre un disque. Vend le disque.

Un an passe. Les ventes diminuent. Il faudrait changer, prendre la prochaine vague. Les groupes de hip hop se sont multipliés et, doucement, cette musique commence à ennuyer. Le groupe aussi s'ennuie, depuis le début pour être honnête ils s'ennuient, parce que ce qui les intéressait eux, c'était le blues. C'était d'ailleurs le projet Bélier. Piège de la Balance. Du devoir et du respect de la Vierge, on en est venu à l'alignement culturel. Si l'on ne vit plus pour soi, on peut vivre pour les autres dit la Vierge, ou comme les autres dit la Balance, comme le veulent la culture, les valeurs et les principes en vigueur. Il n'y a pas, dans ce cas, de juste milieu. C'est ainsi que de la volonté de servir on passe peu à peu à celle de *séduire*, pour mieux s'intégrer. La séduction est chez la Balance une seconde nature, un réflexe. L'autre, les autres me regardent. Il faut qu'ils m'apprécient. Pour cela, un seul moyen: être en harmonie avec la culture et les principes du milieu. Tout ce que vous voulez, mais surtout, pas de conflit.

Pourtant, la Balance, c'est précisément l'art du juste milieu. Être soi, tout en étant en harmonie avec les autres. Du reste, c'est bien là l'exercice d'harmonisation: rendre harmonieux des éléments qui ne le sont pas au départ. Si l'on est habillé aux couleurs de l'environnement, qu'y a-t-il à harmoniser?

Il faut imaginer que pour la Balance, l'autre, la société, la culture, les gens présentent un tel attrait qu'elle n'a qu'une envie: s'unir à cela. C'est quelque chose de profondément spontané chez la Balance, quel que soit le niveau auquel cela a lieu. C'est une image, mais demander l'heure à quelqu'un dans la rue est un geste Balance. On fait cela avec le sourire parce que, au fond, c'est un plaisir d'échanger, de créer un lien, aussi court soit-il, avec un autre individu. La vie, pour la Balance, c'est le lien à l'autre. La Balance aime les gens, profondément. Elle les accueille à bras ouverts. Le problème est que la Balance a tendance à se faire une idée *a priori* de ce que doit être ce lien. Elle entre dans la vie, dans la culture, avec une conception de ce lien. En un mot, elle cherche à le contrôler. Et c'est cette volonté de contrôle qui la pousse à concevoir des images harmonieuses. Esthétiques, pour être plus juste. C'est en cela qu'elle peut être dépendante de valeurs, de principes établis sur l'esthétique relationnelle du moment. Proportions définies, relations des choses entre elles, des couleurs entre elles, des gens entre eux. Ce « qui se fait » et ce qui « ne se fait pas » est la tentation de la Balance. On s'aligne là-dessus, pour être sûr d'être dans le monde, pour ne pas être seul et rester en accord avec les autres : pour être sûr d'être accepté et aimé. Or, paradoxe de la Balance, plus on s'aligne pour plaire, moins on est convaincu d'être aimé pour soi. On se maquille, mais on n'accède pas à la tranquillité que procure la certitude d'être apprécié au lever du lit, sans fard.

Pourtant l'arrivée dans le monde d'un individu, différent par essence, rompt momentanément l'harmonie existante. Une autre harmonie va devoir être reconstruite, forcément différente si l'on veut garder l'intégrité de ce nouvel élément. Passé la tentation de la « ressemblance », c'est le rôle et le grand art de la Balance que de savoir intégrer n'importe quel élément nouveau dans l'harmonie générale en lui conservant sa particularité. à commencer par elle-même.

Son Rôle ou son Art

Être un HARMONISATEUR, METTRE À L'AISE.

Motivation d'un personnage en Balance

Créer des rapports humains. Se respecter les uns les autres. S'aimer les uns les autres. De la justesse Vierge on passe à la justice Balance. Cherche à célébrer une égalité de la condition humaine (et non pas une distinction des milieux). Pour cela, on veut donner une forme et une place à chacune des multiples facettes du monde humain.

Comportement d'un personnage en Balance

A priori plutôt social, diplomate, avenant et pacifique. Traditionnel si le respect des valeurs établies est fort. Soucieux de l'apparence des choses, de l'appréciation, et du regard de l'autre. Paradoxalement anti-harmonieux et provocateur lorsque le sentiment de ne pas être apprécié prend le dessus. Mais il y a un élan spontané de recherche d'accord et d'échange avec l'autre.

Question à aborder

Chercher à plaire en étant soi, ou bien en adoptant un soi plaisant ?

SCORPION : PARTAGER ET FUSIONNER

Description (histoire d'un groupe de musique, 8e étape)

Le groupe s'est remis à faire du blues. Au cours de leurs pérégrinations dans le monde du hip hop, les membres d'Objectif Lune ont rencontré un autre groupe, anciennement passionné de blues, mais qui avait dû laisser tomber, lui aussi, à cause de la mode. Il apparaît que les deux groupes ont à peu près la même expérience et aujourd'hui… la même envie de revenir au blues.

L'idée leur vient de faire un seul groupe des deux équipes, plus grand, et donc plus fort. P'tit Louis fait de la résistance à l'idée : il veut rester le seul chanteur. Or il y en a un autre dans l'autre groupe. Pas question de partager la voix du groupe. Il faut dire que P'tit Louis est Lion. Yann, le Scorpion du groupe, voit rouge : il ne supporte pas cet égocentrisme. Une dispute éclate. P'tit Louis décide de s'en aller. Dans l'autre groupe, on perd également le pianiste, ne supportant pas, lui non plus, l'idée d'être à égalité avec un autre clavier. Le groupe doit être réorganisé. On redistribue les rôles de chacun, et c'est ainsi que naît, non sans douleur, le groupe « 2 en 1 ».

On discute beaucoup des modalités de travail. 2 en 1 comprend maintenant 8 personnes, c'est moins simple à gérer. C'est Yann, naturellement, qui prend les opérations en main. Il va même jusqu'à proposer une charte à respecter, sur laquelle tout le monde se sera accordé :

1. Tout membre de 2 en 1 accepte de ne pas travailler pour son compte ni dans d'autres groupes, qu'ils soient musicaux ou autres. Il accepte de donner toute son énergie et sa créativité à 2 en 1.

2. Dans les futurs concerts, tout membre de 2 en 1 devra porter un pantalon et une chemise noirs, des chaussures rouges et des lunettes de soleil. Nécessité d'identité extérieure oblige.

3. Les répétitions auront lieu les mardis, jeudis et dimanches soir, durant trois heures. Aucune répétition n'aura lieu s'il manque un des membres de 2 en 1.

4. Chaque répétition devra être commencée par l'interprétation de *Georgia*, chanson culte du groupe, après quoi chacun boira un verre de rhum qu'il jettera, lorsqu'il l'aura vidé, par-dessus son épaule droite.

5. Tout bénéfice engrangé par 2 en 1 sera strictement partagé en 8 parts égales.

Bienvenue dans le monde Scorpion, monde de l'esprit d'équipe, de l'union, de la fusion des individualités dans une entité ou cause supérieure à elles. On parle souvent de la mort au sujet du Scorpion, de la sexualité également. On comprend pourquoi : il s'agit bien d'une mort symbolique de la dimension individuelle pour une renaissance dans le groupe. De même, l'acte sexuel peut être considéré comme un acte de fusion dans l'autre, qu'on a du reste surnommé « petite mort ». Le pourrissement des fruits et des feuilles sur le sol à l'automne, c'est-à-dire leur fusion avec d'autres éléments en terre (qui formera éventuellement de l'humus), est encore une représentation de la dimension Scorpion. Le Scorpion, finalement, s'attache au fait que nous avons tous, de toutes les façons, un dénominateur commun. C'est pour cela qu'il aime les équipes, les groupes unis au nom d'un sentiment ou d'une émotion partagés. Unir sa voix à celle d'un chœur est une situation Scorpion. Si l'on a cent personnes qui chantent du Bach dans une église, le temps du chant, on peut imaginer qu'aucune des cent personnes n'est occupée par sa différence d'individu. Ce n'est ni le moment, ni la question : on est ensemble, en même temps, dans le même chant. De là vient l'amour du Scorpion pour les rituels communautaires, la ressemblance ou la passion amoureuse. De là vient également, souvent, un fort sentiment religieux, mais fondé sur ce qui émane de l'union des hommes.

Cette « science » du dénominateur commun est aussi ce qui permet au Scorpion de discerner ce qui se cache derrière la personnalité de chacun. Le Scorpion vous perce facilement parce qu'il vous regarde sous l'angle de l'homme, votre dénominateur, sans être distrait par votre différence. C'est pour cette raison qu'il est facilement psychologue, ou encore qu'il est difficile de lui mentir. C'est aussi pour cette raison qu'il sait si bien réunir les gens et les faire s'identifier à une même « cause » : il les prend par là où tout le monde est touché, par les « tripes » si l'on préfère. C'est en cela un manager extraordinaire, spécialiste de la cohésion des troupes, mais aussi, il est vrai, un très bon manipulateur. Tout dépend de la motivation qui mène le Scorpion à utiliser son pouvoir.

Son Rôle ou son Art

Être un UNIFICATEUR et un « SOLIDARISATEUR ».

Motivation d'un personnage en Scorpion

Réunir, puis faire éprouver et partager à d'autres le même sentiment, et à partir de là, faire équipe. Cerner ce qui se cache « sous » les choses. Percer les mystères. Faire « accoucher » les gens de quelque chose. « Gérer » un groupe, naturellement, ou par volonté de contrôle.

Comportement d'un personnage en Scorpion

A priori assez magnétique : il dispose d'un pouvoir qui attire, qui « agglutine ». Mais souvent assez secret, et incroyablement tenace. Parfois un peu sombre, silencieux (il est dans les tripes, pas dans les mots). Rapidement fusionnel. Fortement intéressé par le pouvoir, souvent.

Question à aborder

S'identifier à un autre (ou à un groupe) ou à la relation à cet autre pour exister, ou bien pour le plaisir de venir partager avec l'autre ce que l'on a su faire exister de soi avant, seul ?

SAGITTAIRE : DONNER SENS ET GUIDER

Description (histoire d'un groupe de musique, 9e étape)

Le groupe a créé des chansons, et il y a eu plusieurs concerts de 2 en 1 où le groupe a pu partager avec le public de fortes émotions de masse. C'était l'apogée de la phase Scorpion. Parfois, l'union dans les concerts était si forte, la mobilisation des gens si importante que l'idée a souvent traversé le groupe d'en profiter pour faire passer un message, au-delà de la musique et de l'émotion qu'elle procurait. Après tout, puisque tant de gens s'étaient réunis, c'était peut-être le moment de prendre conscience de quelque chose ensemble. Prendre le micro et dire, par exemple, que cette réunion, ici, ce soir, était celle de ceux qui aimaient cette musique, mais aussi, au-delà, celle de tous ceux qui voulaient sauver la planète de la catastrophe écologique. Chanter ensemble, c'était aussi regrouper nos forces contre le nucléaire (par exemple). Lorsque le groupe - un soir où il ne jouait pourtant que dans un petit théâtre - s'est arrêté de jouer pour livrer ce message, le public a approché l'extase. Soudain, ce n'était plus les cris, la sueur et la fusion humaine d'un petit public dans la pénombre. C'était devenu immense, plein d'espoir. Presque religieux. C'est vrai, maintenant qu'on avait conscience qu'on pouvait s'unir, on pouvait songer à diriger cette force vers un idéal. Vers une foi, une vérité. Sans qu'on puisse savoir si c'était l'alcool, la danse, ou l'impact de la transe collective, certains affirmaient qu'ils pourraient même mourir, s'il le fallait, pour l'écologie, car c'était elle qui allait sauver le monde.

C'est à cette époque que le groupe a décidé de continuer à faire des chansons, mais avec des textes « à message », engagés, et qui puissent parler à chacun, quelle que soit sa culture. La musique de 2 en 1 portait en elle une certaine philosophie de la vie sur la planète. On pouvait la partager ou pas, y croire ou pas, mais il fallait qu'elle apparaisse dans les textes. Finalement, aimer la musique de 2 en 1, ce serait aussi partager un idéal, voire une idéologie.

Monde vaste que celui du Sagittaire. Monde général. La Balance et le Scorpion ont fait ce qu'il fallait pour regrouper les différences de chacun en une force humaine, le Sagittaire en tire la leçon. Grâce à son pouvoir de vision d'ensemble, il commence à proposer des grandes idées qui transcendent les particularités, pour lesquelles on pourrait s'unir et qui donnent un sens à la vie. Pour arriver à cela, le Sagittaire rassemble les faits, puis les synthétise en principes, en utilisant les analogies. Ce petit concert dans un théâtre est à l'image de tous les hommes. Cette communion est celle des humains. Très vite, des concepts généraux apparaissent. Si tu penses, c'est parce qu'il existe la pensée. Si tu vis, c'est qu'il existe la vie. Peu à peu, les concepts deviennent idéaux. Maintenant que tu aimes, que tu sais ce que c'est que l'amour, ne crois-tu pas qu'il faut défendre l'amour? Suivant l'objectif du Scorpion, le Sagittaire propose qu'on se rassemble, certes, mais dans un but qui est plus élevé que ce rassemblement. On va se rassembler pour croire en Dieu, pour croire au communisme ou à l'écologie, pour croire en ce qui nous semble profondément vrai et dont les autres doivent avoir conscience. Pour cela, le Sagittaire va essayer de convaincre. Étendre sa croyance pour que de plus en plus de gens la partagent. Car c'est *la* vérité, dit-il. Et il n'y a qu'une vérité (la mienne). Pour cela, on fait difficilement plus «commercial» ou prosélyte que le Sagittaire. Plus moraliste, aussi. Très bon stratège, c'est en outre un charismatique né: il rassemble les brebis. Le Scorpion vous prenait par les tripes, lui, par la foi et vérité, il prêche au nom d'un sens de la vie.

Seulement, comme le dit C.G. Jung: «il n'y a pas plus jaloux qu'une vérité», alors tout dépend des moyens qu'utilise le Sagittaire pour faire sa «propagande». Si c'est la force, le fascisme, l'évangélisation ou l'Inquisition ne sont pas loin. On est peut-être fondamentalement convaincu d'apporter la bonne parole, de faire le bonheur des gens malgré eux ou de chasser le Malin. Mais pour cela on peut aller jusqu'à tuer, parce qu'on ne tolère pas d'autres points de vue (qui compromettraient la mise en place de la vie dans la vérité). Si c'est la suggestion, alors le Sagittaire éclaire et donne sens à beaucoup de choses, nous offre sa hauteur de vue. C'est alors un philosophe intéressé par tous les points de vue, un enseignant, un homme de foi, un conciliateur, un rassembleur au-delà des partis. Ambivalence du

Sagittaire: une force de compréhension, de recherche, d'espoir et d'exploration de territoires chaque fois plus vastes: intellectuels (la connaissance, la politique), physiques (l'exploration des espaces), religieux (le contact avec l'univers), mais chroniquement obscurantiste de par son engagement subjectif.

Son rôle ou son Art

Être un DONNEUR DE SENS, un GUIDE.

Motivation d'un personnage en Sagittaire

Donner un sens global aux choses, et par là, éclairer et donner un sens à la vie.

Comportement d'un personnage en Sagittaire

A priori plutôt chaleureux, idéologue et enthousiaste parce qu'il détient une vision qui donne un sens à la vie et qu'il adore la diffuser. Profondément naïf, souvent, tant sa volonté de croire est forte. Régulièrement partagé entre l'intolérance et l'attitude du Sauveur, et facilement « bourgeois ». Parfois sujet à un intellectualisme rampant.

Question à aborder

Faire du sens de la vie une fin en soi, ou bien accepter que la vie ne soit pas qu'une histoire de sens? De là, croire intimement en l'existence d'une unique vérité qui est le fondement de tout, ou bien tolérer, sans être déstabilisé, que chacun détienne une vérité différente et aussi valable.

CAPRICORNE : ACCOMPLIR ET ÊTRE RESPONSABLE

Description (histoire d'un groupe de musique, 10e étape)

Il aura fallu dix ans, mais le groupe 2 en 1 est maintenant devenu célèbre. Ses disques de blues se vendent bien, les vidéo-clips et les concerts se succèdent, c'est maintenant leur troisième tournée internationale. Il y a des T-shirts 2 en 1, des chemises rouges comme celles de 2 en 1, des badges, des autocollants, des articles de journaux réguliers sur la vie du groupe. Bref, 2 en 1, qui fait maintenant autorité dans le monde musical et dans le blues, est en passe de devenir une institution. Yann, ancien membre d'Objectif Lune, se souvient d'un certain dimanche soir Bélier, où l'idée avait surgi, à moitié sérieuse, de monter à cinq un petit groupe de blues dans un local souterrain. Il y a cent ans, semble-t-il. Maintenant qu'y a-t-il ? Il semble que le groupe représente quelque chose pour la jeunesse. C'est pour certains un exemple, un modèle. Depuis quelque temps, loin de vouloir semer la révolution, conscient de sa part de responsabilité, 2 en 1 surveille ses textes et travaille de plus en plus sa musique. Les concerts sont moins chahutés qu'avant. Plus organisés aussi : il y a de plus en plus de monde, de plus en plus d'argent en jeu. Une autre dimension est également apparue : à force de faire des concerts dont la recette était donnée à des associations humanitaires écologiques, 2 en 1 est devenu un acteur social reconnu. Responsabilité supplémentaire. Ce qui fait que musicalement, on « ratisse » un peu plus large qu'avant : c'est la loi du marché. En toute conscience, on a ressorti quelques morceaux de hip hop. Aussi quelques morceaux de blues à la limite du rap. Simple stratégie politique. Pour asseoir sa légitimité dans l'action écologique, 2 en 1 a réussi à faire financer quelques-uns de ses concerts par le ministère de l'Environnement. Ce qui n'allait pas sans obligations : encore une fois, débordements de foule limités et textes politiquement corrects. Mais la réalisation sociale que 2 en 1 poursuivait au-delà de la musique est atteinte. Il a fallu quelques compromis, mais ce sont les conditions d'une action réelle dans le monde actuel.

Encore faut-il réussir à tirer son épingle du jeu. Le groupe, en effet, surveille régulièrement son intégrité. Alexandre, le compositeur, se retire chaque trimestre dans une petite maison du Périgord pour composer dans la solitude des morceaux à la guitare sèche. Des morceaux tels que 2 en 1 les aime, fidèles au style qui a toujours été celui du groupe. Jusqu'au jour où 2 en 1, las d'avoir à transformer ses morceaux et à les sophistiquer selon les moyens du moment, décide de reprendre tout à zéro : musique acoustique authentique, racines pures du blues, mais dans un style libre, dégagé de tout souci de reconnaissance, dans l'objectif de renouveler peu à peu 2 en 1 de l'intérieur.

Curieux équilibre que celui du Capricorne. Autorité extérieure et/ou autorité intérieure ? Jusqu'où, en suivant les règles de la réalité institutionnelle, se respecte-t-il et respecte-t-il les autres ?

Il y a quelque chose du roseau dans l'exercice Capricorne, malgré la raideur notoire de la bête. La vérité du Sagittaire doit devenir une réalité active. Il ne s'agit plus de concevoir une pensée sociale, il s'agit de l'incarner : c'est le rôle du Capricorne. Comme tous les signes de Terre, c'est la réalité qui compte : on peut faire exister les choses. Seulement, la société a ses règles et pour y faire exister quelque chose, il faut au minimum en tenir compte. Sinon, autant choisir le désert. Le Capricorne est naturellement en accord avec la réalité nécessaire de l'organisation sociale. Il est celui qui montre ses papiers en trouvant cela bien naturel, ou celui qui devient gendarme. Mais c'est aussi dans cette prise en compte des règles sociales que se situe le piège principal du signe : il arrive que sa volonté d'exister socialement lui fasse oublier une part de son intégrité et de sa loi intérieure. Dans toute quête de reconnaissance, il peut finir par s'oublier. C'était le cas de la Balance et du Scorpion dans le cadre relationnel, le cas du Sagittaire dans le cadre des idéaux, et c'est le cas du Capricorne dans le cadre des structures sociales qui se sont cristallisées et parmi lesquelles il évolue. Une fois qu'il a pris conscience de cela, il peut se faire reconnaître socialement pour son authenticité et son intégrité.

Son Rôle ou son Art

Être un MAÎTRE D'ŒUVRE SOCIAL, INTÈGRE.

Motivation d'un personnage en Capricorne

Réaliser des projets à résonance sociale, en leur donnant une forme socialisée et concrète, institutionnelle en quelque sorte. Être auteur et responsable devant les autres de ce projet.

Comportement d'un personnage en Capricorne

A priori, assez maître de lui. Réservé ou sobre, c'est à voir. Naturellement peu porté sur lui-même, si ce n'est dans ce qu'il accomplit dans la société (pas le temps, le devoir/son travail l'appelle). Assez réaliste, logique, cynique parfois, lorsqu'il compare les velléités de chacun aux systèmes qui les gouvernent. Droit. Souvent un peu raide, dans tous les sens du terme. Facilement traditionnel. Généralement porté à vouloir diriger les opérations, toutes si possible (s'identifie facilement au rôle du père).

Question à aborder

Être dépendant et identifié à une reconnaissance dans la société et ses normes, ou bien se reconnaître soi et aller en confiance se faire connaître en société ?

VERSEAU : ÉMANCIPER ET RÉFORMER

Description (histoire d'un groupe de musique, 11e étape)

Le dernier projet de retour aux sources était plus profond qu'on ne l'imaginait. Parallèlement au groupe 2 en 1, les répétitions « authentiques » commencent à focaliser de plus en plus d'énergie, au point que l'on se demande si on ne va pas laisser tomber cette grosse machine qu'est 2 en 1 pour se consacrer entièrement à cela. On travaille de plus en plus dans ces répétitions hors des sentiers, activité que l'on prend d'ailleurs l'habitude d'appeler « la Chèvre », pour son aspect têtu et indépendant. Et puis il y a autre chose. Après avoir retrouvé son intégrité et son indépendance dans l'authenticité du blues, le groupe s'amuse régulièrement à attaquer les bases de cette musique à la racine. On change la structure des rythmes, on invente de nouveaux sons, synthétisés par ordinateur, le tout glissant parfois vers des sonorités franchement bizarres. Après l'aspect institutionnel de 2 en 1, c'est des normes traditionnelles du blues dont on ne veut plus.

Des amis viennent écouter. Personne n'a jamais entendu une chose pareille. Parfait ! dit le groupe, certain d'avoir créé quelque chose de nouveau. La décision est rapidement prise : 2 en 1 est abandonné. Sabordé, presque. La Chèvre Électrique est née. Musique venue d'ailleurs. Tenue de scène venue d'ailleurs également : salopettes en méthane, blousons en soie pure, bracelets en opale aux chevilles et micros en verre. Le public est effaré. Une grande partie jette son dévolu sur l'ancien suiveur de 2 en 1 : True Blues. Les autres restent, prêts pour la science-fiction. Un nouveau public pointe son nez : plus jeune. La Chèvre Électrique utilise néanmoins l'ancienne notoriété de 2 en 1 pour s'exprimer : « C'est une nouvelle génération de blues. On ne supportait plus. On a tout révolutionné. Ce n'est plus du blues, c'est du dong. Le dong, c'est bien. L'esprit dong, ça signifie quelque chose : c'est la liberté. La liberté de chacun de faire ce qu'il veut. La liberté de changer et de tout bousculer si l'on veut, pour aller là où chaque être humain a le droit d'aller. C'est un concept. Le dong n'est pas une musique, c'est l'idée d'une certaine démarche par rapport à la musique traditionnelle. D'ailleurs, dire : « je fais du dong », c'est n'avoir rien compris au dong. Ça vous choque ? Alors c'est qu'on est sur la bonne voie. C'est dans l'esprit dong que se feront les nouveaux standards de demain, c'est sûr. Ça ne pouvait plus continuer. »

Aspect inattendu du Verseau. La graine de contestation sociale plantée au Capricorne (sous terre : c'est le début de l'hiver) commence à fleurir au Verseau. On ne supporte plus les vieux cadres. Il faut concevoir le futur. Pour cela, il faut s'affranchir des règles en vigueur. Inventer de nouveaux systèmes : informatique, recherche spatiale, télépathie : science-fiction dans tous les domaines, même relationnels. Surtout relationnels à vrai dire, mais re-conçus à grande échelle et à partir de nouveaux grands principes. Il *faut* rétablir la liberté individuelle. Il *faut* écrire une Charte des droits de l'Homme. Il *faut* avoir des principes d'ensemble, larges : liberté, égalité, fraternité (par exemple). C'est le pouvoir du Verseau que de créer de grandes idées, technologiques ou humanitaires, révolutionnaires dans les deux cas. Mais c'est aussi l'écueil du Verseau : plus humanitaire qu'humain, plus proche de la logique humaine que de chacun, plus familier des idées que de leur mise en place et surtout, ayant horreur de négocier avec la réalité. C'est le risque du Verseau que de concevoir de grandes idées sans jamais se mouiller à les confronter à la réalisation. C'est dans ce cas le Verseau perpétuellement « dégagé », non impliqué ou provocateur pour le plaisir de déstabiliser. Il conteste le monde, mais préfère être libre de s'en extraire quand il veut. Certes identifié à des idées, mais sans aller jusqu'à appartenir à un parti. C'est le Verseau en fuite.

Il y a aussi un autre terrain glissant du Verseau : l'aspect réactionnaire et bien-pensant. S'il ne prend pas à son compte la graine de révolution Capricorne (ou si le Capricorne n'a pas osé planter la graine), alors le Verseau réagit froidement à la nouveauté : il regarde de haut les velléités de changement, il les intègre à feu très doux dans une logique d'évolution modérée prévue dans le système Capricorne en place : il accepte l'idée du changement, à condition qu'elle ne bouscule rien.

Lorsque le Verseau ne tombe pas dans ces pièges, il est celui qui a l'ouverture suffisante pour concevoir les principes directeurs du futur, puisqu'il est capable de s'extraire des règles de la réalité courante pour aller à la rencontre de quelque chose de neuf. C'est en ce sens un créateur et innovateur social.

Son Rôle ou son Art

Être un LIBÉRATEUR et un CONCEPTEUR DU FUTUR.

Motivation d'un personnage en Verseau

Libérer l'individu grâce à de nouvelles conceptions sociales. Réformer selon des principes égalitaires. « Déranger » pour faire réagir. Familier du raisonnement par l'absurde, cherche à dégager des idées pures, « l'esprit » des choses.

Comportement d'un personnage en Verseau

A priori assez original, indépendant et avant-gardiste. N'aime pas trop les émotions : il faut prendre de la distance. Défend de grands principes qui font régulièrement abstraction du vécu humain réel. À la différence du Sagittaire, par exemple, il est fraternel par principe plus que par camaraderie. Moins subjectif, donc moins sélectif que le Sagittaire dans ses liens, mais moins chaleureux (avec, toutefois, une « capacité d'accueil » beaucoup plus large). A souvent, aussi, des idées inattendues, très créatives, modernes.

Question à aborder

Dire qu'il faudrait changer le monde, ou bien s'efforcer de le changer effectivement ?

POISSONS : TRANSCENDER ET RECYCLER

Description (histoire d'un groupe de musique, 12e étape)

Voilà quelque temps que le nouveau groupe de musique, la Chèvre Électrique, accumule ses inventions et ses provocations. Grâce à lui, entre autres, on commence à aborder le blues et même l'ensemble de la musique différemment. La musique contemporaine est apparue : manifestation de l'esprit Verseau dans l'univers classique. Mais la révolution s'essouffle. L'époque rappelle celle de la Vierge, quand l'expression et la création individuelle perdaient en vitesse et en intérêt. Sauf que dans ce cas, c'est la création sociale qui est en question. On a révolutionné et bouleversé beaucoup de choses, tellement qu'on a même été jusqu'à remettre en question l'idée de révolution. On serait tenté d'aller au-delà, ou au-dessus. Car au fond, il ne s'agirait pas de modifier la musique seulement, mais tout. La musique ou autre chose, quelle différence ? Tout cela, la musique, l'évolution de la musique par révolution, ou la menuiserie et la modernisation de la menuiserie, ce n'est rien d'autre que la marche du monde. Seulement, il semble qu'il y ait quelque chose au-dessus de ce monde, ou en travers de ce monde, d'où tout provient. De là sont sorties la musique et la menuiserie. Et c'est peut-être là qu'il faudrait aller si l'on veut véritablement modifier les choses. L'idéal serait de remonter à la source globale et informe des choses.

Au début, le groupe ne comprend pas très bien ce qui lui arrive. Il y a comme une démotivation. Leur niveau de relativité est devenu tel que la question finit par se poser : pourquoi continuer à faire de la musique ? Pourquoi cela plutôt qu'autre chose ? Et même, franchement, pourquoi quelque chose plutôt que rien ? Les membres de la Chèvre Électrique se mettent à planer au-dessus de leur vie, moitié poètes, moitié dépressifs. Yann écrit ses rêves, Alexandre enchaîne les crises mystiques, Mathilde, la bassiste, a l'impression de devenir folle. Quelques concerts ont encore lieu, mais le cœur n'y est plus. Cela ne fonctionne plus très bien d'ailleurs. Il y a moins de monde. Un an à ce rythme, et la Chèvre Électrique ne vend plus rien, ne produit plus : on touche le fond.

Une année de brouillard passe, et finalement, « foutu pour foutu », le groupe part au Tibet et se met au bouddhisme. Là-bas, au Tibet, de curieuses choses ont lieu. Yann apprend la langue et parcourt le pays à pied avec une guitare, passant son temps à écouter les gens. Alexandre aide des paysans à reconstruire un pont en bois. Mathilde apprend à tisser.

Deux ans passent. Le groupe revient en France. Après de longues discussions avec des psychanalystes ouverts, Yann met au point la musicothérapie. Alexandre, qui a appris à travailler le bois, crée des meubles inspirés par des morceaux de musique. Parmi eux, une table de chevet « la vie en rose », une table de salon « cinquième symphonie de Beethoven ». Quant à Mathilde, elle choisit de mettre de la musique sur des images, et compose pour des films, des spectacles, des reportages.

Les Poissons peuvent sembler un étrange univers. C'est en effet le pays de la synthèse, le retour à la « matrice centrale », et cette opération représente toujours une sorte d'élévation, ou d'absence. On revient dans l'univers des possibles, où tout est sans forme, indéfini, fusionné. C'est une opération glissante, on peut perdre pied, et tout n'est qu'une question de point de vue : rien n'existe plus, ou bien tout peut exister de nouveau. C'est pourtant là le mélange ou le brassage nécessaire au développement de nouvelles formes. Le Verseau est un inventeur, mais il réagit sur la base de ce qui existe avant lui. Le Poissons, lui, développe sur la base du Tout, ou du Néant, comme on préfère. Il se promène dans tous les plans d'existence : réels, imaginaires, symboliques, microscopiques, macroscopiques. Tout se vaut. Le Poissons sait que nous sommes tous des grains de sable. Mais que ces grains de sable, si on les analyse, représentent des corps organisés à l'image de l'Univers entier. Le Poissons tire de cette conscience sa puissance de créativité. Sa considération pour l'être humain également. Tous les êtres humains sans distinction, avec un certain penchant, il est vrai, pour ceux qu'on a exclus, ceux qui « galèrent », et tous ceux qui souffrent. C'est l'aspect compassionnel du Poissons.

Seulement, il n'est pas toujours facile pour lui de se convaincre que cette « dissolution » des formes mène à quelque chose. Il arrive que le

Poissons n'en tire qu'une gigantesque relativité sur ce qui existe, et par là, un sentiment que les formes, les choses, l'existence, sont vaines. À quoi bon ? se dit souvent le Poissons. C'est comme cela pour l'éternité. C'est là le Poissons hésitant au milieu du pont qui le mène au printemps. Sur la première rive, le passé, l'histoire des hommes, la mémoire collective, l'éternel recommencement et l'équivalence de tout. Sur celle qui l'attend, comme on sait, la joie Bélier de faire jaillir des formes inédites du mélange qu'aura osé faire le Poissons. Mais c'est au Poissons qu'appartient la capacité de passer d'une rive à l'autre. Quitter le passé. Prêcher le courage d'envisager un futur différent. C'est en cela un extraordinaire passeur. Un des meilleurs psychanalystes symboliques ou « délesteurs » d'âmes qui soit. Son risque est de rester au milieu du fleuve, pris dans la nostalgie d'un monde qu'il a du mal à quitter mais dont les réalités, pourtant, lui sont déjà étrangères.

Son Rôle ou son Art

Être un « MÉLANGEUR » et un ÉCLAIREUR.

Motivation d'un personnage en Poissons

Rendre possible un nouveau monde, grâce à une nouvelle conscience des choses, et une dissolution des normes, règles, modèles, formes et cloisons de l'ancien monde. Établir des liens entre des domaines jusque-là séparés. Nettoyer les dettes qui empêchent de quitter.

Comportement d'un personnage en Poissons

A priori assez rêveur, imaginatif. Pourtant, s'il peut être doux, il arrive au Poissons de fréquenter la violence extérieure, représentation externe de la « violence » psychologique par laquelle il doit passer pour franchir son pont. Plutôt silencieux : il n'y a plus que de la nuit quand toutes les couleurs sont mélangées, il n'y a plus tellement de mots quand tout est dans tout. Nostalgique revenu de tout, galérien, martyr, poète ou porteur d'espoir à l'esprit démesurément large, c'est selon.

Question à aborder

Être fasciné, déprimé et chroniquement perdu dans la conscience des possibles ou le regret de ce qui ne reviendra pas, ou accepter d'incarner une confiance dans le futur.

5

MISE EN SCÈNE DES PLANÈTES DANS LES 12 EXPÉRIENCES

Nous avons de quoi, à présent, définir les dix personnages du théâtre du thème et leurs rôles. Il ne reste plus qu'à détailler les scènes symboliques dans lesquelles ils interviennent. C'est un stade clé dans l'interprétation, car c'est principalement par cette analyse (avec l'étude des aspects) qu'on individualise les positions planétaires.

Étant donné que les douze maisons astrologiques décrivent un processus possible de réalisation individuelle, leur conception se rapproche beaucoup de celle des signes. Cependant, même si tous les « plans » symboliques tendent au bout du compte à fusionner dans le plan de la réalité vécue, je crois qu'il est important au départ de bien distinguer une maison d'un signe. Un signe représente une *façon de vivre*. Une certaine approche. Une maison représente *le lieu d'expérience concret* de cette façon de vivre.

On vient de voir qu'il était possible d'aborder les signes comme douze étapes. La description des signes en douze étapes ou douze « travaux » est nécessaire pour expliquer en quoi l'approche de chaque signe est une accumulation des travaux et approches des signes précédents. Mais j'ai aussi transformé chaque signe en vécu parce qu'il est vrai que le point de vue et « l'élan » propres à chaque signe ont tendance à générer le contexte qui lui correspond.

Pour ce qui est des maisons, c'est un peu comme si, chaque signe ayant « défriché » dans son travail tous les domaines qui lui étaient propres, ces domaines étaient restés en place, et étaient à présent accessibles à tous les autres. Il y a donc un rapport étroit entre les douze signes et les douze expériences (ou maisons) qui « leur correspondent ».

Par exemple, on a vu que la Balance était une approche caractérisée par la volonté d'échanger et de créer des rapports humains. La Balance est le septième signe du zodiaque. La maison 7, ou septième étape dans le cheminement expérimental des maisons, va donc représenter l'expérience générale « d'aller vers l'autre ». Elle va regrouper toutes les expériences où l'on approche les autres, le monde, où l'on échange, où l'on crée des premiers liens « formels » ou informels. Mais, je le répète, il ne s'agira pas en maison 7 de « l'énergie » qui pousse à aller dans ce type d'expériences. Il s'agira simplement des expériences proprement dites, et de leur réalité dans notre vie. On place en maison 7 les mariages, les associations, les contrats etc. Mais ces expériences-là peuvent être vécues différemment. Il se peut tout à fait qu'un personnage Vierge (planète en Vierge) se trouve en maison 7. Auquel cas, on pourra dire que l'individu vivra l'expérience de la relation (maison 7) comme aurait tendance à le faire un personnage Vierge : avec certaines hésitations et un besoin de clarté notoire. Ce serait tout à fait différent si, au lieu d'un personnage Vierge, on rencontrait dans cette maison un personnage Scorpion. Dans les deux cas, l'individu va faire l'expérience de la relation (heureusement !), mais son vécu de la relation sera différent.

À cela s'ajoute un autre paramètre : le signe des maisons. Comme nous l'avons vu au chapitre 3, le signe d'une maison définit à la fois le **décor** ou l'**univers** de cette « scène », et l'**approche** que le personnage a de cette scène ou expérience. Ainsi, les expériences concrètes regroupées dans chaque maison vont également faire l'objet de sélections par l'individu, qui seront fonction du signe dans lequel elles se trouvent.

Par exemple, si la maison 7 est Lion, cela signifie à la fois que l'individu va aborder cette expérience dans une motivation Lion, et qu'il développera principalement ses relations dans un contexte Lion. En d'autres termes, il aura une attitude créative et centrale dans les relations (il cherchera à créer des relations par lui-même et à en être le centre, ou encore, il aura tendance à aborder les relations en tant que créateur, y compris sa relation au monde), en même temps qu'il va tisser ces relations dans un contexte créatif (peut-être rencontrera-t-il des artistes, ou peut-être évoluera-t-il le plus souvent dans un contexte où l'on crée).

C'est dans cette attitude et ce contexte qu'apparaîtra le personnage (planète) en maison.

Les maisons sont donc le vécu du thème. C'est en cela qu'on peut aussi définir leur ensemble comme l'expérience psychologique particulière que l'individu fait des planètes en signes, car elles nous indiquent le «plan» ou le domaine dans lequel un individu ira à leur rencontre. Dans l'exemple vu plus haut, on pourrait dire que c'est dans la relation qu'un individu «contactera» ce personnage Vierge qui est en lui. Sachant qu'il est tout à fait possible qu'un autre individu aille à la rencontre du même personnage intérieur dans une autre expérience de vie. Leur «potentiel» intérieur est le même, mais leur vécu psychologique est différent.

En fait, c'est «dans les maisons» que l'individu s'incarne. Sans les maisons, toutes les dimensions propres aux planètes en signes restaient à l'état de potentiels.

DOUZE LIEUX D'INVESTISSEMENT PERSONNEL

Il y a dix planètes dans le thème, dix personnages. Les douze maisons d'un thème individuel ne peuvent donc pas être toutes occupées. Quelle différence existe-t-il donc entre une maison vide et une maison occupée ?

La première chose qu'on peut dire est que ce n'est pas parce qu'une maison est vide que l'individu ne vit pas cette expérience. Il la vit, comme tout le monde vit les douze expériences du thème. Seulement, il ne se focalise pas particulièrement sur cette expérience. L'expérience a lieu, mais ce n'est pas là que l'individu «sent qu'il a quelque chose à faire». Ce n'est pas là qu'il cherche naturellement à investir de l'énergie. Si l'on observe le thème sous l'angle du chemin initiatique qu'il propose, on pourrait encore dire que ce n'est pas là que, du point de vue de son développement, il a à apprendre quelque chose.

Les maisons occupées, en revanche, représentent des expériences dans lesquelles l'individu va chercher plus ou moins consciemment à investir de l'énergie, et vont donc constituer le «tissu» de sa vie consciente, extérieure et intérieure. C'est dans ces expériences, en particulier, qu'il «va faire son chemin».

Un premier coup d'œil sur le thème permet donc de saisir presque immédiatement toutes les expériences de la vie qui sont importantes pour l'individu. On a ainsi une rapide idée de son «orientation expérimentale » naturelle. Comme on le verra, c'est une des premières opérations à réaliser lorsqu'on interprète : globalement, où se trouvent les planètes ? Sont-elles toutes groupées, dispersées, réparties en petits groupes ?

4 ACTES, 12 SCÈNES

Dans le chapitre 2, nous avons vu qu'on pouvait se représenter chacune des maisons comme les scènes d'une pièce de théâtre. Au lieu de définir l'expérience des maisons par leur contenu psychologique ou initiatique, on peut faire intervenir des personnages (les planètes en signes) dans des scènes symboliques et imaginaires, construites à partir de la signification de base des maisons.

Si l'on envisage ces maisons sous l'angle de leur représentation théâtrale, pour plus de précision, on peut si l'on veut diviser la pièce de théâtre du thème en 4 grands actes, comprenant chacun trois scènes, c'est-à-dire trois maisons. Le contenu de ces 4 actes sera défini par le sens des 4 angles du thème : l'Ascendant, le Fond du Ciel, le Descendant et le Milieu du Ciel. Ceci n'est qu'une transposition théâtrale d'une réalité concernant les maisons : chaque maison tient son sens de la position qu'elle occupe par rapport à l'angle qui la précède. Par exemple, on sait que les maisons 1, 2 et 3 ne sont autres que les trois phases nécessaires à la mise en forme de l'impulsion venant de l'Ascendant. Et il est souvent utile de se souvenir de l'angle qui précède une maison pour se rappeler le « sujet » plus général dans lequel s'inscrivent ces expériences. Dans notre théâtre, on pourra donc considérer que la maison 2, par exemple, n'est que la scène 2 de l'acte 1 du thème (l'Ascendant), ou encore que la maison 12 n'est que l'acte 4 scène 3 (le Milieu du Ciel, « scène 3 »). On peut représenter la succession des scènes comme suit :

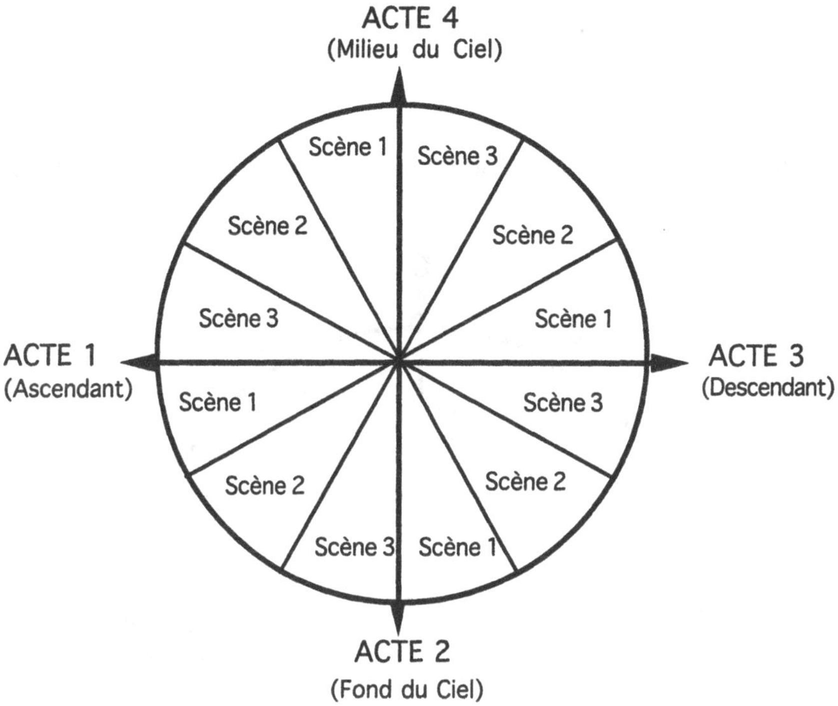

Avant chaque groupe de maisons, j'ai donc défini dans ce chapitre «**l'acte**» dans lequel elles s'inscrivent.

Pour chaque acte j'ai ajouté:

—une courte **description de l'expérience** propre à chaque maison;

—quelques réflexions pour l'interprétation des planètes dans chacune des maisons, regroupées dans les «**notes pour l'interprétation**»;

—des **propositions pour la mise en scène** des expériences de chaque maison. En aucun cas ces mises en scène se veulent exhaustives. Ce ne sont que des images, de possibles illustrations symboliques ;

—enfin, un **exemple de mise en scène** de positions planétaires dans chaque maison, sur la base de quatre thèmes d'exemples.

THÈMES A, B, C ET D

Thème A: Un individu né le 3 juillet 1977 à 0:30 à Lyon (méthode Placidus).

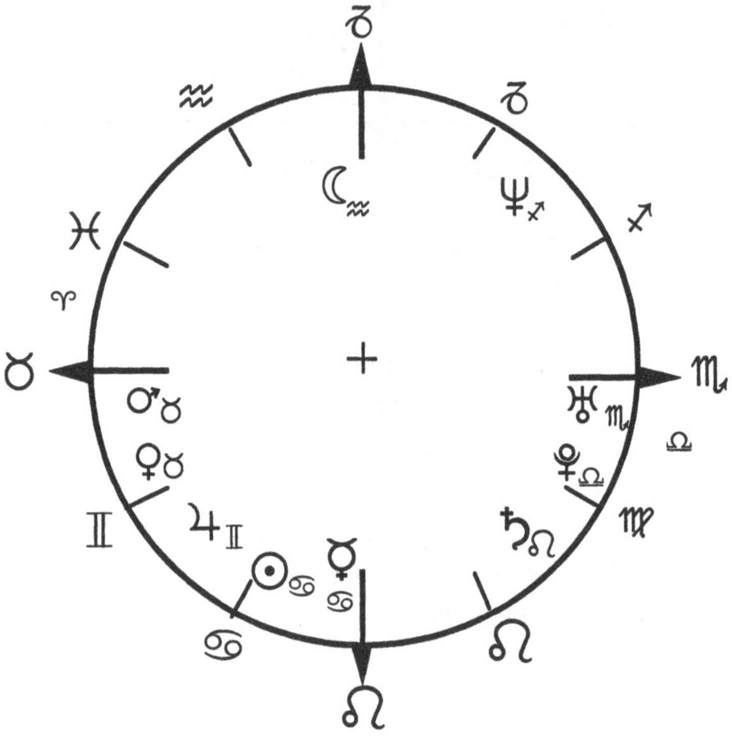

FIGURE 14

Liste des positions planétaires du thème A

Soleil en Cancer en maison 3 Cancer
Lune en Verseau en maison 10 Capricorne
Mercure en Cancer en maison 3 Cancer
Vénus en Taureau en maison 1 Taureau
Mars en Taureau en maison 1 Taureau
Jupiter en Gémeaux en maison 2 Gémeaux
Saturne en Lion en maison 5 Lion
Uranus en Scorpion en maison 6 Vierge

Neptune en Sagittaire en maison 8 Sagittaire
Pluton en Balance en maison 6 Vierge

Thème B: Un individu né 4 heures plus tôt que l'individu du thème A, et au même endroit (Lyon, 2 juillet 1977 à 20:30).

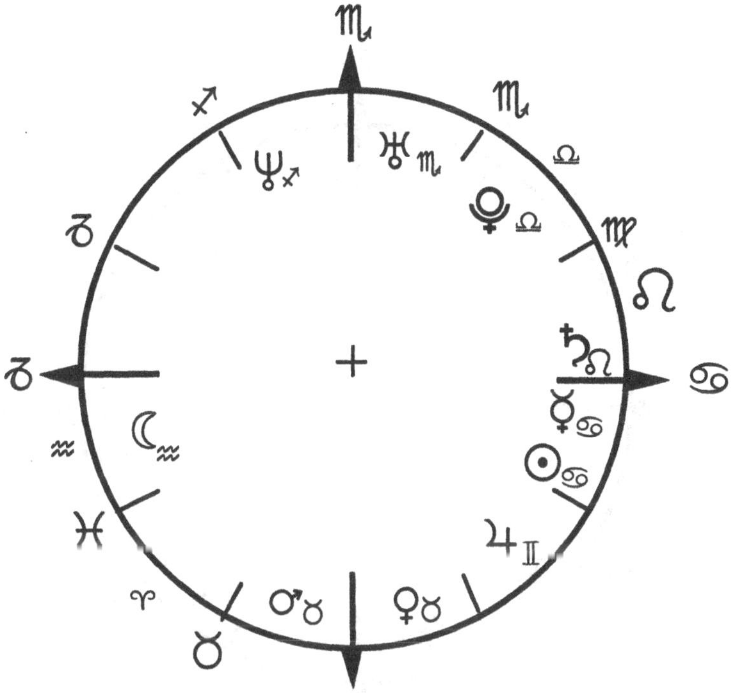

FIGURE 15

Liste des positions planétaires du thème B

Soleil en Cancer en maison 6 Cancer
Lune en Verseau en maison 1 Capricorne
Mercure en Cancer en maison 6 Cancer
Vénus en Taureau en maison 4 Taureau
Mars en Taureau en maison 3 Taureau
Jupiter en Gémeaux en maison 5 Gémeaux
Saturne en Lion en maison 7 Cancer

Uranus en Scorpion en maison 9 Scorpion
Neptune en Sagittaire en maison 10 Scorpion
Pluton en Balance en maison 8 Vierge

Thème C: Un individu né le 9 janvier 1959 à 15:50 à Paris (méthode Placidus).

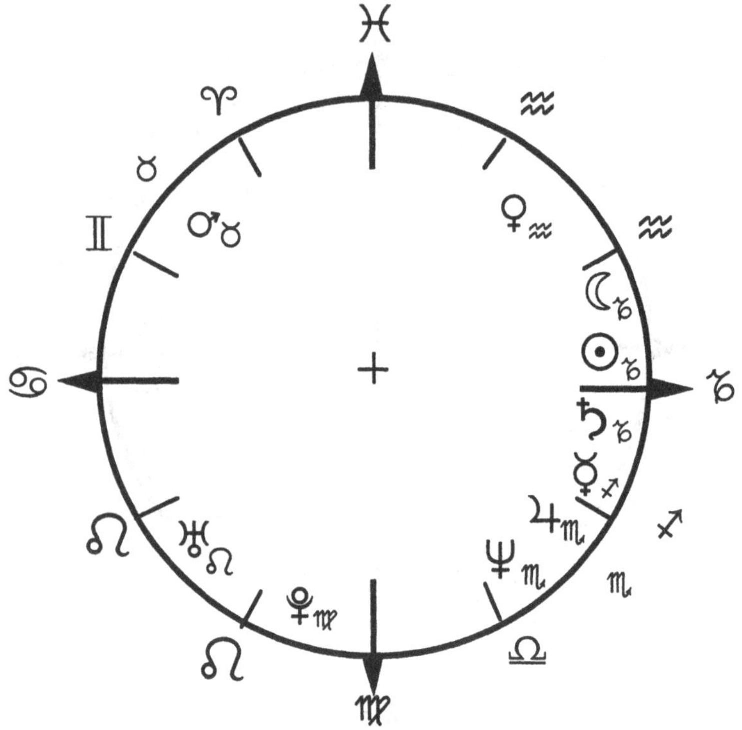

FIGURE 16

Liste des positions planétaires du thème C

Soleil en Capricorne en maison 7 Capricorne
Lune en Capricorne en maison 7 Capricorne
Mercure en Sagittaire en maison 6 Sagittaire
Vénus en Verseau en maison 8 Verseau
Mars en Taureau en maison 11 Bélier
Jupiter en Scorpion en maison 5 Balance

Saturne en Capricorne en maison 6 Sagittaire
Uranus en Lion en maison 2 Lion
Neptune en Scorpion en maison 5 Balance
Pluton en Vierge en maison 3 Lion

Thème D: Un individu né le 19 avril 1943 à 11:00 à Madrid (méthode Placidus).

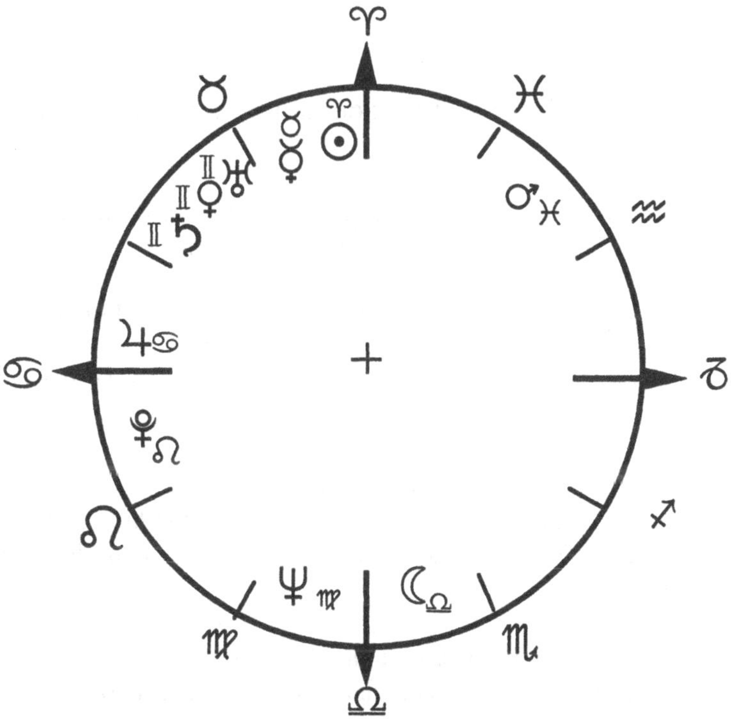

FIGURE 17

Liste des positions planétaires du thème D

Soleil en Bélier, en maison 10 Bélier
Lune en Balance en maison 4 Balance
Mercure en Taureau en maison 10 Bélier
Vénus en Gémeaux en maison 11 Taureau
Mars en Poissons en maison 8 Verseau

Jupiter en Cancer en maison 12 Gémeaux
Saturne en Gémeaux en maison 11 Taureau
Uranus en Gémeaux en maison 11 Taureau
Neptune en Vierge en maison 3 Vierge
Pluton en Lion en maison 1 Cancer

QUESTIONS POUR LA MISE EN SCÈNE

Pour chaque planète en maison, nous procéderons de la manière suivante :

1. Quel personnage type pour la planète ? (Choix d'un personnage parmi ceux proposés pour chaque planète au chapitre 2.)

2. Quelle expérience désigne la maison où se trouve la planète ?

3. Quels sont le décor et l'approche qu'a l'individu de cette expérience ? (Signe de la maison.)

4. Mise en scène de la position planétaire :
   a. mise en scène du contexte dans lequel évolue la planète ;
   b. mise en scène de « l'attitude » de la planète dans le contexte qu'on a défini.

En gardant en mémoire la clef de la planète dans le thème, on pourra ensuite donner au personnage sa place dans l'ensemble du thème.

ACTE 1
LE « LABORATOIRE » INDIVIDUEL

L'acte 1 nous propose trois scènes (de la maison 1 à la maison 3) où il s'agit idéalement de faire ses premiers pas vers soi, seul, c'est-à-dire sans *a priori*, sans références extérieures. Étant donné qu'on ne vous lâche pas dans le désert juste après votre naissance, la caractéristique de ces expériences est de réussir à se découvrir soi indépendamment d'éléments extérieurs conditionnants (ce qu'on vous dit de vous ou ce qu'on vous demande d'être, sur une base de critères établis, l'histoire, le passé...).

Pour cela, les trois scènes de l'acte 1 sont peut-être les plus intimes et intérieures de toutes. Elles représentent les trois phases d'une forme de naissance.

Scène 1 : Qui suis-je ?

L'expérience de la maison 1

Nous sommes tous différents les uns des autres. Tous uniques. Chaque fois qu'un enfant naît, on sait que **ce qu'il est** n'a jamais existé. Même s'il peut avoir un sosie physique, on sait que ce ne sera jamais le cas de son âme. L'expérience de la maison 1 est celle qui consiste à prendre conscience de cette unicité, et par là, prendre contact avec cette « âme ». C'est cette unicité qui fait que notre **chemin** est unique. Peut-être aurons-nous un but qui est aussi celui d'autres individus. Mais le chemin que nous empruntons pour l'atteindre est le nôtre. Personne d'autre, si j'ose dire, n'est dans notre peau, ni ne peut prendre ce chemin. Voilà ce à quoi nous confronte la maison 1. C'est une **expérience existentielle**, forcément solitaire. Non pas qu'elle doive se faire seul, mais simplement parce qu'elle nous confronte à la solitude intérieure qui nous dit que nous sommes uniques pour toujours, et que nous ne serons jamais quelqu'un d'autre.

Cette différence, on peut chercher à l'affirmer, à l'imposer. On peut en être fier. Comme elle peut encore constituer un lieu de recherche chaque fois plus profond. C'est selon. Dans tous les cas on peut retenir cette idée pour la maison 1 : **la quête de soi et l'expérience de la solitude d'être soi.**

Notes pour l'interprétation

L'expérience de la maison 1 est la racine du processus d'individualisation. Ce n'est donc pas une expérience courte. Elle demande plus ou moins de temps. C'est une grande partie de l'équilibre individu/société qui se pose ici. La différence individuelle est une sorte de terrain vierge assez rapidement cultivé par la société... Le fait même «d'avoir de la personnalité» est une valeur sociale à laquelle peut inconsciemment obéir toute planète en 1. Sans s'en rendre compte, on peut **s'identifier à l'image sociale** de la planète en 1. S'il s'agit de Vénus, on peut vouloir avoir un style personnel en toute chose, si c'est Uranus, on peut vouloir avant tout **représenter** un individu libre etc. Bref, on cherche sa différence dans des représentations de la différence. Il peut ainsi y avoir chez certains individus ayant une ou plusieurs planètes en 1 une forme «d'arrogance» personnelle dans le domaine de la planète, qui ne correspond pas toujours à une authentique différenciation.

Propositions de mise en scène

Étant donné que la maison 1 pousse à une forte préoccupation pour soi-même, on peut, par exemple, imaginer une scène où quelqu'un se met en avant. Ce n'est pas une recette. Il peut arriver que des personnes ayant plusieurs planètes en 1 souhaitent passer tout à fait inaperçues. Mais l'image de la «forte présence» ou même de la «forte personnalité» reste néanmoins une bonne illustration de ce qui pousse un individu, en maison 1, à vouloir développer sa signature personnelle, qu'il l'extériorise ou pas. On peut donc imaginer un personnage qui entre en scène et qui a une forte présence, qui veut laisser une impression de lui-même bien différenciée des autres.

Autre scène possible, celle d'un individu seul face à lui-même, en pleine interrogation identitaire. Qui suis-je ? Où vais-je ? se demande toute planète en maison 1. Vous pouvez la mettre sous un arbre ou en plein désert, c'est la même chose.

Exemple de mise en scène

Mars Taureau en maison 1 Taureau du thème A

—Personnages pour Mars
Un Guerrier, un Entrepreneur. Prenons l'Entrepreneur.

—Expérience de la maison
Recherche de son identité. Affirmation de sa différence, de sa « signature ».

—Décor et approche de la maison : Taureau
Production. Bâtir. Faire fructifier, posséder. Être dans le concret.

L'Entrepreneur évolue dans une maison 1 décorée et approchée façon Taureau : L'entrepreneur a monté son affaire. Une affaire immobilière (Taureau), à la campagne. Il achète, retape et revend des maisons de campagne d'un certain style. C'est un marchand de biens. Il a une façon bien à lui (maison 1) de retaper les maisons, et des idées très arrêtées sur la manière de s'y prendre (Mars). Il est seul dans son agence (maison 1). Il travaille sans ouvrier, fait tout de ses propres mains, avec beaucoup d'énergie (Mars en 1). Le but était aussi d'obtenir un certain confort matériel : il s'est aménagé une maison superbe, où il ne manque jamais de rien. Mais c'est le travail surtout qui lui importe. Quand il est là, les mains dans le ciment, en train de s'activer à monter un mur, il a l'impression très forte de comprendre quel genre d'individu il est (maison 1). C'est un sentiment existentiel irremplaçable. Il est du reste assez fier de lui, et prêt à se battre avec qui marcherait sur son territoire (Mars en 1).

L'Entrepreneur, dans ce contexte, a un rôle, une motivation et un comportement Taureau : Notre entrepreneur est rarement pressé. Il croit au temps et à ce qu'il voit. Il respecte la tradition des affaires immobilières, comme toute personne qui a su se « nourrir » seule. Il s'affole rarement (sauf, peut-être, s'il perd de l'argent). C'est en effet un gros travailleur, lent à se mettre en route, mais dont l'endurance est impressionnante. Vis-à-vis de ce qu'il a su « engranger », il est d'une possessivité assez forte. Le partage n'est pas vraiment sa spécialité. Malgré l'argent, il a même parfois du mal à se séparer des maisons qu'il vend. Ça fait de lui un bon libéral pour ce qui est de sa vision de l'économie.

Sans doute est-il assez attaché, si c'est un homme, à l'affirmation de sa masculinité, qui est aussi pour lui une question d'identité (Mars en 1, Taureau qui plus est).

Voilà une petite illustration possible de Mars Taureau en 1. On aurait pu utiliser le guerrier. Mais, comme on l'a vu, on peut construire plusieurs pistes « d'inspiration » pour aller à la rencontre de la réalité vécue des positions planétaires. Le marchand de biens viril et personnel en est une, personnage symbolique qu'on pourra par exemple essayer de déceler dans une consultation (avec cette méthode, il n'est pas rare d'imaginer une mise en scène parfois très proche de la vie réelle de la personne : les voies de l'inspiration sont impénétrables). On se souviendra néanmoins que ceci n'est qu'une illustration de la façon d'agir de l'individu, qui fait qu'il y a « un marchand de biens très personnel » en lui.

Scène 2 : Quels sont mes dons ?

L'expérience de la maison 2

Une fois posée la question de ma différence « identitaire », question existentielle qui repose sur une intuition ou perception personnelle, vient la question de savoir **en quoi, concrètement**, je puis identifier cette différence. C'est le moment de s'intéresser à ce qu'on pourrait nommer ses **« dispositions » personnelles.** On dit d'un enfant qu'il est « fait pour l'eau » alors qu'un autre, qui en a horreur, semblera plutôt « fait pour l'informatique ». On repère ainsi en chacun d'eux des dispositions naturelles, des dons innés qui les **caractérisent** (c'est-à-dire qui sont des formes concrètes par lesquelles on devine leur maison 1). L'expérience de la maison 2 correspond à cette recherche, en soi, de dispositions naturelles permettant de « matérialiser » la différence perçue en 1. Cependant, les « dispositions personnelles » de la maison 2 vont plus loin que la découverte en soi de traditionnelles aptitudes. La maison 2 parle d'aptitudes propres à vous qui peuvent parfaitement ne correspondre à aucun contexte ou « matière » connu. Si vous avez une identité unique (maison 1), on peut s'attendre à ce que vous ayez aussi des dispositions uniques. C'est ce que j'ai appelé les « **dons** » de la maison 2. Pas dans le sens où l'on qualifie un individu de « doué ». Plutôt dans celui où l'on désigne les aptitudes spécifiques de cet individu. La maison 2 parle ainsi de **moyens de base** à exploiter. Une sorte de minerai brut, si l'on veut, et la maison 2 est l'opération consistant à l'extraire. Apprendre à **reconnaître ses propres moyens et se les approprier** est l'expérience centrale de la maison 2. Cependant, comme nous naissons tous avec un **patrimoine**, génétique, historique, lequel représente un lot de choses qui ont été valorisées par d'autres avant nous, on fait également entrer en maison 2 ce qui nous est légué par nos ancêtres, notre famille et toute la collectivité sur ce plan. Il s'agira, là encore, d'apprendre à exploiter cet héritage en se le réappropriant. Notre **corps** est notre premier moyen personnel, hérité de la biologie des ancêtres. Il peut aussi être question **d'argent** dans la maison 2, puisqu'elle contient toutes les possessions. Pour résumer, elle parle de **tous les acquis antérieurs qui forment aujourd'hui notre inné.**

Notes pour l'interprétation

Une des questions qui reviennent souvent lorsqu'on traite des dons de la maison 2 chez un individu est la question du **système de valeur** qui lui est parfois attaché. En effet, s'il s'agit de dispositions héritées, elles peuvent être liées à une valorisation particulière en la matière du don. Quelqu'un, par exemple, qui aurait Mercure en 2, pourrait avoir une facilité naturelle à communiquer, à écrire etc. Sans qu'il y ait pour autant un ancêtre écrivain, on peut inconsciemment avoir transmis à cette personne la valorisation d'un certain type de littérature, au détriment d'autres types. Si bien que la personne a effectivement hérité d'une facilité à écrire, mais qu'elle risque de ne pas considérer en dehors de la capacité littéraire en question. Si elle n'est pas naturellement portée vers ce genre de littérature, ou même par l'écriture en général, elle risque donc de ne pas reconnaître son « don » de communiquer, qui pourtant, peut parfaitement être exploité dans d'autres domaines que celui de la littérature. C'est même un bon résumé de l'exercice de la maison 2 que de dire qu'on y apprend à considérer et exploiter ses facilités innées **en dehors du système de valorisation qui leur a été attaché par les générations antérieures.**

Propositions de mise en scène

On peut tout simplement mettre en scène un individu qui a les dons du personnage présent en maison 2.

Ces dons peuvent avoir été hérités. Donc on peut aussi imaginer une histoire de famille ou ancestrale, où des personnages du type de la planète se sont déjà manifestés, entièrement, ou de façon «embryonnaire».

On peut encore imaginer que le personnage en 2 a une forte capacité de mise en forme, ou un contact facile avec l'aspect matériel des choses. Le rapport qu'un individu entretient avec l'argent peut être abordé en maison 2. C'est en quelque sorte la scène où l'on peut voir évoluer des gestionnaires, des tenanciers de «la caisse».

Attention: il faut pouvoir imaginer tout type d'héritage: ce peut être un «legs» de dons, comme ce peut être le legs d'un *certain scénario au sujet des dons*. Par exemple, un scénario «dépréciatif»: une absence de dons sans cesse regrettée à travers les générations (scénario de regret dont on hérite à son tour); ou une «réservation des dons» aux seuls génies (Uranus en deux); une mythification des dons ou un «à quoi bon» les concernant (Neptune en deux), une négation des dons (Pluton en 2), ou simplement, une peur d'en avoir (Saturne en 2) etc.

Exemple de mise en scène

Jupiter Gémeaux en maison 2 Gémeaux du thème A

—Personnages pour Jupiter

Un Professeur, un Organisateur. Prenons l'Organisateur.

—Expérience de la maison

Moyens et dispositions personnelles. Don à exploiter. Contact avec l'aspect matériel des choses.

—Décor et approche de la maison: Gémeaux

Développement d'un contrôle de l'environnement. Extension du champ de compréhension et de relation. Intelligence, expérimentation etc.

L'Organisateur évolue dans une maison 2 décorée et approchée façon Gémeaux: Des moyens Gémeaux et un décor Gémeaux pour ces moyens: des moyens intellectuels ou de mise en contact. Jeune déjà, lors des fêtes qu'il organisait avec des personnalités de tous bords, quantité de gens se sont rencontrés grâce à lui. Il avait le don de présenter untel à untel. Mais on peut imaginer que nous sommes dans un journal (Gémeaux), économique (maison 2). Jupiter pourrait être Rédacteur en chef. Il a le don de rassembler (Jupiter) toutes sortes de personnalités, faits et compétences. Comme le Gémeaux aime bien l'univers de la communication, on pourrait imaginer ce Rédacteur en chef ayant le don de choisir et rassembler des spécialistes pour chaque section (son carnet d'adresses est plein). On dira qu'il sait gérer le patrimoine (maison 2) intellectuel (Gémeaux) du journal. Il est d'autre part facile pour lui de brasser plusieurs événements ensemble.

Au lieu d'être Rédacteur en chef, on aurait pu imaginer celui qui conçoit la maquette de chaque journal (doit gérer beaucoup de données ensemble, textes, photos, titres, publicités), ou encore, peut-être est-il l'organisateur du réseau commercial, de la distribution du journal en France. Il faut faire intervenir une dimension « sonnante et trébuchante » si Jupiter est en 2. Comme la maison est Gémeaux, ce peut être plusieurs activités en même temps. L'individu approche néanmoins ses dons sous l'angle de l'intelligence.

L'Organisateur, dans ce contexte, a un rôle, une motivation et un comportement Gémeaux : Avec Jupiter, on a un bon organisateur de réseau relationnel. Jupiter est plutôt à l'aise dans ce qui est déjà une volonté d'extension relationnelle du Gémeaux. Ce Rédacteur en chef fait dix choses à la fois. Un peu dispersé, peut-être. Il intellectualise facilement. Il adore jouer. Il prend rarement l'information au sérieux jusqu'au bout. De plus, ce n'est pas un « exclusif » dans ses relations et ses sujets : excellent pour un journaliste. Néanmoins, peut-être aura-t-il quelques difficultés à donner une orientation définie à son journal (un Sagittaire pourrait s'en charger avec bonheur).

Voilà donc une petite illustration de Jupiter Gémeaux en 2. On aurait pu prendre le Professeur, qui aurait donné autre chose. Il est fort probable, cela dit, que cet individu ait une facilité (peut-être ignorée) à enseigner. Mais on peut bien sûr prendre d'autres facettes de Jupiter (la foi, le masque etc.). Cela étant, notre personnage illustre la forme de participation sociale de l'individu. Il n'entre en scène que dans ces situations.

Scène 3 : Maîtriser l'environnement à ma manière

L'expérience de la maison 3

Passé l'expérience de la maison 2, on a donc conscience de dispositions particulières. Cependant, nous sommes plongés dans un environnement. Il y a des objets, des gens que l'on voit quotidiennement, des jours et des nuits, une météo variable etc. Il faut s'habituer à cela. Plus exactement, il va falloir **accomoder ce que l'on se sent être (maison 1), et ce que l'on possède en propre (maison 2) avec cet environnement.** Tout le monde ne **s'arrange** pas pareillement avec son environnement direct : cela se perçoit dans les moindres gestes quotidiens (arrangement avec **la réalité du quotidien** propre à chacun), dans la façon de parler (**agencement des mots et phrases** propre à chacun). Bref, chacun « négocie » à sa manière avec l'environnement, et finit par développer un certain **savoir-faire** propre à lui, et même, va jusqu'à développer une certaine « spécialité » dans cet environnement, spécialité qui est le fruit **opérationnel** des dons de la maison 2. Il y a des gens qui s'arrangent facilement avec les problèmes d'électricité, de machines en panne etc. Sans apprendre, au contact de l'environnement, ils ont développé une sorte de technique à eux qui fait ses preuves. C'est l'exercice de la maison 3. Pour prendre un autre exemple, si l'on prend le joueur de tennis John Mac Enroe, tout le monde a pu constater qu'il avait une manière de servir tout à fait originale. Il semble qu'aucun autre joueur ne réussissait à servir de cette manière. C'était « son truc », quelque chose qui devait être bien adapté à son corps, à ses gestes naturels. Pour arriver à cela, il a bien fallu qu'il découvre et exploite certaines dispositions personnelles (maison 2). Ce n'était pas une question de performance. C'était une question de moyens personnels uniques. Après, il lui a fallu **mettre au point ce service**, systématiser sa **technique**, ce qui est le stade ultérieur propre à la maison 3.

Ainsi la maison 3 est une sorte de « fourre-tout », car son concept est très large :

La **communication** en fait partie, car c'est une technique d'agencement basée sur les données extérieures que sont les mots. La formulation de ses idées personnelles aussi (au lieu de mots ce sont des idées).

L'**enseignement primaire** également, car c'est là où l'on apprend aux enfants les « arrangements de base », notamment la **lecture et l'écriture.**

Les **frères et sœurs** aussi, car ils représentent des personnages de l'environnement direct avec lesquels on a dû « s'arranger ».

Les déplacements courts, ainsi que la coordination des gestes font encore partie de la maison 3, car ils désignent encore une fois une forme d'arrangement personnel avec l'espace environnant.

Finalement, **toutes les formes de liaison originales**, c'est-à-dire développées par soi-même en une quelconque matière, sont rassemblées en maison 3.

Notes pour l'interprétation

Une des questions importantes que soulève la maison 3 est celle de l'éducation primaire. C'est là en effet que l'on donne ses premiers outils «d'arrangement» à un enfant, pour lui faciliter le contact avec le monde. Il s'agit de l'éduquer. La question des dangers de l'éducation n'est pas franchement nouvelle. Mais le fait est qu'il est délicat de **laisser intacte la «fraîcheur» des arrangements** spontanés d'un enfant lorsqu'on lui apprend à se servir d'outils sociaux (les mots entre autres). Formation nécessaire diront les uns, massacre fréquent du génie associatif personnel diront les autres. La question de la maison 3 pose le défi d'un **équilibre entre ces deux pôles**. Jusqu'à quel point la pensée d'un individu se sert-elle des mots qu'on lui apprend, et jusqu'où est-elle conditionnée par les mots dont elle se sert? Certains philosophes ont divergé sur la question. Il n'en reste pas moins que retrouver une authenticité «d'arrangement» est le test de la maison 3, dont le passage est souvent à relier au vécu de l'enfant dans sa scolarité primaire.

Propositions de mise en scène

Une scène où quelqu'un formule son avis personnel sur une question est une possibilité, ou encore, quelqu'un qui fait la démonstration d'une technique ou d'un savoir-faire personnels, un frère ou une sœur qui a la caractéristique de la planète, un enfant sur le banc de l'école qui répond à des questions, ou qui fait sa première dissertation, sont autant de possibilités de scènes pour la maison 3. L'attitude dans ces différentes scènes va dépendre de la planète présente en maison 3. Le genre de technique, le style de communication, vont beaucoup changer d'une planète à l'autre.

Exemple de mise en scène

Soleil en Cancer en maison 3 Cancer du thème A

—Personnages pour le Soleil
Un Roi, un Héros. Prenons le Roi.

—Expérience de la maison
Expression d'un savoir-faire personnel.

—Décor et approche de la maison : Cancer
Mettre en place, délimiter ou identifier un cercle, intime ou social, soit pour revendiquer sa personnalité, son « univers » personnel, soit pour pouvoir se réclamer « membre » d'une famille, et par là disposer d'une identité par appartenance.

Le Roi évolue dans une maison 3 décorée et approchée façon Cancer : Étant donné qu'il y aura un roi, imaginons un petit royaume (Cancer), connu pour le rayonnement (Soleil) de sa culture littéraire, poétique et imaginaire (maison 3 et Cancer). Ce roi va sûrement avoir tendance à exprimer souvent son point de vue, ce qui est pour lui un rôle aisé (Soleil en 3). Il va peut-être faire rayonner un savoir-faire d'une manière très personnelle (Soleil en 3). Sans doute influencera-t-il beaucoup les gens par sa pensée (idem). Il y a une recherche d'intimité et de cercle dans cette maison (maison Cancer). Peut-être formulera-t-il par écrit l'idée qu'il se fait (maison 3) de l'identité (Cancer) culturelle du royaume qu'il dirige. Peut-être encore encouragera-t-il la préservation (Cancer) de la langue du pays (maison 3). Mais il peut encore dessiner le tracé des chemins de fer (liaisons type maison 3) du pays. Peut-être aussi qu'un frère ou une sœur a eu beaucoup d'influence sur lui également.

Le Roi, dans ce contexte, a un rôle, une motivation et un comportement Cancer : On a là un roi très personnel. Très familial également. Il a la science du clan, et une certaine fierté, sans doute, de ce cercle auquel il appartient, dont il descend et dont il est maintenant le centre, le pivot. Le château qu'il occupe possède une très longue histoire. Les portraits d'ancêtres couvrent les murs et le Roi est fier de sa lignée : Guillaume, troisième du nom. Sa mère a peut-être une grande importance dans sa vie. D'autre part, il est probable que notre Roi se retire régulièrement dans ses appartements pour rêver et imaginer le monde qui s'étend au-delà de son royaume. Un peu enfant, par moments. Maternel avec ses sujets. Peut-être moins avec les étrangers. Il commande comme on le fait en ce lieu depuis quelques siècles, et il lui est difficile de changer ces habitudes. Ce n'est pas forcément un conquérant. La préservation et l'entretien de son royaume est ce qui occupe la plupart de son énergie.

Comme c'était le cas des autres mises en scène, il est bien sûr possible d'imaginer autre chose pour ce Soleil Cancer en maison 3, en tenant compte des symboles. Nous avons là, néanmoins, de quoi nous faire une représentation de cette position, sur laquelle on peut rebondir, grâce au personnage du Héros ou d'autres personnages typiques du Soleil.

ACTE 2
DÉFINIR MON TERRITOIRE

Maintenant que sont passées les trois étapes de la naissance de soi, il va falloir consolider le « résultat » obtenu. En quelque sorte, il va falloir éprouver la résistance de cette identité toute neuve dans le monde. Se différencier des autres identités, par exemple. Se montrer aux autres, et aller dans cette situation jusqu'au bout de son identité. Il y aura des succès, des échecs, des moments où il faudra corriger son expression si elle n'est pas assez fidèle, pas encore au point. Tout cela fait partie du processus de maturation de l'acte 2, que développent les maisons 4, 5 et 6.

Scène 1 : Que suis-je, et de quoi suis-je capable ?

L'expérience de la maison 4

L'expérience précédente a normalement permis de développer un savoir-faire personnel. Si ce savoir-faire a réussi a faire ses preuves, on va pouvoir s'en servir, maintenant, pour se **définir une identité**. Passé l'expérience de la maison 3, l'individu sent qu'il est devenu quelque chose. Que tous les efforts qu'il a faits pour développer son individualité sont en train de porter leurs fruits : son individualité est en train de **s'incarner concrètement**. Elle est délimitée, stabilisée et, normalement, solide : c'est un peu comme s'il savait un peu mieux qui il était. Mais cela va plus loin que cela. On peut dire que l'expérience de la maison 1 est une recherche de contact avec son âme, qui va se poursuivre de plus en plus précisément dans les deux expériences suivantes. Sous cet angle, l'expérience de la maison 4 correspond à la capacité personnelle de sentir, par le biais d'une identité concrète, qu'on a une **âme**, et que c'est cette **réalité qui depuis le début, ne demande qu'à s'exprimer**.

On peut encore formuler tout cela autrement en disant que l'expérience de la maison 4 est l'établissement d'un **sentiment de pouvoir**. Un pouvoir propre à soi, **personnel**. Pouvoir dans le sens de **capacité à faire et à incarner**, capacité à exister, à infléchir le monde suivant ce que l'on est. En fait la maison 4 parle de **délimitation de son territoire**. On établit sa personnalité sur tous les plans : on se reconnaît un pouvoir, on fonde une famille, construit une maison, un « chez-soi », et on s'approprie ses **racines** (familiales, culturelles...). D'une certaine manière, on construit son embarcation pour le long voyage qui vient : la traversée du monde. On s'assure qu'on a tout ce qu'il faut pour être en **sécurité** : sécurité identitaire, affective, familiale. On bâtit son **centre** et son port d'attache, physiques et psychologiques, avec la volonté de faire exister un lieu où l'on se sent chez soi.

Notes pour l'interprétation

La question que pose la maison 4 est que nous naissons tous, au départ, avec un certain port d'attache. Le tout premier, justement, qui est celui de la **famille**, de la **région** et du **pays où nous sommes nés**. Ce port nous apporte la plupart du temps beaucoup de choses qui sont essentielles à l'équilibre. Un nom, une sécurité affective, une identité, **une racine**, une **histoire**, une **généalogie**. Mais il est vrai qu'on peut ne jamais utiliser cette **identité collective** d'une manière individuelle. On peut rester fils ou fille de la famille ou de la région. Plutôt que de l'utiliser comme une base plus ou moins solide sur laquelle construire une **appartenance à soi-même**, on peut longtemps l'intégrer comme l'élément principal de la distinction de sa propre identité. On pourrait appeler cela une sorte de « dépendance identitaire ». On peut ainsi finir par se référer à cette base pour tout. Dans ce cas c'est cette base qui définira nos capacités, notre besoin de sécurité affective, notre pouvoir etc. Dans le cas inverse, l'expérience de la maison 4 consiste à prendre ses distances avec cette base (ce n'est pas tant une question de présence physique que psychologique), c'est-à-dire reconnaître le fait qu'elle est d'abord un **modèle de l'ancrage nécessaire à chacun**, qu'on pourra ensuite développer soi-même à sa manière, tout en gardant des liens forts (mais non dépendants) avec cette base de départ.

D'autre part, même si c'est là un sujet quelque peu controversé, on pourra étudier dans quelle mesure ce qui a lieu en maison 4 n'est pas la répétition de quelque chose qui été légué par le Père de l'individu et son vécu.

Propositions de mise en scène

D'après ce qui vient d'être dit, on peut imaginer un personnage dans une famille, ou qui fonde une famille. Il faudra alors l'imaginer soit enfant, soit parent. Le genre de famille et de rapports familiaux va beaucoup changer d'une planète à l'autre. On peut aussi imaginer quelqu'un qui est à la recherche de son pouvoir. Quel genre de pouvoir personnel? Comme il s'agit de bâtir son «intérieur», on peut encore imaginer quelqu'un chez lui, dans sa maison, son appartement. Quels rapports a-t-il avec son intérieur?

Exemple de mise en scène

Lune en Balance en maison 4 Balance du thème D

—Personnages pour la Lune

Un Enfant, une Mère, une Muse. Prenons l'Enfant.

—Expérience de la maison

La maison 4 est le lieu de fondation de sa famille extérieure ou intérieure. La recherche d'assise d'un pouvoir également.

—Décor et approche de la maison: Balance

Création de rapports humains. Se respecter et s'aimer mutuellement. Établir une harmonie. Qu'il y ait une justice.

L'Enfant évolue dans une maison 4 décorée et approchée façon Balance: On peut mettre cet enfant dans sa famille. Le décor familial est Balance: c'est beau, c'est harmonieux, on y voit beaucoup de gens, en tout cas il y a une volonté de cela. Ceci étant, peut-être que beaucoup de choses ne sont pas dites, et que les convenances vont bon train. Il y a en effet une tradition (maison 4) faite de principes « d'éducation », qui sans doute portent sur les relations et sur la culture. Mais c'est une famille d'accueil, ouverte aux autres. L'enfant-lune, dans ce cas, « absorbe tout ». Il est très attaché à une idée harmonieuse de la famille et de la maison familiale (maison 4 Balance). On peut même dire qu'il en a besoin. Sa chambre est d'ailleurs bien aménagée, les choses assorties entre elles, il y a un souci d'esthétique indéniable. Ce n'est pas forcément une famille affective: plus « gentille », « attentionnée » et respectueuse des gens, que chaleureuse. Mais il y a là un pouvoir lunaire en formation: pouvoir sensible, pouvoir « maternant » ?

L'Enfant, dans ce contexte, a un rôle, une motivation et un comportement Balance: Voilà un enfant bien sympathique et conciliant. Il aime les gens et va vers eux. Il ne supporte pas la discorde. C'est lui qui apaise les disputes entre ses copains, entre ses parents... Il cherche l'équilibre en toute chose. Il a beaucoup d'amis. Il a besoin de calme, d'esthétique. Il ne se sent pas en sécurité dans un environnement laid. Il pèse beaucoup le pour et le contre. C'est un enfant plutôt objectif en toutes situations. Bien sage, semble-t-il. On pourrait presque dire modèle. Il a fait de la danse et du piano. Il a suivi la méthode rose. Il utilise les bons mots pour chaque chose. Difficilement grossier. Aime bien les « panoplies », les habits qui font le moine. Ce sera peut-être un futur représentant-type du milieu familial. Il reproduit, plus exactement il imite (Balance), les modèles transmis. Découvrir ce qu'il est au milieu de cela va être son initiation. Réussir à faire sortir, puis à harmoniser ses « pulsions » personnelles avec les principes établis de la famille. Comprendre que son art est de pouvoir entrer en conflit sans vraiment heurter, parce qu'il sait accommoder entre elles toutes les sphères intimes (Lune Balance).

On pourra d'autre part lui demander beaucoup de choses: il sera là. Un peu trop même. Jusqu'à s'oublier un peu. Entre lui et les autres, c'est toujours un choix cornélien. Quand on lui demande ce qu'il veut faire plus tard, il répond peut-être juge, ou artiste, ou décorateur ou organisateur de réceptions.

Si notre enfant avait été une Mère, on aurait dû imaginer une Mère diplomate, quelque peu classique (le verre à vin blanc à droite de celui à vin rouge, si on est en milieu bourgeois, mais cela fonctionne avec les principes de tout milieu). Pas toujours très sincère, tellement elle est préoccupée d'harmoniser et a horreur du conflit. Plus réaliste, gestionnaire des relations ou attentionnée, encore une fois, qu'affective. Peut-être aura-t-elle un petit côté artiste. Le culte de la famille parfaite, en tout cas. Quant à la Muse, elle peut être assez classique (Beaux-Arts), en tout cas très « harmonieuse ».

Scène 2 : Montrer ce que je suis

L'expérience de la maison 5

Maintenant que l'on a établi ce que l'on est, son « foyer » intérieur et extérieur, ainsi qu'un sentiment de pouvoir personnel, il va falloir le montrer. L'expérience de la maison 4 était plutôt intime. Celle de la maison 5 l'est moins, puisqu'il s'agit, justement, **d'exprimer à l'extérieur ce monde personnel**. En maison 5, il faut prendre des **risques**. Dire ce que l'on est. Même si l'on doit pour cela aller au-devant de critiques, de railleries ou peut-être traverser un sentiment de ridicule. C'est une sorte d'épreuve du feu. Celle de l'acteur qui entre sur scène, en imaginant qu'il joue son propre rôle et que tout le monde le sait. Le but est de s'exprimer **en toute authenticité**. Il s'agit littéralement de **projeter sur le monde ce que l'on est**. C'est pour cela qu'on dit que la maison 5 est l'expérience de la **création** : projection d'une émotion à l'extérieur. En maison 5 il ne faudrait pas hésiter à façonner le monde comme on le souhaite. On comprend que la **projection amoureuse** appartient aussi à cette expérience : on trouve quelqu'un qui est un bon écran de projection de sa propre nature, démarche inévitable et nécessaire à toute rencontre sentimentale, sans laquelle l'émotion ne sortirait pas. La **procréation** appartient aussi à la maison 5 : faire exister à l'extérieur une partie de soi-même. Finalement, la maison 5 est **l'expérience où l'on « montre son enfant »** : enfant vivant, « bébé » sous forme de création quelconque, ou enfant intérieur. Pour cette dernière raison l'activité de **jeu** appartient aussi à la maison 5.

Notes pour l'interprétation

Puisqu'il s'agit de «montrer son enfant» en maison 5, on est invariablement ramené à ce qu'on a pensé de cette activité dans la famille. La maison 5, dans l'enfance d'un individu, correspond entre autres au stade où l'on dit parfois de l'enfant «qu'il fait son intéressant» (il est possible, bien sûr, de remonter à des stades antérieurs de l'expression créative). On peut étudier le stade où en effet, l'enfant cherche à se faire remarquer, en raison de motivations existentielles, et fait pour cela le pitre, ou bien se déguise, fait du théâtre, dessine, écrit etc. Comment a réagi la famille à ce moment-là? Qu'a-t-on pensé de cette attitude? La phrase «il fait son intéressant» est déjà, en soi, une phrase assez dure. Il en existe de plus encourageantes. Tout dépend donc du point de vue sur le monde de l'enfance dans la famille. **Comment a-t-on été considéré en tant qu'enfant?** est une question que pose la maison 5. Une grande part de la **facilité d'expression personnelle** d'un adulte est attachée à cette situation d'enfance. La façon dont un individu situe «son enfant» entre les deux pôles suivants: **royaume du vrai, de l'authentique/stade de l'immaturité émotionnelle**, en dit souvent long sur sa plus ou moins grande facilité à faire l'expérience de la maison 5.

Propositions de mise en scène

Il y a plusieurs situations possibles. Quelqu'un tombe amoureux par exemple. La façon dont cela va se dérouler va varier suivant la présence d'une planète ou pas. Ou bien quelqu'un en train de créer. Comment crée-t-il? Quelle attitude a-t-il vis-à-vis de ses créations? Ou encore quelqu'un qui a des enfants. Quelle attitude a-t-il envers eux? Comment joue-t-il? On peut encore l'imaginer acteur. Quel est son style de jeu, dans quel genre de scène excelle-t-il? Etc.

Exemple de mise en scène

Saturne en Lion en maison 5 Lion du thème A

—Personnages pour Saturne

Un Maître, un Gardien, un Père. Prenons le Maître.

—Expérience de la maison

La maison 5 est le lieu de l'expression personnelle, des créations, des jeux etc.

—Décor et approche de la maison : Lion

Être le centre des choses, la source de ce qui vit. Être reconnu, aimé. Laisser quelque chose de soi, des autres. Projeter son émotion de vivre et d'être soi dans des créations. Donner vie.

Le maître évolue dans une maison 5 décorée et approchée façon Lion : Indéniablement, on crée dans cette maison. Le signe et la maison se correspondent. Imaginons donc un atelier de création. Mais Saturne l'occupe. Donc si l'on crée, ce sera quelque chose de saturnien, de maîtrisé et de structuré. Mettons donc un atelier d'architecture (Saturne). Le maître passe son temps à dessiner des plans. Il donne vie et bâtit des rêves personnels (Lion). Il lui a fallu du temps pour arriver jusque-là (Saturne est lent). Il a dû se discipliner, puis assumer sa propre façon de concevoir l'architecture. Il a peut-être eu des maîtres. Et pour bien faire, il faudrait imaginer deux types de maîtres : un qui « freine » et un qui « pousse » ; les deux l'ont structuré, mais de différentes manières. Peut-être que le maître qui freine n'existait pas physiquement, mais était représenté par une tradition de grands architectes. Lui qui ne concevait pas la démarche architecturale de la même manière, peut-être a-t-il eu à en découdre, extérieurement et intérieurement, lors de comparaisons. Peut-être a-t-il été jusqu'à se plier à ces règles, ou même, s'interdire de montrer ses plans, tant il lui semblait ne pas être suffisamment brillant. Quant au maître qui pousse, on peut imaginer un promoteur qui a finalement cru en lui.

Le Maître, dans ce contexte, a un rôle, une motivation et un comportement Lion : On peut imaginer qu'il y a toujours eu chez ce futur maître architecte une certaine tendance à concevoir des édifices voyants (avec sa signature bien en vue), des bâtiments assez royaux, des palais. Peut-être même ne cherche-t-il à construire que pour les « rois » du moment. On peut aussi imaginer que son architecture est simple, franche et lumineuse, autre façon de se poser en roi, en centre.

Une petite précision : il y a ici une redondance entre le signe de Saturne et l'expérience de la maison. C'est l'occasion de bien distinguer les deux plans : Saturne en Lion représente une capacité à maîtriser l'expression de soi et de ses émotions. Canaliser ces émotions et cette créativité dans quelque chose de concret pour le meilleur, bloquer cette expression pour le «pire». C'est assez proche de l'idée de Saturne en maison 5. Sauf que Saturne en maison 5 parle d'une certaine maîtrise ou d'un blocage dans l'exercice concret de l'expression. Saturne en Lion discipline la créativité, Saturne en maison 5 discipline l'acte et le produit réels de la création (c'est toute la différence entre une maison et le signe qui lui est associé). Dans le cas de notre architecte, Saturne en Lion a dû canaliser, maîtriser sa force créative et projective dans quelque chose d'extrêmement organisé et de moins extravagant que ce que le Lion seul aurait tendance à faire: ses projets architecturaux sont probablement très simples, sobres, un brin graves. Saturne en 5, sur un autre plan, va faire que dans l'expérience de conception, notre architecte réalise peut-être un croquis par mois. Parce que chaque idée doit être assurée (Saturne), et parce qu'il a peut-être peur de ce qu'il va montrer. D'autre part, ses projets vont probablement prévoir de profondes fondations et être très pratiques, très logiques.

Scène 3: Correction du tir

L'expérience de la maison 6

En maison 5, si tout s'est bien passé, on a dit, fait, projeté et créé ce qu'on voulait. Il arrive cependant que la vie offre quelques résistances. Des **réglages** sont nécessaires. On voulait exprimer ceci de soi, et, par exemple, les gens n'ont pas compris. Cela peut être frustrant si l'on en conclut que les gens n'ont pas apprécié. Ça l'est moins si l'on analyse un peu la situation. Pour faire comprendre ce qu'on voulait, il fallait peut-être dire la chose autrement. L'environnement extérieur présente des contraintes inévitables. On peut les nier, mais alors les risques de déceptions augmentent. C'est un exercice important que de **saisir la nature de ces contraintes pour mieux les gérer**, car derrière cela, c'est d'une réelle intégration à la réalité du monde dont il s'agit en maison 6. Au-delà d'un certain stade, on ne peut plus façonner le monde selon nos désirs. Le monde a ses lois. En maison 6, c'est une **joie de s'en accommoder, ou bien c'est une crise constante** dans laquelle vous met la réalité. Dans la suite des expériences, c'est en quelque sorte la première gifle que reçoit l'ego. Pas pour le détruire, bien entendu, puisqu'il doit garder sa fonction structurante. Simplement pour l'assouplir.

L'ego pousse parfois un individu à sortir de sa « vérité » de vie, allant par moments jusqu'à s'ignorer, les ambitions de cet ego étant motivées par d'autres buts. Alors, par exemple, il tombe malade. Une petite grippe ou plus qui le cloue au lit, précisément au moment crucial du plan échafaudé par l'ego. En général, on ne comprend pas. On peste. Il y avait tel ou tel rendez-vous, telle ou telle chose très importante à faire. On ne peut pas : il faut se soigner d'abord. Au lit, on va avoir le temps de réfléchir. Se modérer, prendre un peu de distance. **Revenir à des choses plus justes, à notre mesure.** Son **corps** par exemple. Ce n'est pas une machine inusable, il faut s'en souvenir. Et peut-être va-t-on aller jusqu'à réviser ses objectifs.

C'est ainsi qu'on peut aller, en maison 6, faire l'expérience de l'état de **disciple, ou de serviteur, ou bien de gestionnaire de réalités quotidiennes, ou encore de correcteur-technicien.** Pour ces raisons, on met en maison 6 un certain nombre d'expériences liées à l'idée de **contrainte et de perfectionnement.** La situation **d'apprenti** en fait partie, quelle que soit la matière. Cela étant, il arrive, en 6, qu'on cherche une sorte de « maître » auprès de qui apprendre et s'améliorer.

Le **travail gagne-pain** appartient à la 6, pas tant dans la vocation qu'il représente pour l'individu, mais plutôt en ce qu'il représente l'acceptation d'une réalité « contraignante » : il faut bien gagner son pain.

Par extension, on attribue souvent à la maison 6 les **travaux d'utilité ou de service public** : ils constituent un dévouement volontaire à la collectivité plutôt qu'à des bénéfices personnels (ce qui n'empêche pas d'en avoir quand même, bien entendu).

Les **vocations médicales ou thérapeutiques** en général peuvent être situées en maison 6 pour la même raison que le service public.

Les **petits embêtements de santé** également, en ce qu'ils proposent un apprentissage de l'humilité (une partie de la compréhension de ses propres somatisations serait également à « ranger » en maison 6).

Notes pour l'interprétation

Je pense qu'il est intéressant de considérer l'expérience de la maison 6 comme une préparation à la relation, puisqu'en somme, intégrer la contrainte, c'est se préparer à l'Autre. Non pas que l'autre soit contraignant par nature, mais plutôt parce qu'il va inévitablement interférer dans notre univers jusqu'à la constitution d'un nouvel univers fait du nôtre et du sien. C'est pourquoi, sur un plan théorique, on ne peut d'ailleurs pas véritablement parler de *relation* pour la maison 5 : on est encore bien trop préoccupé de se construire et de projeter un moi au sommet de sa première formation. On ne voit pas vraiment l'autre en maison 5 : on lui prête des sentiments et une identité. C'est un début nécessaire. Par la suite, il faut bien toute l'expérience de la maison 6 pour pouvoir accommoder ce qui n'a été jusqu'à présent qu'un monde personnel, avec celui de l'autre. Il est possible de désirer partir en vacances avec notre amoureux(se). Si lui ou elle ne veut pas, la maison 5 nous laisse le choix entre trépigner de colère sur place, ou encore penser que cet amour s'achève. Ce genre d'impossibilités, typiques de la maison 6, peut ainsi paraître frustrant. Seulement, si l'on regarde ce qui se joue, peut-être comprendra-t-on que cette impossibilité de partir (c'est-à-dire la contradiction de notre scénario amoureux) n'a pas grand-chose à voir avec la relation qui s'est créée.

Cet apprentissage qui consiste à délester un peu notre monde personnel peut être pour certains une fantastique découverte. C'est Alexandre Ruperti, je crois, qui a remarqué que statistiquement, un nombre important de mariages s'effectuaient tandis que l'un ou l'autre des conjoints expérimentait une progression ou un transit en maison 6 : ce seront des relations fondées sur un apprentissage de l'accommodation à l'univers de l'autre. C'est alors un contexte relationnel bien différent de celui de la maison 5, et assez différent également de celui de la maison 7, comme nous allons le voir.

Propositions de mise en scène

Il y a beaucoup de scènes possibles pour la maison 6. On peut prendre un personnage dans son travail quotidien. « Au bureau », par exemple. Comment il se comporte avec ses collègues, et face aux impératifs « contraignants » de son travail. On peut le prendre dans des tâches ménagères. On peut encore l'imaginer en crise. Le sujet de la crise et le comportement de l'individu nous seront entre autres donnés par la planète présente (le signe de la maison nous renseignera aussi). On peut encore prendre un personnage qui rend service aux autres. Quel genre de service va-t-il chercher à apporter ? Éventuellement, la planète qui se trouve en 6 ainsi que le signe de la maison peuvent nous donner la localisation des petits embêtement de santé réguliers, ou si l'on préfère, un lieu de somatisation.

Mercure en Cancer en maison 6 Cancer du thème B

—Personnages pour Mercure
Un Étudiant, un Analyste. Prenons l'Analyste.

—Expérience de la maison
Amélioration, crise de «réglage», maîtrise technique, service, travail.

—Décor et approche de la maison : Cancer
Intime, sensible, «petit cadre familial», tradition, passé, et histoire, nécessité d'appartenance, formation de l'ego.

L'Analyste évolue dans une maison 6 «décorée» et approchée façon Cancer : On sait que Mercure pense, analyse, conçoit. Voyons dans quel contexte. Pour la maison 6 Cancer, imaginons un petit laboratoire d'analyses (Mercure) biologiques, indépendant (Cancer), mais principalement lié à un grand hôpital, qui lui demande quantité d'analyses pour ses malades. Ce laboratoire a une spécialité (maison 6) unique (Cancer) : pour chaque analyse individuelle, il étudie en même temps toute la généalogie de la famille, à la recherche de phénomènes héréditaires (Cancer). Chaque analyse est ultra-confidentielle (Cancer), très respectueuse et concernée par la personne (Cancer). L'analyste y travaille dans une petite équipe, dans laquelle il a sa place. C'est une petite famille, les gens y sont presque intimes. Il se peut que ce soit le laboratoire de Maman ou une affaire de famille (approche Cancer). C'est lui qui formule le résultat des recherches, il rédige les rapports d'analyse.

—Art, motivation et comportement de l'Analyste : Cancer
L'analyste, dans ce contexte, a un rôle, une motivation et un comportement Cancer. C'est lui qui a proposé l'idée de mener des recherches généalogiques. Il est très fier de son idée (Cancer) : depuis qu'il est enfant, il est fasciné par le passé, et il adore l'idée d'une continuité, de pouvoir relier le présent à ce qui a eu lieu il y a longtemps. On lui reproche, parfois, de ne pas être suffisamment scientifique, trop subjectif (Cancer). Il faut dire qu'il a tellement d'imagination (Cancer) qu'au début, il faisait de ces recherches de véritables romans. En fait,

le contenu de ses analyses dépend beaucoup de son humeur intérieure (Cancer). Il est cependant très dépendant des directives que lui donne sa mère. Quand ses collègues lui ont suggéré de créer lui-même son propre laboratoire, il a eu des douleurs d'estomac épouvantables (Cancer).

ACTE 3
ME MÊLER AU MONDE

L'acte 3 est l'ouverture d'une nouvelle grande « aventure ». Non seulement parce qu'il s'agit de l'ouverture d'un nouvel acte en trois scènes, mais aussi parce qu'il marque la fin du développement centré sur soi auquel faisaient référence les actes 1 et 2. C'est l'entrée dans l'hémisphère Sud du thème. Théoriquement, à partir de l'acte 3, on n'est plus « seul ». On fait son entrée dans le monde, dans un esprit de collaboration. Il va maintenant s'agir d'apporter ce que l'on est aux autres, à la société. Cela ne veut pas dire que le développement personnel s'achève. On continue à se « développer », mais dans un autre aspect de l'œuvre personnelle : sa continuité dans l'échange et la participation à celles des autres. C'est une sphère de vie beaucoup moins contrôlable que celles des scènes précédentes. L'enjeu principal de l'acte 3 sera donc d'accepter cette diminution de contrôle.

Scène 1 : Me lier aux autres

L'expérience de la maison 7

La maison 6 nous a pour ainsi dire « préparée » à la relation, en nous apprenant à accepter les limites de notre sphère personnelle. Théoriquement, en maison 7, nous sommes prêts. La vie ne s'envisage plus seul en maison 7, c'est la fin de la longue « histoire intérieure solitaire » des six scènes précédentes. Il va s'agir d'**aller vers les autres.**

C'est un peu comme revenir d'un long voyage avec plein de cadeaux et tant de choses à raconter et à échanger. La maison 7 est l'expérience où l'on prend profondément conscience que l'on a des semblables qui viennent tous, comme soi, d'une « solitude » de l'hémisphère Nord, et qui, eux aussi, cherchent à échanger et à se lier. On va donc se lancer dans l'expérience de ce lien. Pour **s'unir**, on va inventer des **représentations sociales de ce lien : associations, contrats « d'affaires », mariages** etc. Sur un plan symbolique, en maison 7, on cherche à se « marier » aux autres, ceux-ci étant considérés comme des égaux dans l'impact que leurs comportements auront sur sa propre vie. Il faut maintenant vivre le fait de **ne plus être entièrement aux commandes de sa vie.** Tout le test de la maison 7 est là : pourra-t-on tolérer de ne pas construire une relation dans le cadre d'un « plan » personnel ? Acceptera-t-on que cette relation emmène notre vie « quelque part », sans qu'on puisse tout à fait savoir où par avance ? Pour ceux qui tiennent beaucoup au « cap » de leur vie, c'est une grande **confiance donnée à l'autre** : c'est cet exercice de confiance auquel la relation de la maison 7 fait référence. Plus exactement c'est l'exercice de trouver un **équilibre entre « se laisser mener » par les autres et vouloir orienter la relation à ses fins.** Cet exercice, en 7, concerne **toutes les relations humaines : sentimentales, amicales, contractuelles, et, au bout du compte toute la relation d'un individu au monde.** Comment entre-t-il sur la scène sociale ? Veut-il « contrôler » l'impact du monde, des autres sur lui-même, ou n'évolue-t-il qu'en fonction des autres ? Face au monde, c'est encore une question d'équilibre. Dans le thème, tout comme l'impulsion prise en maison 1 conditionnait l'approche des expériences suivantes, **l'attitude relationnelle en maison 7 conditionne toutes les scènes « sociales » à venir.**

Notes pour l'interprétation

Toute planète en maison 7 est naturellement portée vers la relation, ou ne « voit » qu'en termes relationnels. Cependant, on peut méditer sur la force du conditionnement éventuellement présent en maison 7. Comme nous l'avons déjà vu au sujet des autres maisons, nous naissons tous dans un contexte qui a déjà ses modèles appliqués symboliquement à toutes les expériences du thème. Ceci, au passage, permet de saisir sous un autre angle la présence de planètes dans certaines maisons : c'est dans ces expériences que la personne va aller à l'encontre de son individualité, et c'est là aussi, forcément, qu'elle aura une sensibilité particulière aux conditionnements de son milieu de naissance. L'un ne va pas sans l'autre : tout travail d'individualisation est un travail sur son conditionnement de départ. La présence de planètes en maison 7 indique parfois un conditionnement à confronter à notre façon de nous lier aux autres (la nature de ce conditionnement pourra être approchée par le signe de la maison 7 et la planète présente). Avec beaucoup de planètes en 7, on peut, par exemple, être conditionné à « être » ceci ou cela dans le monde, cela parce que quelques-uns, dans la famille, sont « cela » ou bien ont rêvé de l'être. Ce peut être un personnage. Ce peut être une forme de liaison sentimentale. De la conscience de ces scénarios transmis dépendent toutes les expériences suivantes.

Propositions de mise en scène

On peut imaginer un mariage, le montage d'une association, la signature d'un contrat, une scène où deux personnes se rencontrent, en particulier dans le cadre d'une histoire sentimentale. Si on veut une scène plus psychologique, on peut en prendre une où l'un demande à l'autre de se lier : une demande en mariage par exemple : comment l'autre réagit ? etc.

Exemple de mise en scène

Lune Capricorne en maison 7 Capricorne du thème C

—Personnages pour la Lune
Un Enfant, une Mère, une Muse. Prenons la Mère.

—Expérience de la maison
L'association et la relation avec l'autre, les autres, le monde.

—Décor et approche de la maison : Capricorne
Implication sociale, responsabilité, direction, réalisation, intégrité, loi intérieure et extérieure, corps social, système.

La Mère évolue dans une maison 7 décorée et approchée façon Capricorne: On sait que la Lune exprime la sensibilité, et nourrit.

Voyons le contexte. Pour la maison 7 Capricorne, imaginons un cabinet de recrutement. C'est un cabinet très intégré au système économique, dont l'objectif est de mettre en contact candidats et entreprises dans le meilleur rapport possible (maison 7). C'est un vieux cabinet, sérieux et reconnu (Capricorne), assis sur une longue expérience du marché du travail. Il a également une activité d'intervention dans les entreprises. Il va jusqu'à signer des contrats de restructuration de services entiers (Capricorne). Il a aussi œuvré dans le monde politique. C'est un cabinet auquel beaucoup font confiance, car on le sait honnête et intègre (Capricorne). Pour le moindre problème de personnel, il s'occupe de tout, il prend tout en charge (Capricorne). La «maman» lunaire, là-dedans, a développé une petite cellule (Lune) spécialisée: une activité dite de *out placement*, c'est-à-dire qu'elle s'occupe de cadres en plein cœur de carrière qui viennent d'être licenciés, et qui, vu leur longue expérience ou leur âge, sont moins facilement embauchables. Elle est aux petits soins pour eux (Lune). D'abord elle est au courant de toutes les opportunités du marché (Lune en 7, et Capricorne...), et elle nourrit ses clients de cela. Elle les protège aussi des mauvaises propositions. Elle les écoute beaucoup. À vrai dire, c'est pour ces gens un tel choc d'être licenciés, que le travail de cette Lune dépasse le strict cadre du «business»: c'est un peu psychologique, un peu maternant. Tout cela est également un besoin pour elle: il faut qu'elle rencontre des gens, fasse un bout de chemin avec eux. Être sans cesse en relation, en situation de dialogue, est vital pour elle (Lune en 7), c'est pour cela qu'elle a choisi ce métier. Si jamais on organise quelque chose et qu'elle n'est pas prévenue, elle est furieuse.

—Art, motivation et comportement de cette mère: Capricorne

La Mère, dans ce contexte, a un rôle, une motivation et un comportement Capricorne. C'est peut-être un peu moins «nounou» que ce qu'on pouvait imaginer. La mère Capricorne est la mère qui a les reins solides. Elle prend en charge, presque comme un père. Elle est peut-être un peu sévère, en tout cas sans illusions, parfois un peu cynique, très en contact avec les réalités. Elle ne se raconte pas d'histoires: on ne se cache pas, il faut tout assumer. Il y a une tendance au matriarcat, la mère autoritaire: «ne fais pas ceci, mange cela, prends sur toi, et dors maintenant» etc. Ce serait volontiers une mère supérieure de couvent. On ne peut pas dire d'ailleurs qu'elle soit d'une gaieté vestimentaire affolante: des tailleurs bleu marine, ou noirs, et chemises blanches: pratiques et de mise dans le milieu. Son problème est qu'elle contrôle un peu trop tout. Si un candidat n'en fait qu'à sa tête, elle peut devenir très tranchante : c'est elle qui est aux commandes ou alors au revoir. Ses candidats sont presque comme ses enfants : c'est un drame lorsqu'ils s'en vont là où elle ne peut plus les suivre. Peut-être parfois manque-t-elle aussi de tact et de considération sensible, toute Lune qu'elle soit : « arrêtez de vous affoler comme ça, reprenez-vous ». Elle la protège tellement, sa sensibilité (hyper-sensibilité de la Lune Capricorne). Elle en a tellement peur (hors-contrôle). Alors qu'il y a en elle une telle avidité d'affection…

Scène 2 : M'abandonner et faire équipe

L'expérience de la maison 8

Comme dans chaque « scène 2 » de tout acte, on va maintenant matérialiser le fruit de l'impulsion donnée à l'angle. En maison 8, il faut considérer que, passé la maison 7, l'individu est lié aux autres par un certain type de relations. En huit, la Relation va pour ainsi dire « agir » sur l'individu. Elle va le **transformer**. Beaucoup de choses ont concrètement changé depuis la maison 5 où l'on était seul à s'exprimer sur une scène. Maintenant, on s'aperçoit que, par exemple, dans l'entreprise où l'on est, on fait partie d'une **équipe**. D'une certaine manière, c'est un **grand partage d'énergie** : tout le monde apporte la force de son travail, cela génère de l'argent, et l'argent est **partagé**. Ceci étant, qu'on le veuille ou non, on est très lié à cette équipe. Si quelqu'un fait une grosse erreur et que l'entreprise doit déposer son bilan, même si l'on n'est pas impliqué, on sera à la rue. C'est ainsi dans toute équipe : **chacun dépend de chacun.** C'est ce à quoi a mené l'expérience de la maison 7 : maintenant on ne peut plus, théoriquement, tirer son épingle du jeu. C'est la même chose dans la relation sentimentale : ce qui est à moi est à toi et inversement. Seulement, est-ce que j'accepte de te donner autant ? On retrouve cette question dans les affaires mobilières, dans les affaires d'argent, dans la nature des sentiments mis en jeu, et jusque dans la sexualité : **jusqu'où, dans cet acte, vais-je te rejoindre ?** Jusqu'où vais-je mourir à moi-même pour renaître en nous ? C'est le grand « test » de l'expérience de la maison 8. En 8, on peut voir naître la « **fusion** » la plus puissante, comme on peut voir apparaître certaines zones un peu « sombres » : si je ne m'implique pas jusqu'au bout, face à toi qui joues le jeu, je vais détenir un **pouvoir.** C'est ce même pouvoir, réel (qui est celui de l'union des forces), dont peuvent vouloir disposer personnellement certains chefs de groupe. Quelle est la finalité de ce pouvoir ? C'est une question que pose la maison 8. Acceptera-t-on de le **redistribuer** ? C'est pour cette raison qu'on situe en huit toutes les affaires de pouvoir, **le monde des « affaires », et la gestion des fruits de toute communauté.**

C'est encore sur la base de ce thème qu'on situe en maison 8 les grandes **crises de transformation psychologiques.** Elles proviennent du même enjeu, mais sont vécues intérieurement. La maison 8 est l'expérience de la mort du premier ego construit « sous l'horizon ». Il arrive en maison 8 qu'on soit confronté au fait de « tout faire mourir » intérieurement. Accepter de tout **perdre**, de ne plus pouvoir s'accrocher à rien, de voir disparaître la plupart de ses repères : expérience terrifiante, mais qui oblige à explorer le **niveau de confiance que l'on a en la vie**, lequel correspond à celui que l'on avait dans toutes les relations construites jusque-là. En général, plus la confiance est forte, moins la crise est sévère. En réalité, on confronte en maison 8 la plus grande des peurs : la **peur de la mort.** Considère-t-on qu'elle fait partie de la vie, c'est-à-dire de soi, ou non ? C'est la question centrale de la maison 8. L'expérience de la maison 8 est celle d'une **mort-renaissance de soi.** La compréhension de ces crises et de leur finalité a ainsi été « rangée » en maison 8, dont, notamment, la **psychologie** ou toute autre démarche de compréhension des transformations individuelles, jusque dans ses plus épais mystères : **ésotérisme, mouvements énergétiques** etc.

Toute personne ayant donc une ou plusieurs planètes en huit est portée à côtoyer ce genre d'expériences.

Notes pour l'interprétation

Une question intéressante au sujet de la maison 8 est celle de l'identification au groupe ou à l'autre. En effet, il y a fusion et fusion. La fusion que représente l'expérience de la maison 8 n'est pas une réelle abdication de soi. C'est au contraire un apport de soi. C'est un mélange de deux entités. Il est donc nécessaire, au préalable, que les deux identités soient construites. Or il arrive qu'on n'aborde pas ainsi l'expérience de la maison 8. Certaines fois, la présence d'une planète dans cette maison donne à l'individu une telle volonté de s'unir qu'il en oublie qu'il reste lui-même un organisme qui ne cesse d'avoir son propre fonctionnement. Alors, en caricaturant un peu, si l'autre organise sa vie autour de la planche à voile, on se met à faire de la planche à voile le centre de sa propre vie. Si il ou elle s'habille en bleu, on met du bleu aussi. Au fil du temps, on se perd. On n'a pas réellement partagé ce qu'on était avec l'autre, parce qu'on n'a pas songé à apporter ce que l'on était. On ne fusionne pas avec l'autre, on vit par lui. C'est une question que l'on retrouve souvent dans les entreprises d'aujourd'hui. Pour ce qui est de l'acte de se joindre à une entreprise collective, il est beau de voir avec quelle rapidité certaines personnes qui viennent d'être embauchées chez « Dupont » sont capables de dire dès le deuxième jour : « nous, chez Dupont ». La question est de savoir, à partir de là, si elles vont véritablement apporter ce qu'elles ont à Dupont, ou bien si elles vont faire ce que celui qu'elles remplacent faisait, dans le même esprit, qui est celui du poste. Il semble que la gestion des Ressources Humaines dans l'entreprise réfléchisse souvent sur cet aspect de la participation de chacun. Dans le cas où l'individu embauché n'apporte pas vraiment ce qu'il est, ce qu'on lui demande d'être va prendre la place. Il devient alors identifié à l'entreprise et à son poste. C'est ainsi que, indépendamment du naturel attachement qu'on peut développer vis-à-vis de son travail, ainsi que des problèmes matériels évidents, le licenciement est pour certains un véritable drame existentiel, puisqu'ils sont brutalement reconfrontés à un « eux-mêmes » qu'ils avaient soigneusement enterré durant de longues années. Il en va de même dans certains couples. C'est d'ailleurs ce genre de situation qui peut engendrer une crise typique de la maison 8.

Propositions de mise en scène

Il est souvent parlant d'imaginer un groupe en maison 8, une équipe quelconque : dans le monde des affaires, dans le sport, dans l'expression artistique. Mais on peut aussi choisir un autre genre de communion : le contact avec la psyché humaine du psychologue ou de l'ésotérique. L'acte sexuel est une autre possibilité. On peut encore prendre une crise de transformation psychologique.

Vénus Verseau en maison 8 Verseau du thème C

—Personnages pour Vénus

Un(e) Amoureux (se), un(e) Artiste. Prenons l'Amoureuse.

—Expérience de la maison

Communion, partage, fusion, crise etc.

—Décor et approche de la maison : Verseau

Conceptuel, mental, abstrait, innovateur social, recherche de liberté, fraternel, excentrique, original, provocateur.

L'amoureuse évolue dans une maison 8 décorée et approchée façon Verseau : Vénus aime, développe des relations et séduit. Voyons le contexte. Le partage, dans la relation sentimentale, convient bien à ce personnage : donnons-lui un aspect Verseau. Voilà un partage amoureux plutôt moderne. Libéré, en avance sur son temps. L'amoureuse veut partager avec son amant un même état d'esprit (Verseau), et le même goût pour la liberté individuelle et l'affranchissement, qui sont comme des valeurs de fond pour elle (Vénus). Il n'est pas forcément nécessaire de vivre sous le même toit, ni de se marier. Même si cela choque certains. Pourquoi, aussi, ne pas avoir plusieurs relations en même temps ? L'amoureuse ne voit pas où est le problème. De plus, on peut même faire l'amour en ne se touchant pas : il suffit de discuter et de communier dans les mêmes grandes idées. Même à distance. L'amoureuse n'a jamais été aussi près de son amant parisien que lorsqu'elle a discuté avec lui au téléphone depuis Tokyo. L'émotion n'est pas ce qu'il y a de plus puissant dans l'échange. C'est même, parfois, un peu dérangeant. C'est le lien mental qui importe. À vrai dire, il est difficile d'établir une vraie séparation entre la fraternité, l'amitié et l'amour. L'amoureuse, en 8 Verseau, donnerait tout à celui qui se trouverait « à la hauteur » de cette conception de la fusion quasi télépathique : « mon cerveau est ton cerveau et inversement », nous avons des esprits siamois.

Art, motivation et comportement de l'Amoureuse : Verseau

L'amoureuse, dans ce contexte, a un rôle, une motivation et un comportement Verseau : c'est une « femme libérée ». Peut-être un peu

«MLF» en son temps, elle entend faire ce qu'elle veut quand elle veut. Elle arrive chez son amant avec son éternel sac à dos, histoire d'être sûre de pouvoir partir dans l'instant, si nécessaire. Elle partage ses idées et son amour avec des gens pour le moins excentriques ou qu'elle considère être en avance sur leur temps. Cependant, en maison 8, l'amoureuse Verseau est confrontée à un paradoxe : fusionner ou être indépendante ? Comment m'impliquer dans une liberté partagée ? Osera-t-elle s'impliquer dans un partage défiant concrètement les «normes de fusion» en vigueur, ou demeurera-t-elle dans une «idée de partage» et une volonté d'indépendance la tenant sans cesse à l'écart d'un véritable abandon de soi ?

Scène 3 : Comprendre la vie

L'expérience de la maison 9

Huit expériences viennent d'être traversées. On y a travaillé sur soi, sur ses aptitudes, sur la confrontation aux contraintes de la réalité, sur sa relation aux autres, sur sa capacité à faire équipe, sur sa peur de la mort. Maintenant, c'est un peu comme si le temps était venu de faire une première **synthèse**. Qu'est-ce que tout ceci nous a appris ? Quel est le sens de tout cela ? Est-ce ce qu'on nomme la vie ? Pourquoi tout cela a-t-il lieu ? Comment cela fonctionne-t-il ? D'où cela vient-il ? La maison 9 est la **recherche de significations, de perspectives**. On veut voir de haut, **généraliser**. On écoute, maintenant, **ceux qui philosophent, qui enseignent**. On comprend pourquoi ils le font : il y a en effet des **leçons** à tirer de tous ces faits de vie. On se met à lire, à étudier. On regroupe les expériences en concepts : les «isme» ou les «ique» vont bon train. Ou alors, sur la base de ce qu'on a vécu, on établit des **certitudes**, ou bien on développe des **croyances**. La maison 9 est une maison de **recherche, d'explication, de transmission des enseignements de génération en génération**. C'est là que naissent les **grands principes moraux, intellectuels**. C'est aussi la maison des «hautes études». Mais il se peut que ce ne soit pas qu'une recherche intellectuelle. L'expérience de la maison 9 peut porter à **voyager pour connaître le monde**. D'une certaine manière, la maison 9 est un appel. Vers les différents pays, les différents peuples, cultures, langues. On veut connaître les facettes du monde, comme on a cherché à étudier certains domaines de la pensée, c'est le même mouvement. Le travers de la maison 9 est d'aller à la recherche d'**une vérité**. L'enjeu est important : donner un sens à la vie, au monde. Et il parfois difficile, pour les occupants de cette maison, d'admettre des points de vue différents du sien.

Même si cela peut paraître redondant avec certaines idées propres à la maison 4, il est aussi question, en 9, de sentiment **d'appartenance sociale**. Pour y expliquer la vie, on conçoit beaucoup de systèmes. Une connaissance comme l'astrologie, par exemple, en est le fruit. C'est ainsi que l'expérience de cette maison mène peu à peu à se concevoir soi-même comme un système. La volonté, typique de la maison 9, de regrouper chaque fois les systèmes dans un plus grand système les comprenant, peut pousser un individu à se demander à quel « système » il appartient. Ainsi, l'idée d'une « **famille de semblables** » (le même genre d'êtres humains) est une idée issue de la maison 9. C'est une chose que l'on entendra formulée par exemple par « quel est le lieu où tout le monde pense la vie comme moi » ? C'est entre autres ce qui peut faire qu'un individu écume les philosophies ou les pays à la recherche d'une « terre d'accueil » qu'il reconnaîtra comme la sienne.

Notes pour l'interprétation

Toute maison, comme nous l'avons vu, contient sa part de passé, ne serait-ce que parce lorsqu'on l'aborde, cette expérience a déjà été abordée par d'autres, et notamment, par le milieu dans lequel nous sommes nés. La maison 9 représente, à ce titre, la philosophie morale et la perspective sur le monde qu'avait ce milieu. Les idéaux politiques font partie de cette maison, et si l'on est né dans une famille d'un certain bord, il n'est pas rare que l'on cherche soi-même à se situer en fonction de ce bord qui, de ce fait, conditionne notre approche des idées. Il est d'autre part souvent question, en maison 9, de classe sociale et de progression sociale. On retrouve dans l'idée de classe la notion d'appartenance dont j'ai parlé plus haut. Mais progresser socialement est une idée propre à cette expérience qui n'est qu'une expression de l'élévation par rapport à un contexte particulier que représente l'exercice de la maison 9. Ainsi, la maison 9 est le lieu d'ambitions sociales assez fortes. Un individu ayant des planètes dans cette maison devra se confronter en conscience à ses ambitions, qui ont en réalité une origine plus collective qu'il n'aura au départ tendance à le penser. La ou les planètes présentes, ainsi que le signe de la maison 9, pourront permettre de qualifier la nature de ces ambitions.

Propositions de mise en scène

Quelqu'un engagé dans une recherche, dans des études. Une université ou un cours quelconque où on le trouvera élève ou enseignant. Un long voyage (lointain) d'exploration, ou encore une quête religieuse. Une idéologie politique. Ou, bien sûr, un individu pris dans les ambitions de son milieu.

Exemple de mise en scène

Uranus Scorpion en maison 9 Scorpion du thème B

—Personnages pour Uranus
Un Inventeur, un Révolutionnaire. Prenons le Révolutionnaire.

—Expérience de la maison
Quête de sens, recherche, voyages, conditionnement du milieu...

—Décor et approche de la maison : Scorpion
Union, réunion, partage émotionnel, dénominateur commun humain, pouvoir du manager etc.

Le Révolutionnaire évolue dans une maison 9 décorée et approchée façon Scorpion : Imaginons que ce révolutionnaire soit un professeur de psychologie (Scorpion). Sa recherche se centre sur ce qui lie les hommes entre eux. Peut-être s'est-il particulièrement intéressé à la sexualité, ou aux rituels de groupe (Scorpion). Il ne fait pas qu'enseigner : il travaille en équipe dans un laboratoire de recherche (maison 9 Scorpion). Dans cette équipe, il y a des débats passionnés, et notre professeur aime cela. Cependant, il fait figure de provocateur. Il récuse la plupart des théories psychologiques actuelles, pour les remplacer par d'autres, très « dérangeantes » pour l'orthodoxie. Il faut dire qu'il ne se courbe devant aucune pensée en particulier : aucune pensée n'est assez « grande » pour être inattaquable. Ses élèves le trouvent véritablement original, mais on utilise ses théories avec parcimonie : il fait parfois un peu peur, car beaucoup de ses pensées utilisent des concepts totalement inconnus ou appartenant à d'autres cultures, qu'on ne saisit pas toujours très bien (la philosophie tantrique par exemple). À cela s'ajoute qu'il raisonne très rapidement, et que l'on n'arrive pas toujours à le suivre. Il saute des étapes, qui lui paraissent évidentes. Ce n'est pas le professeur le plus patient qu'il y ait. À cela s'ajoute encore qu'il est régulièrement menacé de renvoi de l'université à cause de ses provocations.

—Art, motivation et comportement du Révolutionnaire: Scorpion

Le Révolutionnaire, dans ce contexte, a un rôle, une motivation et un comportement Scorpion: Voilà un révolutionnaire plutôt magnétique. On entend les mouches voler dans ses cours: les élèves sont «pris» par ce qu'il raconte. Ils ont l'impression de «vivre» sur le moment la découverte des théories qu'il explique. Même si certains le détestent, il provoque aussi des engouements: il ne laisse jamais indifférent, et c'est toujours des comportements extrêmes qui se révèlent dès qu'il s'agit de lui. En cours, il aime bien «contrôler» son amphithéâtre. Le pouvoir et l'influence qu'il exerce sur certains élèves est notoire.

ACTE 4
MA PLACE ET MA VOCATION DANS CE MONDE

L'acte 4 est un lieu de résultats. On pourrait dire qu'ici, on obtient le fruit des neuf expériences précédentes. C'est une sorte de sommet, d'aboutissement. On s'est développé personnellement, puis on s'est joint aux autres et à la marche du monde, et maintenant, c'est un peu comme si l'on était prêt à donner le fruit de son expérience à la société et aux générations futures. Il y a là comme une passation. Jusque-là, on pouvait croire qu'il existait, là-dehors, une société sans grand rapport avec soi. À partir de l'acte 4, on prend conscience que l'on *est soi-même la société*. On est, au même titre que chacun, responsable de l'état social: on y participe, et on peut l'améliorer, le changer. En quelque sorte, c'est ici que se termine la logique strictement individuelle, même celle qui a continué à se construire parmi les autres. Il est maintenant question d'un don de soi à l'œuvre du monde: on s'investit dans la société.

Scène 1 : Ma place sur la scène sociale

L'expérience de la maison 10

Il s'agit ici d'un aboutissement de soi. Un peu comme une **réalisation finale de soi-même.** « Arrivé » en 10, on se réalise. Toute cette histoire que l'on vit depuis le début trouve ici son accomplissement, son épanouissement majeur. Comme si l'on était au fait de sa puissance et que l'on découvrait en même temps que cette puissance personnelle peut **œuvrer dans la société.** On se découvre **acteur social à part entière.** On pourrait même être en vue. En tout cas, des notions de réalisation sociale apparaissent : **carrière, réussite, vocation, contribution, « faire autorité », être responsable de** etc. On veut exister dans la société, **être reconnu** par elle pour quelque chose, être assuré d'une **utilité** de sa personne. L'expérience de la maison 10 va même plus loin. Dans cet aboutissement, ce n'est pas uniquement une place sur la scène sociale qu'on obtient, c'est le sentiment d'une place et d'une **responsabilité** dans l'ensemble de ce qui vit. En 10, on trouve aussi sa **place dans l'univers,** c'est-à-dire ce à quoi, depuis le début, on était destiné. Mais sans souffrir de cette limite. La maison 10 est un aboutissement, pas une limitation, c'est la joie de sentir que sa vie est **définie.** On comprend que l'idée de « **destin** » soit fortement liée à la maison 10. Souvent, les individus qui ont une ou plusieurs planètes en maison 10 disent avoir eu très tôt le sentiment qu'ils avaient une destinée à accomplir, une place à trouver et à prendre.

Tout dépend, justement, de l'acceptation de cette limite. C'est la question fondamentale de la maison 10. Va-t-on vivre cela comme une limitation ? Auquel cas, la soif de place n'a pas de fin, ni de fond. On veut occuper une place toujours plus grande, déconnectée de ce que l'on est intérieurement. C'est alors la **course à l'ambition, au pouvoir, au succès,** qui ne satisfont jamais assez pour s'arrêter et poser là sa réalisation personnelle. C'est le risque de l'expérience de la maison 10 de ne pas vouloir quitter l'idée de ***devenir***.

Notes pour l'interprétation

C'est un débat parmi les astrologues, mais je considère personnellement que la maison 10 est liée à une transmission de vécu en provenance de la mère, ou ce qui a fait office de mère. Si ce n'est pas une certitude, l'approche expérimentale de cette hypothèse peut permettre d'aboutir à des conclusions souvent pertinentes. Le conditionnement propre à la maison 10 peut donc être représenté par un vécu qu'a eu la mère de la maison 10. Un individu peut avoir tendance à aborder ce domaine d'une manière qui s'apparente au scénario de la mère. Il se peut que ce scénario ait été réellement vécu, ou simplement désiré, et confié par la suite à l'enfant. Si une ou plusieurs planètes sont présentes en maison 10, il n'est pas rare que l'on retrouve des caractéristiques du vécu sur la scène sociale de la mère à travers ces planètes. Une réappropriation de la motivation de ces planètes est donc nécessaire de la part de l'individu.

Propositions de mise en scène

Prendre le contexte d'une activité professionnelle est assez pratique pour la maison 10. Mais ce n'est qu'une image car elle illustre surtout une éventuelle vocation, qui n'est pas toujours liée à la profession (c'est une chance lorsque c'est le cas). Mais, avec la planète présente, on peut mettre en scène quelqu'un qui intervient sur la scène sociale, en tant qu'acteur « impliqué et responsable ».

Exemple de mise en scène

Lune Verseau en maison 10 Capricorne du thème A

—Personnages pour la Lune

Un Enfant, une Mère, une Muse. Prenons la Muse inspiratrice.

—Expérience de la maison

Recherche de la vocation sociale, contribution à la marche de la société.

—Décor et approche de la maison : Capricorne

Responsabilité et investissement social, intégrité, autorité, institutions etc.

La Muse inspiratrice évolue dans une maison 10 décorée et approchée façon Capricorne : Imaginons que nous soyons dans un parti politique conservateur (Capricorne). C'est un ancien parti, avec une longue histoire, une tradition, au sein duquel on découvre une muse : elle n'est peut-être pas secrétaire du parti, mais c'est elle qui inspire la plupart des programmes. Elle ne formule pas vraiment d'idées précises, pas plus qu'elle ne propose de choses concrètes. Seulement, par son comportement quotidien, son humeur du jour, elle *donne* des idées. Du coup, elle est entièrement intégrée au processus de réflexion du parti, et est même considérée comme la porteuse de l'esprit de ce groupe.

La Muse inspiratrice, dans ce contexte, a un rôle, une motivation et un comportement Verseau : La Lune inspire certes dans un contexte Capricorne, mais disons qu'elle secoue régulièrement la poussière. C'est elle déjà qui, en 1970, ayant invité les principaux membres du parti dans sa maison au cœur des Cévennes, avait inspiré des méditations sur l'écologie dont le fruit a vu le jour dix ans plus tard. C'est elle aussi qui, par sa passion pour les sciences, a fait que l'on a songé à proposer d'importants budgets pour la recherche. C'est encore le cas pour le soutien qu'apporte le parti aux initiatives humanitaires. Cette femme est une muse futuriste.

Scène 2 : Pallier les problèmes de société et projeter un futur social

L'expérience de la maison 11

Idéalement, on considère que l'individu, en maison 10, a atteint sa réalisation personnelle. En quelque sorte, il a eu ce qu'il voulait. Le voilà maintenant disposé à apporter son énergie à la société d'une manière plus **désintéressée**. En maison 11, on imagine plusieurs individus, venant tous d'un accomplissement personnel achevé, se réunissant pour se demander : que pourrions-nous faire, maintenant, pour la société ? Ne pourrions-nous pas **faire progresser** certaines situations **vers un état plus acceptable**, plus juste et équitable, trouver des solutions ? Il y a des gens en difficulté, nous pourrions trouver un moyen de les aider, de les **libérer, de leur redonner une dignité**. Il y a des domaines de **recherche** qui ont besoin d'énergie et d'expérience pour progresser, nous pourrions faire quelque chose etc. Pour cela, la maison 11 est d'abord une recherche de relations où règne une **commu-**

nauté d'esprit, une sorte de **fraternité**. Il faut imaginer des gens ou des amis qui ont les mêmes **conceptions sociales** et qui se disent : « ensemble, on peut faire avancer les choses ». La mise en place de ce type de communauté est une première opération de la maison 11. À partir de là, beaucoup de **projets** peuvent être mis en place : des **associations humanitaires**, des **groupements de relations d'aide en tout genre**, des **équipes de recherches scientifiques, artistiques, sociales**, tout est possible. Mais l'idée centrale reste la même : trouver des nouvelles solutions, explorer de nouvelles pistes, **concevoir des futurs possibles**. La maison 11 est à ce titre une sorte de laboratoire créatif et avant-gardiste, entièrement dédié à la collectivité. Le signe de la maison 11 nous renseignera sur le décor de cette recherche et de ces projets.

Il y a, bien sûr, des dérapages possibles. La maison 11 peut devenir la maison des « **colloques** » ou des « **vernissages** » où l'on vient essentiellement discuter, mais ne rien faire de concret. Il arrive que la maison 11 soit vécue comme une volonté d'échange dans un esprit de « **club** » pas toujours très productif (et même quelques fois très **élitiste**).

Autre aspect glissant de la maison 11 : si la maison 10 n'a pas été vécue comme un accomplissement personnel, on recherche avidement, en maison 11, le **fruit du statut social**. En maison 10 on a la fonction et l'ambition toujours inassouvie, en maison 11 on a l'argent, les maisons, les domestiques, les voitures, les avions etc. En un mot, on garde pour soi : ce n'est pas, *a priori*, le sens de l'expérience de la maison 11.

Notes pour l'interprétation

Il n'est pas rare, dans le cas de planètes en maison 11, de voir des individus confrontés à un sentiment de « solitude au milieu de la foule ». On peut se demander pourquoi. Ceci me semble lié à la nature même de l'expérience de cette maison. C'est une maison éminemment sociale. On contribue, on participe, sans rien garder pour soi. On donne, fondamentalement, à sa société. Seulement il faut oser se lancer dans cette dimension. Cela ne peut être fait, comme on l'a vu, que si on a le sentiment de s'être réalisé en maison 10. Sinon, comment irait-on donner ce qu'on n'a pas eu soi-même ? C'est possible, mais c'est un sacrifice que tout le monde n'est pas prêt à faire, et on peut le comprendre. Dans ce cas, la présence de planètes en maison 11 peut donner le sentiment que l'on devrait se consacrer à la société entièrement, mais que l'on ne peut pas. On se sent fortement lié à ses semblables, mais quelque chose retient d'aller vers cette communauté d'esprit « calme et désintéressée ». D'où le sentiment d'avoir en tête de grandes conceptions que personne ne partage, et d'où le sentiment de solitude intellectuelle au milieu du monde.

Propositions de mise en scène

Les groupements orientés vers une quelconque aide peuvent permettre de mettre en scène la maison 11. Tout club de réunion ou de réflexion regroupant des individus de même esprit aussi. D'une manière générale, n'importe quel projet de groupe orienté vers le futur illustre bien cette maison.

Exemple de mise en scène

Mars Taureau en maison 11 Bélier du thème C

—Personnages pour Mars
Un Guerrier, un Entrepreneur. Prenons le Guerrier.

—Expérience de la maison
Regroupement pour des projets sociaux futurs, en particulier d'amélioration ou d'aide.

—Décor et approche de la maison : Bélier
Distinction des autres, innovation, démarrage de quelque chose de neuf, inspiration subite, conflit avec la tradition, compétition, *leadership.*

Le Guerrier évolue dans une maison 11 décorée et approchée façon Bélier : Imaginons qu'il s'agisse d'une nouvelle génération de coopérative agricole (maison 11). Elle se distingue (Bélier) de toutes les autres par la technique de semailles des agriculteurs qu'elle regroupe, agriculteurs dirigés par un leader (Mars), et qui sont tous par ailleurs des « battants ». Les graines utilisées (Bélier) sont différentes, traitées d'une certaine manière, et la façon inédite (Bélier) dont on les sème, qui paraît pourtant beaucoup moins contrôlée et plus « primitive »

(Bélier) que la manière habituelle, donne des résultats très compétitifs (Bélier). En particulier, elle permet d'avoir des récoltes qui sortent avant toutes les autres (Bélier) sur le marché. C'est un véritable combat que mène cette coopérative, qui pourrait bien étendre ses activités à des actions humanitaires (maison 11). C'est le guerrier qui a développé ces nouvelles armes, tout seul (Mars), sur la base d'une toute première initiative ayant eu lieu dans son propre jardin (Mars Taureau).

Le Guerrier, dans ce contexte, a un rôle, une motivation et un comportement Taureau: Ici, il ne s'agit pas seulement d'inventer. Il s'agit de produire, et éventuellement d'amasser de l'argent et d'agrandir la propriété. Ce guerrier est certes un peu lent, mais têtu. Il a mis dix ans à mettre en place ce projet futuriste, mais rien n'aurait pu l'arrêter. Une fois lancé, c'est un bulldozer. Son arme favorite: la capacité de faire fructifier. Il est d'une productivité effarante, et imbattable en affaires. Quoi qu'il plante, tout le monde dit qu'il a la main verte. Ça prend forme, ça pousse. Il a entraîné beaucoup de monde dans son sillage (Mars en 11).

Scène 4: Se déconditionner et s'ouvrir à un nouveau monde

L'expérience de la maison 12

Nous arrivons à la dernière des expériences. Nécessairement, il va s'agir de **synthèse**. L'aventure commencée en maison 1 se termine: on vient en maison 12 la «déposer» comme une longue histoire vécue, qu'il va falloir **quitter**. On s'est développé, on a grandi, connu les autres, la société, le monde, et donné à tout cela beaucoup d'énergie. Il est maintenant temps de passer à autre chose. Il faut **recommencer une toute nouvelle histoire**. Pratiquement, ce sera comme changer de planète. Les décors seront différents, les valeurs seront différentes, les objectifs et les motivations aussi. Il faut qu'en arrivant dans ce monde, on ne reconnaisse plus rien. En ce sens, la maison 12 est une **préparation à la naissance**, en même temps qu'une **ouverture**. Car pour renaître dans une nouvelle histoire, il faut en quelque sorte être prêt à **laisser «entrer» a quelque chose de nouveau, d'étranger**. Il faut pouvoir aller explorer des champs inconnus et **incompréhensibles.** Sinon on devra s'attendre à recommencer une histoire qui va beaucoup ressembler à celle qu'on vient de vivre dans les onze maisons précédentes.

C'est là toute la difficulté de la maison 12 : **on s'accroche au connu.** Le nouveau monde, entièrement insaisissable de ce côté de la « rive », fait très peur. C'est à ce moment-là qu'en effet, selon la traditionnelle définition de la maison 12, elle devient prison éternelle. On y recommence inlassablement le vécu précédent. Seulement, qu'est-ce que le « vécu précédent » pour un individu qui ne vit pas, lui, chronologiquement les maisons ? Pour le comprendre, il faut imaginer que la maison 12 est un lieu de contact avec les **vécus « entassés » de toutes les générations précédentes, de toute l'humanité.** Il y a là comme une immense **mémoire collective.** Voilà ce que signifie ce « vécu précédent ». La maison 12 est un peu comme un grenier, une cave ou un musée où l'on a accumulé tous les vécus. Nous sommes tous en contact avec l'histoire de l'humanité, inconsciemment. Seulement, tout individu ayant une planète en 12 va avoir un contact particulièrement proche avec ces vécus précédents. Puisqu'une planète s'y trouve, il est naturel pour lui « d'en faire quelque chose ». Ce peut être un témoin, un chercheur préoccupé par le passé, comme un **historien, un archéologue, un antiquaire, ou un psychanalyste qui étudie d'anciens mythes en vigueur dans la psyché moderne, ou encore un astrologue. Tous puisent** dans la mémoire collective pour la ramener en surface. Mais ils peuvent aussi s'y engluer. La maison 12 est comme remplie de **« fantômes » inconscients.** Quelqu'un de la famille était très préoccupé par l'argent il y a 250 ans, et on ne comprend pas pourquoi, aujourd'hui, on est soi-même régulièrement aux prises avec cette préoccupation. On est « agi » ou **« conditionné » par un passé,** par un **vécu antérieur.** Pour s'en libérer, il faut creuser. D'où les vocations de chercheurs de fond que provoque souvent la présence de planètes en 12. D'où certains **enfermements** également. Le type de passé ou de conditionnement présent pourra être étudié grâce au signe de la maison 12, ainsi que les planètes présentes. **Déconditionnement** est ainsi un mot clé de la maison 12, car c'est bien d'un grand travail de **libération** qu'il s'agit, pour pouvoir *réellement* s'engager vers un nouveau monde qui n'a pas les mêmes ambitions, **un nouveau vécu qui ne soit pas une répétition du passé.** On doit en quelque sorte « quitter ce monde » en maison 12. Toute planète en 12 dispose d'un réel pouvoir de déconditionnement des schémas éculés, qui peut officier dans la société et être extrêmement utile et salvateur. Sans parler de son pouvoir poétique, de sondage de « mystères irrationnels », ou simplement de haute relativité.

Entre autres, on associe également à la maison 12 une forte **sensibilité à tous ceux qui ont «quitté»** la société: fous, errants, «paumés», miséreux. La maison 12 donne la possibilité de s'en rapprocher, de les **comprendre**, de les **aimer**. Les valeurs de jugement peuvent être suffisamment déconditionnées en 12 pour ne plus voir en tout être qu'un homme, quelle que soit sa condition. On peut aussi vouloir fréquenter les **«lieux écartés» et «emprisonnants»**: prisons, hôpitaux, retraites isolées etc.

Dans tous les cas, la maison 12 est un lieu de **grande transformation.**

Notes pour l'interprétation

Il est toujours important d'interroger sur son enfance un individu ayant des planètes en maison 12. Très souvent, la ou les planètes présentes en maison 12 ont d'abord représenté un refuge. Pourquoi? Parce que répéter le vécu antérieur correspondant à cette planète représente une sécurité, une défense contre la peur de vivre cette fonction d'une manière qui paraîtrait nécessairement étrangère, voire inquiétante, à la collectivité environnante. Alors on se réfugie dans un vécu répétitif qui pose «moins de problèmes». Beaucoup d'interprètes considèrent que ce qui a lieu en maison 12 est tellement inconscient que l'individu ne peut guère y intervenir, à moins de recherches extrêmement profondes sur lui-même et son passé. Même si cela peut paraître un point de vue un peu «dur», j'ai souvent constaté que certaines personnes étaient bien plus conscientes que cela de ces «vieux vêtements» qu'ils portaient et qui ne leur appartenaient pas. Seulement, il se développe parfois comme une sorte de douce complaisance à rester dans ce «ventre» du passé sécurisant. L'Ascendant qui suit la maison 12 symbolise la naissance de l'individu. D'une certaine manière, «rester» en maison 12 est un refus d'incarnation. L'incarnation dans ce cas est conçue comme une douleur, pour des raisons profondes et diverses. Il n'en reste pas moins que, même si cela peut paraître étonnant, la «douleur» de ne pas s'incarner est pour certains individus encore préférable à celle de naître, c'est-à-dire de vivre ce qu'ils ont à vivre.

Propositions de mise en scène

Comme dans d'autres maisons, on peut distinguer les types de mises en scène selon le scénario choisi pour la 12: l'enfermement, ou le passage vers un nouveau monde. On peut donc situer la scène dans un hôpital, dans une prison, dans un lieu quelconque isolé du monde. Ou encore un grenier, une cave. Ou dans une maison hantée. Mais on peut imaginer une sorte d'autre planète, un monde inconnu, où toutes les données habituelles sont mêlées. Il y encore la possibilité d'un contexte religieux ou compassionnel (une mission quelconque), ou, pour finir, un lieu d'étude encyclopédique du passé.

Exemple de mise en scène

Jupiter Cancer en maison 12 Gémeaux du thème D

—Personnages pour Jupiter
Un Professeur, un Organisateur. Prenons l'Organisateur.

—Expérience de la maison
Déconditionnement, passage à un nouveau monde, transformation, règlement des dettes, compassion.

—Décor et approche de la maison : Gémeaux
Liens mentaux et physiques, intelligence, enseignement primaire, légèreté, expérimentation.

L'Organisateur évolue dans une maison 12 décorée et approchée façon Gémeaux: Une très ancienne académie de littérature (Gémeaux). Le jury est une sorte de conseil de vieux sages lettrés aux multiples décorations littéraires. L'organisateur se charge de mettre en place des prix et des concours littéraires dans l'esprit de la tradition littéraire du pays. Il est le plus jeune d'entre les sages, le petit dernier, le poulain brillant (Jupiter). Chaque année quelques écrivains sont consacrés académiciens (Jupiter). Pour eux, et aux yeux du pays, c'est une preuve d'intelligence (Gémeaux) et de réussite sociale (Jupiter).

L'Organisateur, dans ce contexte, a un rôle, une motivation et un comportement Cancer: Tous les membres de la famille sont académiciens. L'organisateur met en place les prix comme on l'a toujours fait. Maman est fière de son fils organisateur. Il est particulièrement brillant, il est l'aboutissement des efforts de dix générations (Jupiter en 12). Il a énormément d'imagination, il étudie les langues anciennes, et il est très attaché à l'académie : c'est une seconde famille. Mais parfois, il voudrait envoyer tout promener. Un jour où il avait mal à l'estomac, on l'a entendu dire que la littérature, ça n'existait pas. La fièvre sans doute. En tout cas, on n'a pas très bien compris pourquoi, un jour, il a cessé d'écrire pour créer une école pour enfants illettrés.

6

QUELQUES PORTES D'ENTRÉE DANS LE THÈME

Avant d'étudier en détail les positions planétaires d'un thème et leur maîtrise, il est utile d'avoir en tête le fonctionnement de différentes dimensions du thème astral. Nous allons étudier dans ce chapitre quelques angles d'approche ainsi que quelques « sous-groupes » qu'il est possible d'isoler mentalement.

VUE D'ENSEMBLE : OCCUPATION DES HÉMISPHÈRES

Pour aborder chaque point du thème dans une perspective d'ensemble, il est très utile de jeter un coup d'œil général sur le thème, en regardant si les planètes ne sont pas particulièrement présentes dans un des quatre cadrans ou « actes » du thème que nous avons étudiés au chapitre 5. Si c'est le cas, on pourra alors dégager des « thèmes » généraux dans le thème. Pour plus de commodité nous considérerons que les quatre actes, pris deux à deux, forment **quatre différents hémisphères du thème** :

l'acte 1 et l'acte 2 forment l'hémisphère Nord du thème ;
l'acte 2 et l'acte 3 forment l'hémisphère Ouest ;
l'acte 3 et l'acte 4 forment l'hémisphère Sud ;
l'acte 4 et l'acte 1 forment l'hémisphère Est.

La concentration de planètes dans un de ces hémisphères nous permettra de caractériser sur un plan général « l'approche expérimentale » d'un individu, qu'on définira en fonction de l'acte qui commence au milieu de l'hémisphère occupé.

Par exemple, on dira d'un individu ayant une majorité de planètes dans l'hémisphère Nord qu'il a globalement une approche «plutôt Nord» des expériences de la vie, c'est-à-dire une approche marquée par le Fond du Ciel.

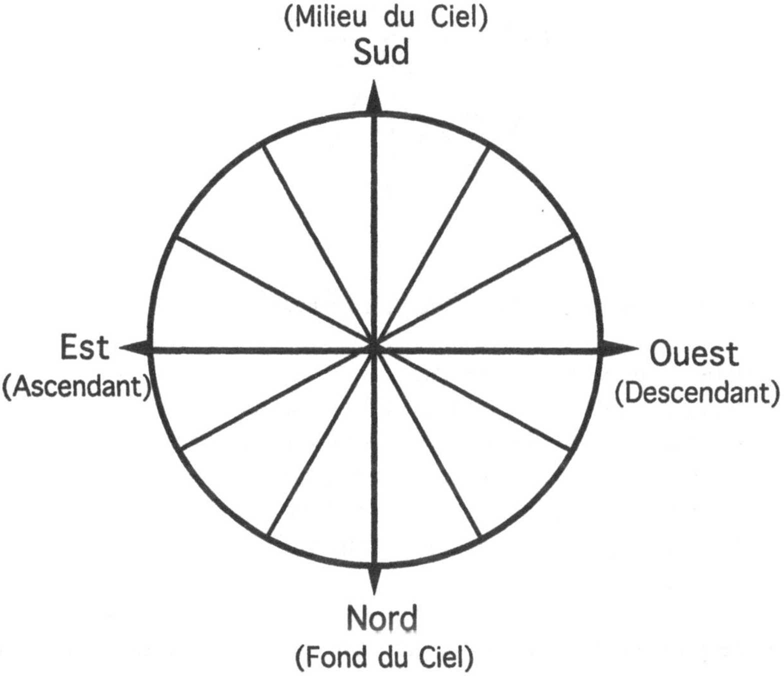

Pour chaque thème, on regardera quel hémisphère est prépondérant. Si deux le sont, on pourra spécifier un peu plus l'analyse : soit qu'il y ait un équilibre, soit qu'un cadran (ou acte) soit particulièrement «rempli».

Exemple 1 :

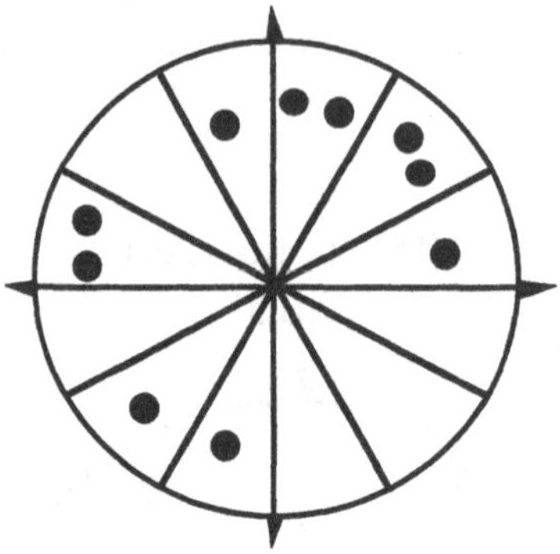

Répartition dans les hémiphères Nord-Sud

8 planètes au Sud, 2 au Nord.

8 planètes sont situées au-dessus de l'horizon. On le sait, toutes les scènes situées dans l'hémisphère Sud correspondent à des scènes sociales. L'individu ne peut être seul pour réaliser ces expériences. En conséquence, si 8 planètes y sont présentes, on sait que l'individu va vouloir naturellement dépenser la majorité de son énergie dans un contexte social.

Il y a là une puissance d'investissement social. De quoi s'agit-il ? Rien de plus qu'il va être important pour cet individu d'être intégré à sa société, d'y trouver sa place, et de travailler à des œuvres collectives ou concernant la collectivité. C'est dans le monde et par le monde que l'individu va se trouver.

Répartition dans les hémisphères Est/Ouest

5 planètes dans chaque hémisphère. Dans ce cas, il y a équilibre. On peut conclure à une priorité d'investissement dans les deux domaines. Ce n'est pas suffisamment significatif.

Exemple 2 :

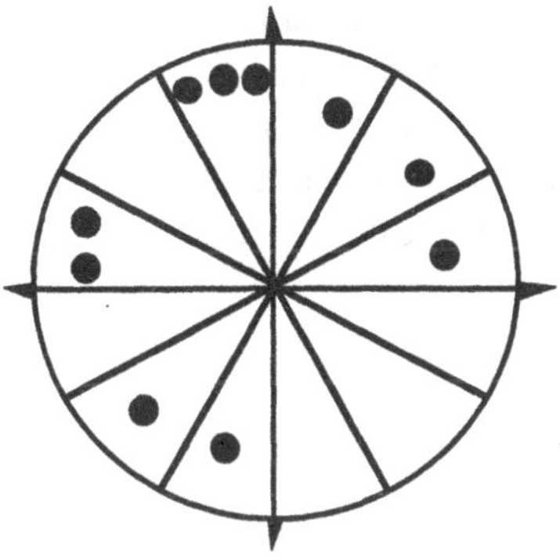

Hémisphères Nord-Sud

Même cas que précédemment : fort investissement social.

Hémisphères Est-Ouest

7 planètes à l'Est, 3 à l'Ouest.

Nous avons vu que les 6 maisons à l'Est (10 à 3) concernent une expérience appelant une initiative personnelle. Cela ne veut pas forcément dire que l'individu y agisse seul. D'ailleurs, trois de ces expériences s'effectuent dans un contexte social (10 à 12). Mais cela signifie en revanche qu'une décision personnelle est à l'origine de ces actes (contrairement à 7, 8 et 9). L'engagement est ici personnel, non guidé par autrui. Si 7 planètes sont présentes dans cet hémisphère, cela donne donc une forte capacité d'initiative ou, pourrait-on dire, la volonté « d'être à la barre de son embarcation », de choisir sa direction, mener sa vie comme on l'entend, sans trop d'influence extérieure.

Synthèse

Il nous faut dans ce cas mêler nos deux observations en quelque chose de cohérent. Ici, ce n'est pas bien difficile. La question est : que peut donner un fort investissement social, ajouté à une forte tendance à diriger les opérations ? *A priori*, le potentiel, chez cet individu, de s'investir dans la société sur la base d'une initiative personnelle. Ce n'est pas une analyse très pénétrante. Mais cela permet néanmoins de planter un décor. Il y a « du monde » dans cette histoire, et la personne va vouloir prendre les choses en main. C'est un début. De fait, si la personne qui a ce thème reste chez elle à s'occuper d'elle, peut-être pourrez-vous lui signaler que ce n'est pas, *a priori*, ce vers quoi s'oriente sa nature.

Exemple 3

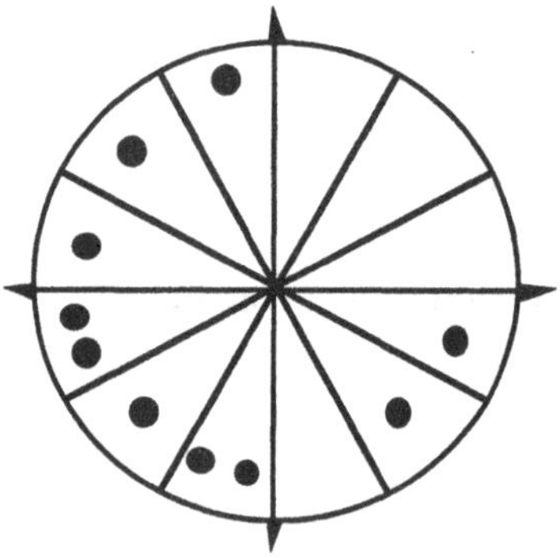

Hémisphères Nord-Sud

Ici, c'est l'hémisphère Nord qui est dominant : 7 planètes au Nord, 3 au Sud.

Nous avons vu que dans l'hémisphère Nord, il ne s'agissait pas d'investissement social, mais de développement personnel. Les 6 scènes situées au-dessous de l'horizon sont 6 étapes dans l'épanouissement de l'expression personnelle.

Donc, nous avons ici une histoire où psychologiquement, le défi de réussir à exprimer sa particularité et son pouvoir personnels priment sur l'investissement dans et pour la société.

Hémisphères Est-Ouest

Voici un nouveau cas de dominance de l'hémisphère Est. C'est-à-dire, comme nous l'avons vu, un appel à l'initiative personnelle.

Synthèse

On peut imaginer qu'un tel individu va chercher à mettre en place, seul, quelque chose qui satisfasse sa quête de soi. C'est-à-dire bâtir un monde qui soit son propre reflet : c'est le défi de ce thème. Il n'est bien sûr pas exclu que ceci ait au bout du compte une résonance sociale. Si l'on prend, par exemple, le créateur d'une théorie philosophique, il est bien évident qu'il participe, par son acte, à l'évolution de la pensée philosophique collective. Mais dans le cas de ce thème, cela n'aura pas été forcément l'objectif de départ. L'objectif était : m'exprimer, et me découvrir par cet acte, contrairement à un éventuel philosophe de l'exemple 2 qui, lui, aurait développé sa philosophie dans le cadre d'une volonté consciente de participer à la collectivité.

Exemple 4

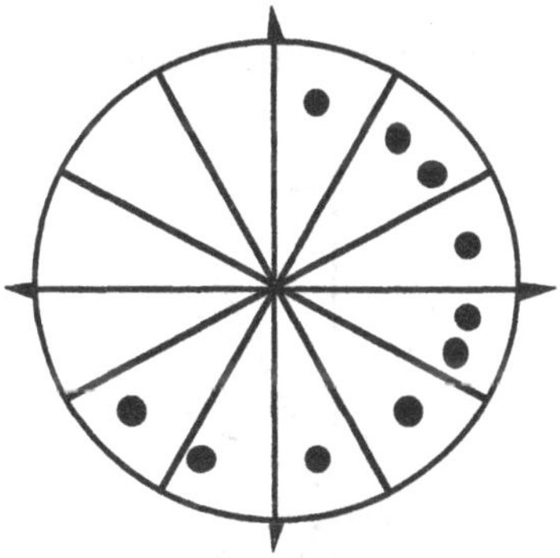

Hémisphères Nord-Sud

6 planètes au Sud, 4 au Nord.

Même si on peut conclure à une plus forte dépense d'énergie dans les « affaires » de l'hémisphère Nord, la différence n'est pas ici suffisamment marquée pour être significative.

Hémisphères Est-Ouest

8 planètes à l'ouest, 2 à l'Est.

Investissement notoire sur l'hémisphère Ouest. Cet hémisphère prend son sens dans la maison angulaire qu'il recouvre. Ici, la maison 7 (Descendant). Cet individu s'investit fortement dans les relations humaines. Seulement, toutes les scènes de l'hémisphère Ouest ont affaire avec le regard de l'autre, la confrontation à l'autre ou la relation avec l'autre. On a là le cas d'une vie fortement liée au mouvement des autres et du monde. Cette personne ne peut pas tout contrôler dans sa vie, elle le sait d'entrée. Elle compte sur les autres pour définir son chemin. Ceci peut être vécu comme de la dépendance, de « l'assistanat » ou comme un art relationnel équilibré.

On peut bien entendu avoir affaire à beaucoup de configurations différentes. Dans chaque cas, je conseille cependant de considérer que la concentration dans un hémisphère est significative à partir du rapport 3 planètes d'un côté et 7 planètes de l'autre. On pourra retenir ces grandes idées pour chacun des hémisphères :

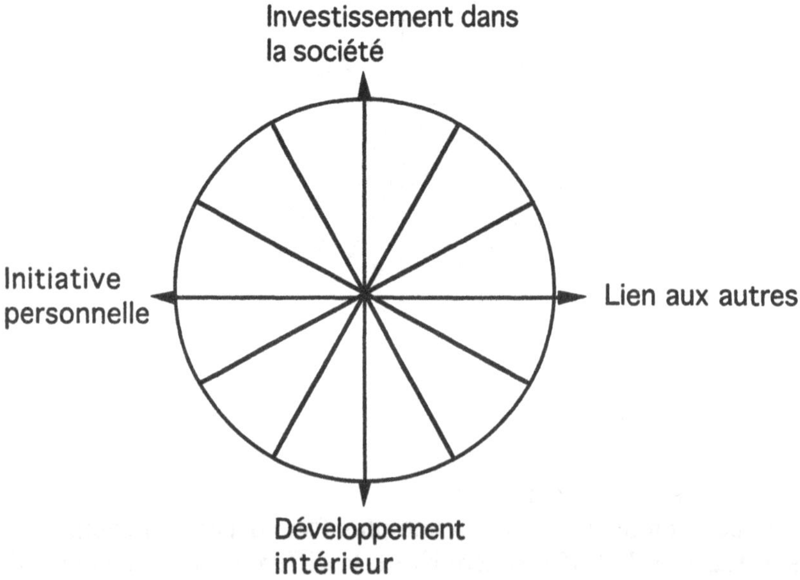

Difficile de regarder le Soleil en face très longtemps. C'est éblouissant. Difficile donc, nous dit l'astrologie, d'entretenir un contact *direct* avec son but de vie, de prendre conscience de sa vérité. Pour cela, il faut la Lune. C'est la Lune qui nous permet d'observer indirectement la lumière solaire, et par analogie, c'est elle qui donne à l'individu le premier reflet de ce qu'il est. La Lune est en cela « l'interprète terrien » ou, si l'on préfère, le « messager » du Soleil. C'est elle qui le *montre*, et par extension, va permettre sa *compréhension et sa mise en forme*. Ainsi, pour l'interprétation, si le Soleil est un **but**, une source et une direction immatérielle, la Lune, elle, va représenter sa première mise en place. **Dans le thème, après avoir défini le but solaire d'un individu, il est important de regarder le signe et l'emplacement en maison de la Lune, qui va définir la manière et l'endroit où l'individu va chercher à manifester consciemment ce but de vie.**

Un exemple

Si le Soleil est Capricorne en 9, le but de vie de cet individu (Soleil) s'inscrit éventuellement dans une quête de savoir (maison 9), laquelle est motivée par la volonté plus ou moins consciente d'engager sa vie dans une responsabilité sociale (Capricorne). Mais si la Lune se trouve en Vierge et en maison 5, c'est par l'acte de s'exprimer, de créer (maison 5), et ce d'une manière précise, technique, maîtrisée, auto-analytique (Vierge), que l'individu va vouloir exprimer ce but solaire. En deux mots : d'abord, il veut, il sent qu'il doit créer. Et c'est *en créant* que petit à petit il découvre qu'il sert une volonté plus profonde en lui, un objectif plus global, qui est celui de connaître, de comprendre et d'expliquer (maison 9), qui se reflète dans ses créations. Par exemple, il développe une technique (Vierge) de peinture. Et plus il avance, plus il développe d'outils et de méthodes (Vierge), plus il découvre que tout cela est en train de le mener à enseigner cette technique aux Beaux-Arts (une institution d'enseignement : la 9 Capricorne), ou encore à faire des recherches sur les techniques de création à travers les âges etc.

À ce titre, on peut parfaitement imaginer le Soleil comme un iceberg dont la Lune serait la partie émergée, c'est-à-dire le lieu où l'individu *sent* concrètement qu'il a un but, et l'exprime, dans la manière du signe et de la maison de la Lune. Le signe et la maison du Soleil, on l'a vu, représentent plutôt ce dont on n'a pas véritablement conscience, ou ce dont on prend conscience progressivement : la partie immergée.

« Derrière » ou « sous » une Lune, donc, il y a toujours un Soleil.

SATURNE ET LUNE

Si la Lune est une première mise en forme du « projet » solaire, Saturne lui, représente plutôt l'aboutissement du travail. La Lune est une mise en place essentiellement instinctive et intérieure. Elle ne cherche pas particulièrement à exister à l'extérieur : elle cherche plutôt à préserver de l'extérieur les premières formes solaires. C'est tout différent avec Saturne qui, entre autres, cherche à inscrire le projet solaire dans les conditions de la réalité extérieure. Saturne définit un cadre d'insertion.

Reprenons l'exemple du Soleil Capricorne en 9 et de la Lune Vierge en 5 vu précédemment : un peintre qui s'oriente vers l'enseignement. Mettons que Saturne soit en Verseau en maison 11. On va alors suivre le cheminement suivant :

1-Le but de vie de cet individu s'inscrit dans une forme de contribution sociale capricornienne, laquelle cherche à s'effectuer dans un contexte type maison 9, par exemple l'enseignement supérieur institutionnalisé (on pourrait bien sûr prendre d'autres dimensions de la maison 9).

2-Dans son chemin vers ce but, cet individu va instinctivement se tourner vers sa Lune, laquelle va le pousser à créer (maison 5), et ce d'une manière Vierge (la Lune est en Vierge). Dans cet acte de création, il va peu à peu dégager un savoir qu'il va être porté à institutionnaliser (révélation progressive du but solaire en 9 Capricorne).

3-Cela étant, tout ce processus va progressivement pouvoir se manifester, entre autres, dans une forme extérieure socialisée, caractérisée par le signe et l'emplacement de Saturne. Saturne est Verseau et en maison 11 : il est possible que cet individu inscrive son savoir révélé par ses créations dans des structures impliquées dans un quelconque projet social à venir (maison 11), et ce dans une motivation de libération, de révolution ou d'avant-gardisme (Saturne Verseau).

Par exemple, le peintre, ayant compris qu'on pouvait utiliser la création pour comprendre et enseigner, va mettre en place ou participer à une école pilote où l'on teste des techniques d'enseignement révolutionnaires.

Saturne, bien sûr, n'est pas seulement une mise en forme extérieure. Il est aussi, comme on l'a vu, aboutissement et sentiment d'accomplissement intérieur, dont on tire la confiance en soi, et, plus profondément, un sentiment puissant de pouvoir incarner jusqu'au bout ce que l'on est (Soleil). Cette configuration que nous venons d'étudier peut ainsi s'interpréter d'une manière plus psychologique. La direction d'analyse serait alors qu'il est fondamental, pour ce qui est de bâtir un sentiment d'accomplissement et « d'incarnation », que cet individu aille concrétiser et assumer en maison 11 ce qui vient de sa dynamique Soleil-Lune. C'est, en un sens, ce Saturne en 11 qui lui permet de « tenir debout ».

On peut dire que la Lune est le tout premier « résultat » de mise en forme de l'énergie solaire. Après la Lune, cette énergie s'affine de plus en plus dans l'individu à travers différentes formes que sont Mercure, Vénus, Mars et Jupiter. Saturne est comme le second aboutissement de cette deuxième vague de mise en forme. En conséquence, dans le thème, le couple Saturne-Lune représente une base aboutie et consciente du but solaire. La Lune est un aboutissement intime-intérieur; Saturne un aboutissement social-incarné. De ce fait, Saturne-Lune représentent dans un thème ce qu'un individu est conscient d'être, intérieurement et extérieurement. C'est la forme qu'a tendance à prendre son ego. C'est sur cette base qu'un individu *se reconnaît*. Souvent, lors de transits puissants qui touchent *à la fois* la Lune et Saturne, j'ai entendu des individus dire qu'ils ne savaient plus ce qu'ils étaient. Avant ils savaient que le voyage, par exemple, était une chose importante dans leur vie; ou encore le fait de rendre justice (le cas d'un avocat). Maintenant, ils ne savaient plus. Ils ne se *reconnaissaient* plus. C'était passager, bien entendu. Il s'agissait d'une transformation qui atteignait la structure même de leur ego. Après cette phase, un nouvel ego conscient s'est reformé, à un niveau de conscience différent, mais dans les mêmes formes, définies par leur Lune et leur Saturne.

Il y a beaucoup d'autres sous-dimensions dans le thème. Je ne peux pas ici les aborder toutes.

J'en citerai rapidement quelques-unes :

Le couple Vénus-Mars

Ces deux planètes gèrent le système : « qu'est-ce que je veux (Vénus)/comment je m'y prends pour le faire (Mars) », ou si l'on préfère « désir/passage à l'acte ».

Cette dimension de l'individu intervient dans un grand nombre de domaines. Ses relations sentimentales notamment. Quelqu'un me séduit (Vénus), comment vais-je lui dire, ou que vais-je faire pour « l'avoir » ? Je ne suis pas d'accord (Vénus), comment vais-je m'y prendre pour me faire entendre (Mars) ? etc. Il est également possible d'étudier une partie de la sexualité d'un individu avec Vénus-Mars.

Le couple Jupiter-Mercure

Autre mécanique, qui est celle de comprendre (Mercure) et d'assimiler (Jupiter). Deux fonctions intimement liées dans l'individu, dans le sens où l'on accepte de comprendre ce qu'on est prêt à assimiler. Jupiter est pour Mercure comme un directeur de conscience, ou encore celui qui est à l'origine du modèle (ou paradigme) selon lequel on va concevoir l'Ensemble. Jupiter n'est pas le maître du Sagittaire pour rien. Si Jupiter donne pour acquis que ceci est différent de cela, Mercure va construire ses élucubrations sur cette base. Ainsi, un peu comme Vénus donne une direction à l'action martienne, Jupiter donne en quelque sorte une perspective à la pensée mercurienne. Une bonne partie du système de pensée d'un individu est donc abordable par l'étude du couple Jupiter-Mercure dans le thème.

Uranus, Neptune et Pluton

Ces trois planètes, nous l'avons vu, ont en commun de *transformer* le niveau de conscience sur lequel fonctionnent toutes les autres planètes. Ce sont elles qui sont à l'origine des grandes transformations d'un individu. On ne peut savoir, dans un thème, si ces transformations seront souples, cassantes ou dramatiques. Mais en tout état de cause, leurs positions en signe et particulièrement en maison nous indiquent les expériences de vie qui vont être le théâtre des grandes révolutions et progressions d'un être. Ainsi, on peut approcher un thème en considérant que l'on a, du Soleil à Saturne, le mécanisme qui permet à un individu d'intégrer et d'incarner ce dont il est conscient et ce qu'il ressent ; et qu'Uranus Neptune et Pluton constituent le « sous-mécanisme » qui modifie régulièrement le plan de conscience sur lequel le mécanisme Soleil-Saturne fonctionne, même s'il arrive pour cette raison que ce dernier mécanisme se « grippe » de temps en temps…

7

MAÎTRISES : LIENS DES PERSONNAGES ENTRE EUX ET SPÉCIALISATIONS

Jusqu'à présent, nous avons étudié chaque personnage du thème indépendamment des autres personnages en présence. C'est un premier pas dans l'étude du thème, mais comme nous l'avons vu, c'est une abstraction : tout est lié dans un individu. À partir d'un certain stade, il est donc nécessaire d'intégrer cette réalité dans l'interprétation.

Avant même la technique des aspects astrologiques, celle des maîtrises est l'une des plus puissantes pour mettre en mouvement et lier entre eux tous les personnages d'un thème. C'est une technique assez ancienne. D'une certaine manière, elle fait écho au sentiment que les fonctions ou personnages du thème, comme leurs maisons et leurs signes, sont tous interdépendants. Ils sont indissociables d'une « broderie », sorte de mikado dont on ne peut enlever une baguette sans toucher l'ensemble de la structure.

La technique des maîtrises est par ailleurs un des éléments essentiels à la construction de scénarios dans le thème, comme nous le verrons dans le chapitre suivant.

LES MAÎTRES PLANÉTAIRES

Nous l'avons vu, l'astrologie distingue douze approches, douze motivations, douze formes d'être ou encore **douze « fréquences » de l'énergie vitale** qu'elle a désignées par douze signes. Et elle considère que ces douze formes de l'énergie vitale sont en quelque sorte à disposition, dirons-nous, « dans la nature ». Chaque planète, fonction ou personnage du thème opère selon une de ces formes : Mercure est en Bélier, la Lune en Poissons, Mars en Verseau etc.

D'un point de vue holistique, l'astrologie raisonne en suivant l'intuition que tous les mondes délimités, organismes ou systèmes organisés s'équivalent par leur organisation. Elle a opéré de cette manière pour comparer le monde de la Nature au monde Humain et au monde Céleste. Mais elle applique ce raisonnement à tous les autres mondes organisés qu'elle identifie, y compris ceux de ses propres systèmes symboliques. On peut dire en effet que le zodiaque est un système organisé, comme c'est le cas également des planètes (les maisons également).

Ainsi, de la même manière qu'elle pose : le système solaire = un individu, l'astrologie raisonne analogiquement entre les signes et les planètes, en posant : l'organisation des signes = l'organisation des planètes. À partir de quoi elle n'a plus qu'à formuler les associations qui en découlent. C'est cette démarche associative qui a donné naissance aux maîtrises astrologiques.

Puisque dans ce cas on a d'une part des formes de l'énergie vitale, et d'autre part des planètes, chaque planète s'est vu associer une forme d'énergie. Voyons quel chemin ont pris ces associations.

On a pu remarquer que toutes les planètes avaient un point commun avec les différents signes. Mars « a quelque chose » du Bélier, la Lune « a quelque chose » du Cancer, Mercure des Gémeaux, le Soleil du Lion, Saturne du Capricorne etc. Les dix fonctions intérieures d'un individu ont quelque chose en commun, dans leurs définitions, avec les différentes formes de l'énergie vitale identifiées par l'astrologie.

Cependant, il y a douze formes fondamentales de l'énergie vitale. Douze signes. Or, lorsque s'est établi le système des maîtrises, l'astrologie ne fonctionnait qu'avec sept planètes dans le système solaire, les sept qu'on pouvait voir à l'œil nu (du Soleil à Saturne). On pensait alors qu'il n'y en avait pas d'autres.

Dans ce système à sept planètes — appelé le Septennaire — on avait d'abord placé le Soleil et la Lune comme le « couple élémentaire » du système solaire. Les deux astres, les plus lumineux, et appelés pour cela les Luminaires, étaient intuitivement considérés comme le pilier de ce système. Cela s'explique en ce qu'ils étaient les plus évidents, et que leurs premières associations symboliques ont respectivement été l'homme et la femme, formulation anthropocentrique de la future distinction, en toute forme de vie, d'un principe créateur-extériorisateur appelé le Masculin, et d'un principe récepteur-formateur appelé le Féminin. Le Soleil devenait donc le «monde» de l'homme, la Lune, celui de la Femme.

À partir de là, le Bélier ayant été admis comme la forme d'énergie présidant à la naissance de toute chose (printemps/accouchement), sur un modèle humain, en remontant neuf mois en arrière, on tombait dans ce qu'on avait nommé la phase Cancer, et qu'on a donc relié à la conception et à la formation préalables à la naissance. Dans le modèle humain, cette formation interne étant une prérogative de la femme, la forme Cancer a donc été associée au monde féminin, et donc, reliée à la Lune. Compte tenu de ses caractéristiques créatives et extériorisatrices, la phase suivante, le Lion, fut associée au Soleil. C'est à partir de ces deux associations de base que l'astrologie a construit, par symétrie, toutes les autres associations signe-planète.

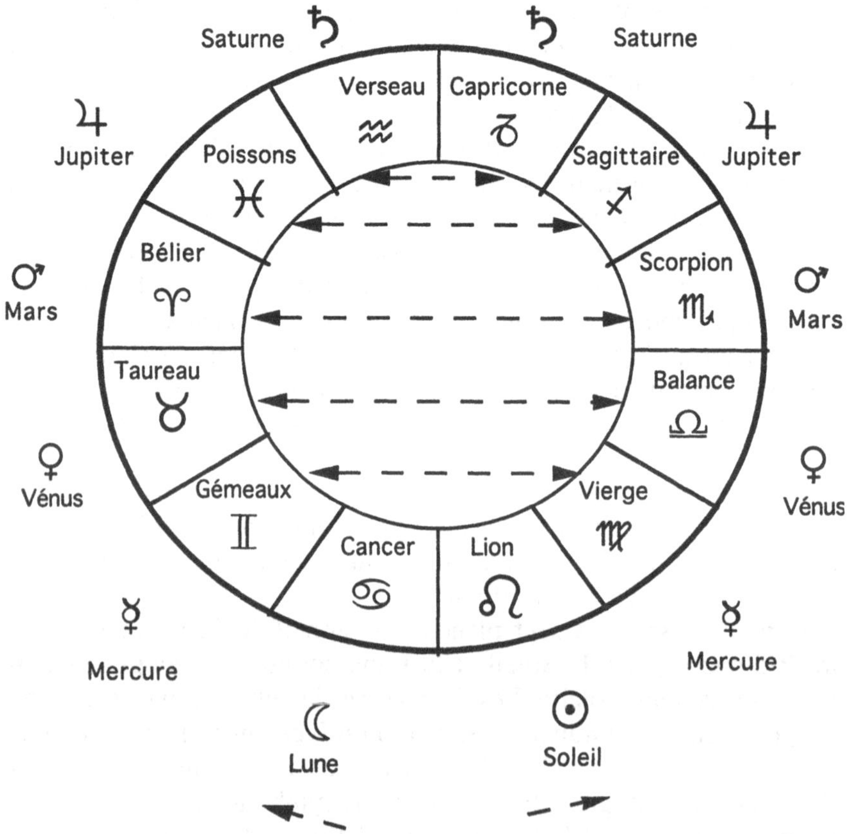

FIGURE 18

La question de la façon de déterminer les associations s'est reposée lorsqu'on a découvert, beaucoup plus tard, une, puis finalement trois planètes supplémentaires: Uranus (1781), Neptune (1845) et Pluton (1930). Il y a aujourd'hui plusieurs thèses. Celle, par exemple d'associer ces trois planètes restantes aux signes dont les univers s'en accommodent le mieux: Uranus pour le Verseau, Neptune pour les Poissons, et Pluton pour le Scorpion, ce qui, compte tenu de chacun de ces trois univers, répond à une certaine logique. Cependant, d'autres thèses ont tendance à vouloir rapprocher Pluton des Poissons, ce qui est à mon sens assez justifiable, au vu de la nature «fondamentale et globalisante» du signe. D'autres thèses associent encore Pluton au Bélier, ce qui est encore explicable dans l'aspect pulsionnel et «radicalement nettoyant» du signe, et présente l'avantage de suivre la roue du zodiaque dans son sens, etc. À ce stade, il n'y a plus qu'à avancer par expérimentation. L'association de ces trois planètes est encore aujourd'hui un terrain de recherche de l'astrologie.

Il est possible que les recherches se simplifient lorsqu'on aura découvert 12 planètes, ou mieux encore, 24 planètes dans le système solaire, mais il est probable que nous ne soyons plus là pour en discuter.

Toujours est-il que, l'ancien système d'associations ayant fait ses preuves — du moins jusqu'à un certain point —, il est encore de nos jours utilisé tel quel par les astrologues. Je dis jusqu'à un certain point car comme on le verra, le système d'association signe-planète permet certes d'étudier les liens entre les fonctions et les expériences psychologiques d'un individu, mais apparemment pas au niveau de leurs racines profondes dans l'inconscient.

Nous allons donc faire usage de l'ancien système, qui comprend sept planètes et douze signes.

Comme nous l'avons vu, à chaque planète on a associé un ou deux signes. Dans le langage astrologique, on dit de chaque planète associée à un signe qu'elle est **maîtresse** de ce signe, c'est-à-dire qu'elle est liée à une forme particulière de l'énergie vitale, un peu comme si elle était le maître d'un «royaume».

Ainsi:

Le Soleil est le maître du **Lion**
La Lune est le maître du **Cancer**
Mercure est le maître des **Gémeaux** et de la **Vierge**
Vénus est le maître du **Taureau** et de la **Balance**

Mars est le maître du **Bélier** et du **Scorpion**
Jupiter est le maître du **Sagittaire** et des **Poissons**
Saturne est le maître du **Capricorne** et du **Verseau**

À quoi servent ces associations ?

Pour saisir l'utilité de ce système de maîtrises, il est nécessaire de s'arrêter un peu sur les développements que l'astrologie a donnés au sens de ces liens entre signes et planètes.

Pour l'exprimer simplement, on peut dire que c'est comme si elle avait considéré que c'était parce qu'il existait des formes différenciées de l'énergie vitale que s'étaient créées, en l'individu, différentes fonctions capables de les « capter » et les faire prendre forme en lui. C'est en effet un des nombreux points de vue de l'astrologie que de considérer que l'énergie vitale génère des organismes dont les différents composants ont chacun la caractéristique de pouvoir « métaboliser » une des différentes formes de l'énergie vitale. On peut résumer cela abstraitement en disant que l'astrologie considère que l'énergie vitale génère des organismes à son image. Pour ce qui est d'un individu, on a donc considéré que c'étaient les dix fonctions intérieures d'un individu qui permettaient la « circulation » et l'utilisation de ces énergies en lui. De là provient l'expression « maître ».

En quelque sorte, dire « Mercure est le maître des Gémeaux », c'est presque sous-entendre que Mercure a été « formé » par l'énergie Gémeaux pour permettre que cette énergie circule dans un individu, et pour qu'elle soit utilisée là où l'individu en a besoin. Comme nous parlons ici de la représentation de l'individu par le thème astral, on dira que Mercure, dans n'importe quel thème, est toujours « responsable » de la mise à disposition de l'énergie Gémeaux (et également de l'énergie Vierge).

Partant de cette idée « d'aptitude de chaque planète à faire circuler et rendre utilisable une forme de l'énergie », on a fini par qualifier chacune des douze formes de l'énergie vitale par le biais de la planète qui était responsable de sa circulation, qui est devenue comme une sorte de « principe » caractéristique de cette énergie. On a ainsi dit des Gémeaux que c'était une énergie « mercurienne » (c'était le cas également de la Vierge). Le Cancer lui, était une énergie « lunaire », le Sagittaire une énergie jupitérienne, le Scorpion une énergie martienne etc.

Ce sont ces développements de l'analogie signes-planètes qui ont permis de créer des liens entre les personnages du thème. Voyons comment ils fonctionnent.

On peut déjà remarquer que, chaque planète étant maîtresse d'un ou plusieurs « royaumes » ou formes de l'énergie, on distingue deux cas de figure pour ce qui est des positions des planètes en signe :

1. La planète **est dans son « royaume »** (son signe ou son énergie). Par exemple Mars en Bélier (on dit aussi que Mars est « chez » lui).

2. La planète **est hors de son « royaume »**, auquel cas elle est dans le signe ou l'énergie d'une autre planète (par exemple Mercure en Poissons, qui se trouve « chez » Jupiter).

C'est ainsi qu'apparaît la notion de lien d'une planète avec une autre. Prenons un exemple.

Imaginons que dans un thème, Mercure soit en Cancer. Puisque Mercure « fonctionne » dans la forme Cancer, et que le Cancer est le « royaume » de la Lune, Mercure est donc, dans ce cas, dans le royaume lunaire.

Sachant que pour l'astrologie, toute planète présente dans le « royaume » d'une autre lui est en quelque sorte assujettie, on peut formuler cette situation de différentes manières :

— On pourra dire que **Mercure fonctionne selon un principe lunaire.**
— Dans ce cas, on dira que la **Lune est le maître de Mercure.**
— Ou encore que dans ce thème, la fonction Mercure (la pensée) **est liée et dépendante de la fonction lunaire** (la sensibilité etc.).
— Si l'on veut utiliser les personnages, on dira que l'**Étudiant est dans le royaume de la Mère, ou de l'Enfant, ou de la Muse.**

Ceci va apporter une précision sur la nature des liens existant entre les planètes par maîtrise.

Reprenons l'exemple. On a vu que Mercure avait besoin de la forme d'énergie Cancer pour fonctionner. Encore faut-il que la Lune soit « en état » de faire circuler cette forme d'énergie dans le thème. Pour cela, on dira qu'il est nécessaire que la Lune « fonctionne » correctement.

Mercure dépend donc directement du fonctionnement de la Lune.

Ce qui fait que :

— Si la Lune de cet individu « fonctionne bien », alors Mercure disposera de son énergie Cancer et pourra œuvrer.
— Si la Lune « fonctionne mal », Mercure va avoir quelques difficultés.
La Lune, ici, fait en quelque sorte office de « robinet d'énergie », comme c'est le cas de toutes les planètes pour l'énergie qui les concerne.
Ainsi, la problématique mercurienne de cet individu est constamment liée à la problématique lunaire. Nous allons donc avoir plusieurs pistes d'étude pour Mercure, puisque chaque fois qu'une quelconque question se pose sur Mercure, on peut aller « interroger » la Lune, c'est-à-dire déplacer la question de Mercure, son signe et sa maison, sur celle de la Lune, son signe et sa maison. Car la Lune se trouve elle aussi dans un signe, ce qui va nous permettre de préciser notre étude. Si, par exemple, la Lune est en Taureau, nous allons avoir plusieurs pistes de raisonnement (qui est en fait le même raisonnement appliqué à des situations différentes).

Un exemple de raisonnement : Mercure Cancer et la Lune Taureau

Mercure est en Cancer

Voilà qui nous donne un étudiant très personnel dans ses idées, idées par ailleurs intimement connectées à des sentiments personnels (assez subjectives), quoique assez respectueuses, sans doute, des traditions. Le fait est que cet individu se sert de sa pensée dans une motivation Cancer, c'est-à-dire, entre autres, pour délimiter son identité, et qu'elle est d'autre part très réceptive à l'univers extérieur.

Cependant, dans ce cas, la Lune est maître de Mercure

Ce qui signifie que Mercure est **dépendant de la motivation lunaire de cet individu, et de son comportement.**

La Lune est en Taureau

La motivation de cette Lune est donc de produire quelque chose d'utile et de concret, de maîtriser, posséder et faire fructifier son territoire.

Ceci devient donc une **condition pour Mercure.** Mercure peut délimiter sa personnalité à condition qu'il soit en même temps en situation de produire quelque chose d'utile par ailleurs (là où se trouve la Lune Taureau), ou de maîtriser ou de faire fructifier à cet endroit. Cependant, même si le domaine lunaire et celui de Mercure sont apparemment séparés dans le thème, l'un étant lié à l'autre par un lien de maîtrise conditionnel, les deux domaines finissent par se mélanger : l'étudiant Cancer va sentir, dans son domaine, des impératifs de productivité (Taureau) qui proviennent de la Lune, et qui vont influer sur ses motivations.

Il va se sentir mal à l'aise si sa réflexion, ses études ou recherches — de type Cancer — n'aboutissent pas à quelque chose de concret, de pratique, d'utilisable ou de rentable (ce qui pourtant n'est pas la tasse de thé du Cancer).

Ce ne sera peut-être pas évident pour lui d'étudier dans une situation d'insécurité matérielle (Lune Taureau).

Ses motivations de pensée (Mercure) sont liées à des besoins vitaux (Lune). Il y a des comportements instinctifs dans cette pensée, et préservateurs.

La Lune étant un lieu privilégié de réception de scénarios en provenance de la Mère, certains de ces scénarios vont intervenir dans la façon d'étudier, de penser de cet individu.

On pourra sans doute constater que les motivations Taureau que l'individu a perçues chez sa mère se mêlent à ses propres motivations mercuriennes. Par exemple une motivation du type « fait des études pour pouvoir gagner de l'argent, et travaille » (Taureau) peut avoir beaucoup influencé cet étudiant.

On peut encore imaginer d'autres types de liens : il est possible que cet étudiant porte sa réflexion — par ailleurs très personnelle et subjective (Cancer) — sur des sujets très concrets et pratiques (Taureau), et touchant au quotidien (Lune), ou à la sensibilité (Lune), ou à l'enfance (Lune) etc.

On peut ainsi imaginer quantité d'interactions entre Mercure Cancer et la Lune Taureau, qui nous permettent de **spécifier** un peu mieux le contexte de fonctionnement de ce Mercure.

Si l'on veut imager ce que l'on étudie grâce aux maîtrises, on peut se servir des personnages. Mercure est en Cancer : on peut se le représenter comme un *étudiant* qui a une motivation Cancer. Si ce Mercure est maîtrisé par la Lune, on va dire qu'un autre personnage « se cache » derrière l'étudiant : *l'Enfant, la Mère ou la Muse*. Puisque cette Lune est en Taureau, derrière l'étudiant Cancer se cache un personnage qui a une motivation Taureau. Au bout du compte, analyser réellement la motivation de ce Mercure demande de prendre en compte les motivations de deux personnages, l'une au premier plan (Cancer), et l'autre au second (Taureau).

La motivation au second plan est ce que Stephen Arroyo appelle la « sous-tonalité », et que l'on nomme dans certains livres la « sous-personnalité ». Cette dernière formulation convient bien à l'illustration des positions planétaires sous forme de personnages. Dans notre cas, on dira que l'étudiant Cancer a une sous-personnalité Taureau, ou bien qu'il est « un peu Taureau dans le fond ». La sous-personnalité est un fond de toile, mais qui, justement, donne sa tonalité à l'ensemble du tableau (sa base tonale). Elle est dans tout mais ne se voit pas forcément.

D'après ce que j'ai pu observer dans le cadre de la consultation, il semble que la sous-personnalité de chaque planète soit beaucoup moins consciente que la première. Et il m'a souvent semblé (ce qui paraît logique) qu'elle avait un impact ou un « contrôle » d'autant plus fort sur la motivation première de la planète. Mais ce n'est là qu'un constat expérimental. Les « niveaux de conscience » que représentent les sous-motivations restent encore à étudier en profondeur. En revanche, l'existence d'un lien entre les deux motivations est, je pense, démontrable à la moindre occasion.

Remarquez que chacun peut entre autres méditer sur la sous-motivation de son signe, c'est-à-dire de son Soleil. Si l'on prend un individu Taureau, il y a douze sous-motivations possibles, qui vont au bout du compte nous donner douze Taureaux différents. On peut imaginer qu'un Taureau à la sous-motivation Poissons (Soleil Taureau et Vénus en Poissons) soit assez différent d'un Taureau à la sous-motivation Lion (Soleil Taureau et Vénus en Lion). Pour faire l'expérience du sens des maîtrises, j'encourage chacun à tester ce système sur toutes les planètes de son thème.

Il est vrai qu'on pourrait parfaitement ne pas s'arrêter à la première sous-motivation. Si je reprends l'exemple de Mercure Cancer maîtrisé par la Lune Taureau, on remarquera que, puisque la Lune est en Taureau, et que le Taureau est un des deux « royaumes » de Vénus, la

Lune est maîtrisée par Vénus. Dans ce cas, si Vénus est en Balance, cette Lune Taureau a une sous-motivation Balance. Ce qui signifie que Mercure Cancer a une sous-motivation Taureau et une sous-sous-motivation Balance. On peut d'ailleurs continuer comme cela longtemps : on développerait alors une très ancienne technique astrologique, celle des chaînes planétaires, façon un peu archaïque d'étudier la circulation des motivations (ou énergies) dans le thème. Je ne développerai pas ici cette méthode. Je soulignerai simplement qu'au-delà de la deuxième sous-tonalité ou motivation, l'information qu'on obtient devient ingérable, c'est-à-dire qu'à force de couper les cheveux en quatre, huit etc. on ne sait plus très bien sur quel plan on se trouve (et ce qu'on peut en dire ne parle guère à l'individu). Je conseille donc, pour étudier les maîtrises, d'en rester, au maximum, à la deuxième sous-motivation. Sachant qu'il est très fréquent de n'utiliser que la première.

Dans l'exemple que j'ai donné, on ne peut d'ailleurs continuer plus loin : Vénus est en Balance. Elle est donc chez elle. Dans ce cas, Vénus n'a pas de sous-motivation, ce qu'on pourrait exprimer par le fait qu'elle est plus entière, et sans doute moins complexe. C'est le cas de toute planète située « dans » son signe. C'est généralement une planète très forte ou importante dans le thème, c'est-à-dire qu'elle se manifeste au premier plan de la psychologie de l'individu. On comprend facilement pourquoi avec les maîtrises : cette planète n'étant liée à aucune autre, elle va en revanche maîtriser plusieurs autres planètes. Elle est en quelque sorte « centrale ». C'est ainsi que le système des maîtrises nous permet, au passage, de comprendre la particularité d'un Soleil Lion : il n'est maîtrisé par aucune autre planète. Il est central.

Je ferai une dernière remarque au sujet des maîtres planétaires. Si cette méthode permet de mieux étudier la complexité d'une motivation planétaire, elle est également très utile dans le cas d'un « problème » apparaissant dans le vécu d'une planète. La plupart du temps, le maître de cette planète y est pour quelque chose.

Pour ne pas multiplier les exemples, je reprendrai celui de Mercure Cancer. Si le vécu de ce Mercure est problématique, c'est-à-dire que l'individu ne réussit pas entièrement, par exemple, à s'autonomiser sur le plan de sa pensée, on peut aller voir la Lune. Si la Lune est en Taureau, il y a peut-être déjà un « problème » sur cette Lune. Est-ce que l'individu « vit » le Taureau sur le plan lunaire ? C'est vital pour lui, et cela fait partie de son équilibre fondamental. On peut donc se poser quelques questions sur sa Lune Taureau : est-ce qu'il produit par lui-même ? Ou bien est-ce que, pour la majorité des cas, il consomme ?

Est-ce qu'il est, sur ce plan, dans un besoin instinctif et peu contrôlable, ou est-ce qu'il a une conscience qu'il y a aussi, là-dedans, beaucoup de désir (contrôlable cette fois) ? Si, sur le plan de la Lune Taureau, cet individu est essentiellement dans le « besoin compulsif de matière » (et donc dans la dépendance), c'est qu'il n'a pas encore pris entièrement contact avec sa puissance de production à cet endroit. Dans ce cas, on comprend que son Mercure Cancer ait des difficultés à s'autonomiser. Si Mercure Cancer est une planète clé du thème, la Lune devient elle aussi très importante, puisqu'elle nous permet de travailler « en amont » du problème mercurien.

LES MAÎTRES DE MAISONS

Nous venons d'étudier la maîtrise d'une planète sur une autre, dont nous avons vu qu'elle pouvait être définie par une fonction qui conditionnait une autre fonction. Ce système s'applique également aux maisons.

Il y a en effet douze maisons dans un thème, et chacune « tombe » dans un signe particulier. Nous avons vu que ce signe représentait l'angle d'approche selon lequel l'individu allait à la rencontre de l'expérience de la maison. Si l'on exprime la maison sous forme de scène, on peut encore définir le signe de cette maison comme le décor ou l'univers de cette scène.

Prenons l'exemple d'un individu ayant dans son thème une maison 5 Verseau. On peut en déduire que la façon dont l'individu aborde l'expérience de l'expression personnelle est Verseau, c'est-à-dire que son expression va être particulièrement centrée sur la création de principes sociaux, conceptuels et abstraits, dont la motivation centrale est une restauration de la liberté individuelle. La créativité de cette maison 5 est assez moderne.

Seulement, pour aborder cette expérience de cette manière, encore faut-il que l'individu puisse disposer de la forme d'énergie Verseau en lui et l'utiliser. Comme nous l'avons vu, c'est le Maître du Verseau, Saturne, qui est « responsable » de cela : Saturne devient donc le maître de la maison 5. À partir de là, on peut raisonner exactement comme nous l'avons fait pour les maîtrises entre planètes, en disant que si

Saturne « fonctionne bien » là où il se trouve, alors l'énergie Verseau sera libérée et disponible, et l'individu pourra aborder d'une manière Verseau sa maison 5. Dans le cas contraire, l'énergie Verseau sera partiellement ou totalement bloquée, et la maison 5 va être abordée avec difficulté.

Ainsi, de la même manière que nous avons vu qu'une fonction pouvait être conditionnée par une autre, l'accès à une expérience (maison) peut être conditionné par le vécu d'une fonction.

Continuons notre exemple.

Supposons dans ce cas que Saturne, maître de la maison 5 Verseau, se trouve en Poissons, et en maison 7. Ceci aurait tendance à signifier, entre autres, que l'individu va délimiter puis consolider son identité sociale (Saturne) en s'engageant dans une relation (maison 7). En outre, on sait que Saturne, dans ce contexte, va opérer d'une manière Poissons, c'est-à-dire selon une motivation qui le pousse à établir un pont entre le passé et le futur, si possible sans se retourner et sans tomber dans une nostalgie paralysante. Saturne Poissons, ici, va établir ce pont dans le contexte de la maison 7, c'est-à-dire qu'il va centrer son action sur toutes les formes relationnelles (maison 7). Il a en quelque sorte la capacité de laisser se construire (Saturne Poissons) n'importe quelle relation ou association, indépendamment des valeurs et principes selon lesquels la société où il vit a dit qu'une relation devait se construire. Saturne Poissons en 7 peut faire cela grâce à son haut degré de relativité sur ce qu'est une relation, sur laquelle il fonde toute sa relation au monde (maison 7).

Comme ce Saturne est maître de la maison 5, l'expression de la créativité sous une forme Verseau dépend de la « réussite » de l'opération Saturne Poissons en maison 7. Si l'individu réussit à concrétiser (Saturne) dans une relation réelle la relativité et le « passage » que propose Saturne Poissons en 7, alors il pourra aborder sa maison 5 en Verseau. Si au contraire, comme ce peut être le cas d'un tel Saturne durant un certain temps, l'individu a terriblement peur de s'ouvrir à l'aspect incontrôlable d'une relation, alors l'énergie Verseau va être difficilement libérée dans le thème, et donc difficilement utilisable en maison 5.

D'autre part, exactement comme c'était le cas avec les planètes, on dira que, puisque l'abord de la maison 5 est perpétuellement conditionné par un vécu planétaire en maison 7, ce qui aura lieu en maison 5 aura constamment partie liée à l'expérience de la maison 7 : l'expression créative de cet individu a quelque chose à voir avec la relation.

On peut ainsi poser deux choses :

— c'est en osant s'engager dans une relation que l'individu libère sa capacité d'expression personnelle ;

— cette expression personnelle est concernée par le vécu et les enseignements de Saturne en 7. Par exemple, s'il exprime personnellement une théorie sociale (maison 5 Verseau), peut-être sera-t-elle basée sur une extension sociale de la peur de l'engagement relationnel, ou encore sur le cloisonnement des relations (comme Saturne en 7 sait très bien le faire : « ceci est une amitié amoureuse, et ceci est un amour amical, c'est très différent... ») etc.

Autrement dit, la position du maître de la maison 5 **spécialise l'orientation, pour cet individu, de sa maison 5.**

LIENS D'UNE PLANÈTE EN SIGNE ET EN MAISON AVEC SES MAÎTRES

D'après ce que nous avons vu, on s'aperçoit que le vécu d'une planète en signe et en maison est, dans le système des maîtrises, lié au plus à deux conditions. Il est en effet nécessaire que :

— le maître du signe de cette planète fonctionne « correctement » dans son signe et sa maison ;

— le maître de la maison qu'occupe cette planète fonctionne « correctement » dans son signe et sa maison.

Toute facilité ou difficulté rencontrée par l'un des maîtres se répercute immédiatement sur la planète ou la maison maîtrisée.

On peut résumer ces deux règles de cette façon :

a - le maître d'une planète **spécialise et conditionne l'activité planétaire** qu'il maîtrise ;

b - le maître d'une maison **spécialise et conditionne l'abord de l'expérience** de cette maison.

Cela dit, j'ai tendance à porter une attention particulière aux maîtrises de maisons, car l'information qu'elles apportent est extrêmement riche. Principalement pour deux raisons. Pour mieux le comprendre, prenons l'exemple d'un Mars Vierge en maison 6 Lion.

1 - Pour que ce Mars fonctionne, il semble qu'il y ait comme une primeur donnée à l'ouverture de la maison. **J'ai souvent constaté qu'un individu chez qui l'énergie nécessaire pour aborder une maison ne « circule pas » (ici l'énergie Lion) a beaucoup de difficultés à faire fonctionner la planète présente dans cette maison (ici Mars en Vierge).**

On peut, à ce titre, s'imaginer la maison comme une pièce dans laquelle on ne peut pénétrer sans clef. Cette clef est le signe de la maison, et plus exactement le maître du signe de cette maison. C'est dire l'importance des maîtres de maisons, qui transforment le vécu du thème en une sorte de Fort Boyard, où les maisons et les signes des maîtres représentent autant de tests à passer pour « ouvrir » les maisons dont ils sont responsables.

2 - Les maîtres de maisons ont donc une lourde responsabilité. Ils doivent au minimum relever deux défis : celui du signe et de la maison où ils se trouvent, et celui de la maison dont ils sont maîtres avec, éventuellement, celui de la planète qui s'y trouve. Si le maître est responsable de deux maisons, les défis se multiplient (sachant qu'il arrive qu'une planète soit maître de quatre maisons, ce qui lui donne cinq défis à relever).

Reprenons, pour illustrer cela, l'exemple de Mars Vierge en 6 Lion. Le Soleil est maître du Lion et donc de la maison 6. Mettons que le Soleil se trouve en maison 10, en Scorpion. Bien que le Soleil ait déjà son propre « travail » à réaliser en maison 10 et en Scorpion, il est responsable, par ce travail, de l'ouverture de la maison 6, et par là, du vécu de Mars en Vierge. Finalement, c'est un peu comme s'il se « coltinait » la question de ce Mars Vierge, en maison 10. Ceci fait que si Mars rencontre des problèmes, nous allons les retrouver en maison 10. Il y a un transfert de la maison 6 à la maison 10, pour le meilleur comme pour le pire. Imaginons par exemple que Mars soit conjoint à Pluton, ce qui donne, en simplifiant beaucoup :

— soit une capacité d'initiative extrêmement puissante et douée d'une forte implication dans l'essentiel des questions « planétaires » posées par la génération de cet individu ou plus ;

— soit une initiative personnelle niée, et peut-être autodestructrice, ou subordonnée aux transformations de fond et aux absolus de la collectivité.

Dans ce cas, ces deux possibilités de vécu en maison 6 vont être transférées en maison 10. Le Soleil est maître de la maison 6, donc il devra gérer, en maison 10, la situation de transition et de crise propre à la maison 6 — colorée par la conjonction Mars Pluton — laquelle va influencer la recherche solaire de vocation sur la scène sociale (maison 10). Bref, on retrouve, dans le Soleil et sa maison, la question de Mars conjoint à Pluton.

Ainsi, si l'on veut réfléchir sur le « déclencheur » de cette conjonction Mars-Pluton en Vierge en maison 6, on peut raisonner sur le Soleil en 10, et si l'on étudie le Soleil en 10, on est forcé de prendre en compte ce qu'il « porte », c'est-à-dire la maison 6 avec sa conjonction.

Finalement, on s'aperçoit que même indépendamment des aspects astrologiques, une planète est rarement seule, sauf dans le cas particulier où elle se trouve dans son signe et dans la maison qu'elle maîtrise.

PARTICULARITÉ DE L'ASCENDANT ET DU MAÎTRE D'ASCENDANT

L'Ascendant, nous l'avons vu au chapitre 5, est la cuspide de la maison 1, c'est-à-dire qu'il « ouvre » l'expérience de la maison 1. Cette expérience est fondamentale puisque **c'est elle qui donne le ton à toute l'aventure d'individualisation** qui va avoir lieu dans les onze expériences suivantes. La manière dont on l'« ouvre » ou l'aborde est donc cruciale. C'est pourquoi on peut définir l'Ascendant comme **la définition d'un chemin pour aller vers la totalité de soi, c'est-à-dire vers son Soleil.** Sur ce grand chemin, on aura à se « colleter » avec différentes situations : les expériences des maisons occupées par les planètes, mais globalement, tout cela se fait dans la direction de ce grand chemin. Pour résumer, on peut donc voir le Soleil d'un individu comme un **but** qu'il cherche à atteindre, vers lequel il progresse tout au long de sa vie, et l'Ascendant comme la **direction** qu'il prend pour y aller.

Cela étant, c'est encore le signe de l'Ascendant, comme c'est le cas de tous les signes de maisons, qui nous donne le décor dans lequel va se dérouler l'expérience de la maison 1, ainsi que l'approche que va adopter l'individu. En d'autres termes, le signe de l'Ascendant nous donne le **genre de chemin de vie** que choisit l'individu pour aller vers lui-même. Il est donc fondamental, car c'est par ce chemin, ou grâce à cette forme de l'énergie vitale, qu'il pourra prendre conscience de son unicité. On peut presque dire que **si le thème est une histoire, alors le signe de l'Ascendant est le décor général de cette histoire**, beaucoup plus que le signe du Soleil, qui lui représente le thème de la quête, le « dénouement » de cette histoire, mais pas le chemin.

En cours, pour donner un sentiment à chacun de ce que peut représenter son Ascendant, je pose parfois la question (terrible) : « Si vous pouviez expliquer en quelques mots ce qu'est votre histoire dans cette vie, que diriez-vous ? » Bien entendu, l'Ascendant ne contient pas toute cette histoire, qui est celle du thème, et principalement fondée sur le Soleil. Mais bien souvent, en posant cette question, chacun est porté à revenir à la source pressentie et consciente de cette histoire, ce qui cette fois se rapproche très près de ce que l'on définit par « Ascendant ».

C'est là une manière de prendre contact avec cette dimension en soi. Il y en a beaucoup d'autres. À vrai dire, la notion d'Ascendant est pratiquement inépuisable, en partant de celle de chemin de vie jusqu'à celle de première conscience de soi, en passant par celle d'un possible lieu de contact avec son âme. C'est un peu selon l'intuition de chacun. Personnellement je ne connais pas d'astrologue, quelle que soit son expérience, qui ait terminé de cerner cette notion, qui est probablement une des plus difficiles à saisir dans le thème.

Cependant nous avons vu que, pour « disposer » d'une forme quelconque d'énergie dans le thème, il fallait que son maître soit en mesure de la libérer et de la faire circuler. Ainsi, si le signe de l'Ascendant est fondamental pour définir le chemin de vie d'un individu, son maître l'est tout autant, puisque c'est de lui, dirons-nous, que dépend la possibilité de **s'engager** sur ce chemin. Le maître d'Ascendant est comme une porte au début du chemin. On peut encore le voir comme un test à passer pour s'engager sur le chemin : c'est le « maître » du chemin de vie.

Après le Soleil, le maître d'Ascendant est donc un des grands acteurs du thème. C'est lui qui ouvre la voie, donne le ton à la quête que représente le thème. Plus précisément, le maître d'Ascendant est celui qui spécialise et conditionne la forme de ce chemin. Si on fait le calcul, il y a (si on fait abstraction des maîtres du signe et de la maison, ainsi que des aspects de ce maître) au moins 1440 spécialisations et conditions possibles pour un même Ascendant. Ceci pour donner une idée de ce qui fait que deux mêmes Ascendants peuvent être vécus si différemment.

En consultation, j'ai pu entendre un certain nombre d'individus qui, après quelques difficultés rencontrées dans le vécu de leur maître d'Ascendant, avaient «rétabli» la situation. Beaucoup d'entre eux formulaient alors le sentiment de pouvoir «reprendre leur vie en main» ou le sentiment «d'être à nouveau à la barre de leur vie» ou encore d'avoir retrouvé un sens à leur vie: le chemin vers leur Soleil venait de se réouvrir. C'est dire la question fondamentale que soulève le maître d'Ascendant.

Si le maître d'Ascendant est si fondamental, on comprendra que son signe et la maison qu'il occupe soient déterminants. Comme nous l'avons vu, ils vont définir avec précision le contexte qui conditionne l'ouverture de l'Ascendant. Au bout du compte, le signe de l'Ascendant, le signe de son maître et la maison qu'il occupe «fusionnent» en un seul scénario de base qui définit la particularité du chemin d'un individu vers son Soleil.

Bien entendu, on peut ne pas s'arrêter à ce stade, et analyser, si on le souhaite, le maître du maître d'Ascendant, et tout particulièrement le maître de la maison qu'il occupe. Plusieurs planètes sont souvent impliquées dans cette définition du chemin, et leur analyse peut parfois nous mener à saisir le thème dans sa globalité.

UTILISATION DES MAÎTRISES DANS LA MISE EN SCÈNE DES PERSONNAGES PLANÉTAIRES

La technique des maîtrises est un moyen de donner un peu plus de corps et de précision aux personnages du thème. L'important est de s'habituer à rester dans le langage imagé, car c'est dans ce langage que cette technique déploit tout son pouvoir d'évocation.

Prenons l'exemple de la Lune Verseau en maison 10 Capricorne du thème A.

1re étape: construction du personnage sans ses maîtres

La démarche à suivre ici est celle exposée dans le chapitre 6 pour la mise en scène des personnages.

Reprenons le personnage construit pour la Lune Verseau en maison 10 Capricorne du thème A (page 185) : une militante politique inspiratrice, dans le cadre d'un parti, de nouvelles directions humanitaires, écologiques et technologiques.

2e étape : précision du contexte dans lequel le personnage évolue, grâce au maître de sa maison

Ici, puisque la maison 10 est Capricorne, le maître de la maison 10 est Saturne. Dans le thème A, Saturne est en Lion, et en maison 5 Lion. Le personnage construit pour ce Saturne est un architecte qui a dû beaucoup travailler sur ses créations au départ, créations qui ont été le lieu d'une initiation identitaire pour lui (le doute, la peur saturnienne etc.).

La façon Capricorne d'aborder le champ de la vocation sociale (maison 10) est constamment liée à ce Saturne Lion en maison 5 Lion.

En d'autre termes, l'inscription dans les structures sociales Capricorne est liée à l'architecte.

Cela va nous permettre de préciser l'approche Capricorne en maison 10, selon la règle vu précédemment :

Le maître d'une maison

a - spécialise le contexte de cette maison.
b - conditionne l'abord de l'expérience de cette maison.

a - Saturne en Lion en maison 5 spécialise l'approche Capricorne de la maison 10

Le cadre institutionnel Capricorne que nous avons imaginé est « lié à la création architecturale » (je rappelle que ce ne sont là que des images symboliques).

On pourrait, si l'on voulait, préciser encore un peu plus cette création architecturale : la maison 5 est Lion. Le maître de la maison 5 étant le Soleil, l'expérience créative de la maison 5 est liée à l'emplacement du Soleil en signe et en maison. Dans le thème A, le Soleil est Cancer, en maison 3 : notre roi Cancer, doux et imaginatif, fortement personnel et influent par son savoir-faire (voir page 160). On va donc avoir une création spécialisée par cet autre personnage. Ce sera sans doute une architecture d'autant plus personnelle et fière (« c'est mon style, c'est à prendre ou à laisser »), mais peut-être assez préoccupée par les intérieurs (Cancer), avec des espaces bien délimités pour chaque activité, et précisément adaptée à la personnalité des futurs occupants.

Mais reprenons la spécialisation de la maison 10. Nous disions que le cadre social institutionnel dans lequel cherche à s'inscrire la vocation de notre individu était lié à son « activité de création architecturale ». Cela va nous obliger à modifier le contexte Capricorne que nous avions imaginé. Idéalement, il faudrait intégrer cette expression créative personnelle à sa participation à la politique du pays. Si cette connexion aux structures sociales est associée à son expression architecturale, on pourrait imaginer, par exemple, que notre individu va « socialiser » son architecture. On peut l'imaginer participant à des projets architecturaux d'État. Il propose ses créations (Saturne Lion), mais dans le cadre d'une contribution et d'une utilité sociales (Capricorne).

Cela étant posé, la Lune est en maison 10. Le personnage va changer, puisque la nourricière et inspiratrice de nouvelles idéologies n'est plus en rapport avec ce nouveau contexte. Il nous faut la modifier légèrement. Il s'agit maintenant de projets architecturaux officiels. Donc cette Lune Verseau va développer son rôle de nourricière et inspiratrice dans ce cadre. Ce sera par exemple une mère inspiratrice de nouveaux concepts architecturaux, assez osés, novateurs. Elle prône l'utilisation du verre et du métal, une architecture d'avant-garde, ainsi que des bâtiment construits à partir d'un concept, d'une idée présidant à la forme, et qui se doivent de ne ressembler à aucun autre. C'est une Lune Verseau (sensibilité au futur), donc il est probable qu'en maison 10, elle soit particulièrement apte à capter ce qui sera l'architecture de demain. C'est vraiment en cela une avant-gardiste.

On peut déjà tirer de ce petit scénario quelques remarques. D'abord, il y a une dualité assez forte dans cette démarche. En effet, la vocation est Capricorne, c'est-à-dire qu'elle est emprunte d'une volonté de contribution et de responsabilité sociale, avec tout ce que cela peut signifier en termes de renoncement à une logique strictement individuelle. Or ce qui sous-tend cette approche est une démarche Lion de type maison 5 (qui plus est maîtrisée par une dynamique Cancer). À cela s'ajoute que la Lune est présente en maison 10, personnage éminemment personnel. Il y a donc une nécessité d'harmonisation d'une démarche sociale avec une démarche très personnelle, sous peine de conflit. Il y a deux manières d'imaginer cela : soit une reconnaissance sociale suffisante de l'œuvre architecturale du Lion, au point qu'il puisse adopter en fin de compte une démarche de générosité sociale (don du Lion une fois qu'il est « sécurisé » sur sa valeur) ; soit une logique de pouvoir personnel : on cherche à être un personnage puissant socialement, et indépendant de tout parti (on a du mal à imaginer Saturne Lion et la Lune Verseau accepter de s'entendre dire : « faites-nous quelque chose dans le style Hausmannien »).

b - Saturne en Lion conditionne l'abord de la maison 10

On peut déduire de cela qu'il est nécessaire que l'individu développe une démarche de création personnelle pour pouvoir aller à la rencontre de sa vocation. L'expérience de la maison 10 nous renvoie à celle de la maison 5. Or, Saturne s'y trouve, et nous avons vu qu'il y avait là toute une initiation, laquelle s'effectuait par une traversée de la peur d'assumer sa différence créative, dont dépendaient une conscience et une confiance identitaires plus ou moins solides. Tout dépend de l'attitude du maître Saturne en soi : maître qui freine ou maître qui pousse ? Et voilà qui nous ramène à la manière dont a été considéré, dans son activité créative d'enfant (maison 5), ce futur architecte.

Il est fréquent, avec Saturne en 5, d'avoir des enfants qui ont été responsabilisés très tôt (Saturne). Ces enfants développent leur créativité par le biais de la responsabilisation saturnienne et de sa caractéristique structurante et réaliste. Tout dépend donc du vécu saturnien. Interdiction, frustration ou structuration, et penchant à réaliser et à travailler dur : c'est souvent les deux (l'un étant lié à l'autre). Toutefois, il arrive avec cette position qu'un enfant soit poussé à être adulte avant l'heure, ce qui ne laisse pas beaucoup de place au développement de « son enfant intérieur » et de la liberté créative qui lui est propre. On retrouve, quelques années plus tard, la nécessité pour ces individus de s'autoriser à laisser s'exprimer leur enfant, entre autres par le biais de créations. Mais ce seront des créations saturniennes de toutes façons (au mieux dans leur facette positive et structurante : l'architecte par exemple).

Dans le cas du thème A, tant que cet enfant « n'assume » pas ses créations et reste sous le « joug » saturnien, l'individu va avoir des difficultés à contacter sa vocation. Toute maison qui se trouve dans le thème maîtrisé par Saturne est liée à cette condition. C'est le cas des maisons Capricorne (s'il y en a d'autres) et de la maison (ou des maisons) Verseau. Dans le cas du thème A, on pourra remarquer que la maison 11 (Verseau) est également liée à cette condition.

3ᵉ étape : précision de la motivation de la planète grâce au maître de son signe

Dans le thème A, la Lune est en Verseau, donc elle est aussi maîtrisée par Saturne en maison 5. Ce n'est pas le contexte de l'expérience de la maison 10 qui est cette fois en question, mais le comportement de la Lune dans cette expérience.

Nous procéderons donc suivant la règle vu précédemment :

le maître d'une planète **spécialise et conditionne l'activité planétaire** qu'il maîtrise.

La distinction des deux dimensions de spécialisation et condition ayant été vue, nous les aborderons cette fois simultanément.

A priori, nous l'avons vu, La Lune a une motivation Verseau dans un « contexte d'architecture officielle ». Mais cette motivation Verseau en maison 10 a une sous-motivation Lion en maison 5. Donc, encore une fois, nous pouvons dire que son activité de « maman » inspiratrice est reliée à la capacité de l'architecte d'oser s'exprimer personnellement. Tant que l'architecte ne prend pas ce risque, la Lune ne va pas réussir à fonctionner, ou bien va fonctionner de manière déviée ou « négative ». Cette manière-là, chez la Lune Verseau, peut par exemple s'exprimer par une attitude très contestataire et révoltée, refusant de s'inscrire dans quoi que ce soit de social et d'institutionnel. C'est la Lune Verseau qui refuse d'intégrer sa vision « révolutionnaire » à la réalité existante, préférant penser que ce monde est coincé et dépassé, et qu'il vaut mieux s'en affranchir que de chercher à le faire évoluer. S'agissant d'un comportement mis en place par la Lune, ce sera doublement un comportement de sécurité. Cette contestation et ce refus d'intégration relèvent d'un comportement de repli qui risque d'être quotidien (Lune) et ressenti comme une nécessité de protection vitale (Lune), et dont on pourrait presque dire qu'ils sont inconsciemment vécus comme une nourriture nécessaire. Grâce aux maîtrises, on saura que ce comportement, s'il a lieu, est probablement lié à une peur de laisser s'exprimer librement sa créativité en maison 5 (c'est ainsi que cet individu, dans l'éventuelle peur de créer, peut développer des besoins vitaux « compensatoires » et essentiellement basés sur la peur, besoins créés de toutes pièces, dont on peut concevoir qu'ils ne mènent pas cet individu à se donner ce dont il a réellement besoin).

On a ici le cas d'un même maître pour la maison et la planète. Ce pourrait, bien sûr, ne pas être le cas. Si la maison 10 avait été Sagittaire, par exemple, et la Lune Capricorne. Dans ce cas, on aurait eu Jupiter pour maître de maison, et Saturne pour maître planétaire. Mais le raisonnement aurait été le même, sauf qu'on aurait dû étudier deux sous-problématiques différentes. Nous aurons un exemple de ce type de configuration dans les exemples des chapitres suivants.

4e étape (facultative) : étude des maîtres du maître de maison et du maître planétaire

Nous en avons déjà un peu parlé dans la 2e étape, Saturne est maître de la maison 10, mais dans le thème A, le Soleil est maître de la maison 5 où se trouve Saturne. Puisque Saturne est aussi le maître de la Lune, cette seconde maîtrise concerne également la Lune.

Le Soleil Cancer en maison 3 devient un personnage très important dans ce thème : d'une part par sa nature (c'est le « but créateur » de l'individu), d'autre part par sa maîtrise de Saturne, maître de la maison 10 et de la Lune. L'accès à l'expérience d'expression créative (maison 5) dont dépend la vocation sociale de cet individu (maison 10) est donc à son tour lié à la capacité de rayonnement du Soleil Cancer en maison 3. Beaucoup de choses, dans ce petit scénario à trois personnages, dépendent du roi Cancer et du savoir-faire qu'il va être à même de définir et d'imposer dans son royaume. On peut en déduire qu'il y a une forte nécessité, pour cet individu, de procéder à l'expérimentation du bien-fondé de sa pensée personnelle (maison 3) ou encore d'une technique personnelle Cancer, quelconque, qu'il pourrait développer. Cette technique peut être imaginaire (Cancer), liée au monde de l'enfance ou de la famille (Cancer) etc. (il faut explorer les différentes possibilités qu'offre le signe). Mais on connaît le risque de dépendance du cercle que doit affronter le Cancer, celui de la famille en particulier (de la mère entre autres). Réussir à développer une autonomie sur le plan de sa pensée ou d'un savoir-faire particulier est donc un enjeu central de ce thème.

On peut s'amuser à cerner un peu mieux ce savoir-faire par le maître de la maison 3 Cancer: la Lune Verseau en maison 10 (décidément !). Supposons qu'il y ait eu, dans la famille (Cancer) plusieurs écrivains (maison 3 et imagination Cancer) spécialistes de la science-fiction et des romans d'anticipation sociale (Lune Verseau en maison 10 maître de la maison 3). Pour caricaturer, l'individu ayant ce Soleil Cancer en maison 3 peut très bien ne pas sortir de ce contexte: très tôt il se met à écrire des romans de science-fiction. La question va être alors de savoir:

1) S'il réussit, dans ce cas, à développer son propre style, dans toute sa différence, ou bien s'il écrit à la manière de sa mère, de son père ou d'autres membres de la famille. Ou encore, toujours sur la base d'un pouvoir imaginaire (Soleil Cancer), s'il peut mettre en place un savoir-faire personnel et individualisé dans un autre contexte que celui de l'écriture de romans.

2) Dans ces différentes possibilités de développements personnels, en admettant qu'il réussisse à les mettre en place, pourra-t-il ne pas être dépendant, encore une fois, du contexte familial, par exemple en ne comptant pas seulement sur l'aide de sa mère ou de son père (éventuellement très « introduits ») pour faire reconnaître sa spécificité.

De ces deux questions d'autonomie dépend, comme une réaction en chaîne, la capacité de cet individu à s'exprimer personnellement (maison 5) et de là, à investir sa vocation sociale (maison 10).

Nous avons donc vu, dans ce chapitre, comment on pouvait relier différents personnages entre eux. Cette technique peut être utilisée sur tous les personnages du thème, jusqu'à développer, peu à peu, une histoire générale. C'est ce que j'appelle la technique des scénarios dans l'interprétation du thème. Elle suppose néanmoins qu'on aborde les maîtrises selon certaines priorités et selon un certain « canevas », ou ordre de développement « scénarique ». C'est que ce que nous étudierons dans le chapitre 8.

8

LA TECHNIQUE DES SCÉNARIOS

Même lorsqu'on y est habitué, la vision qu'offre le dessin d'un thème reste déconcertante : 12 maisons, réparties dans les 12 signes du zodiaque ; 10 planètes, réparties dans certaines de ces 12 maisons et liées entre elles par une quantité plus ou moins grande d'aspects astrologiques, sans compter les nœuds lunaires, les transits et progressions secondaires, la Lune noire si vous l'utilisez, ou encore, les parts.

Une véritable usine à gaz !

J'ai souvent observé, en cours, les élèves lorsqu'ils s'apprêtaient à interpréter un thème : perplexes. Perplexes car il est vrai qu'au départ, on se trouve devant un thème un peu comme devant une pelote de fils entremêlés : par où commence-t-on ?

Pour résoudre ce problème, les méthodes analytiques nous proposent des règles, des schémas, des calculs : calculez d'abord la « dominante » du thème, commencez par les aspects au Soleil ou à l'Ascendant, valorisez particulièrement les planètes aux angles etc. Ce sont des méthodes très utiles lorsqu'on a besoin, au début, de structurer sa pensée ou bien de systématiser l'approche d'un thème. Elles présentent cependant un risque : sans équilibrer l'étude du thème par une approche intuitive et imagée, on accumule détails sur détails, données sur données, règles sur règles, les conclusions auxquelles on aboutit sont parfois contradictoires, et au bout du compte, le niveau d'analyse et de détail est tel qu'on ne sait plus comment tout cela s'organise. Le réflexe, dans ce cas-là (il faut bien s'en sortir), est d'abandonner littéralement certains aspects du thème, parce qu'ils « gênent » une petite cohérence qu'on a perçue. C'est déjà un miracle d'être arrivé à rassembler trois ou quatre éléments, on ne va donc pas tout « gâcher » avec ce qui est à côté et que l'on ne comprend pas. C'est la « politique de l'autruche », que nous connaissons bien. Très souvent, certaines choses contredisent notre raisonnement dans le thème, et on ne veut pas en entendre parler. Le problème, c'est que ce que l'on met de côté dans un thème, si on le considère, modifie très sensiblement toutes les conclusions partielles auxquelles on peut aboutir. Prenant conscience de cela, il arrive qu'on essaie de nouveau d'assembler tous les éléments du puzzle. Mais ces éléments ont tellement été morcelés au départ par l'analyse que c'est pratiquement irréalisable.

Donc, pour nous résumer, vous étiez ravi à l'idée d'étudier un thème, une vraie joie que de mettre une fois de plus en pratique vos connaissances astrologiques, vous aviez sorti tous vos livres, vos cours, préparé un petit thé même, pour l'occasion, et pris place dans votre meilleur fauteuil. Et voilà qu'on vous retrouve, quelques heures plus tard, aux prises avec un véritable cauchemar mental.

Interpréter un thème demande invariablement une approche *globale* des positions planétaires. Ce n'est pas qu'un simple exercice de style proposé par l'école holiste. C'est un stade technique dont on ne peut faire l'économie.

Le fait est qu'un thème astral est *toujours* celui d'un individu unique au monde. Dans tous les cas, ce qu'on y découvrira n'existe dans aucun manuel: en astrologie, on passe son temps à étudier des exceptions. Dès que l'on se penche sur le dessin du thème, on atterrit sur une autre planète. Si la personne s'appelle Laurence, lorsque vous étudiez son thème, vous arrivez sur la planète Laurence et, comme c'est chaque fois le cas lorsque vous sortez du spatioport, vous n'y comprenez rien. La langue n'est pas la même, la nourriture est différente, les taxis sont bizarres, la monnaie paraît un peu abstraite. Pourtant, il faut s'habituer, car tout cela a sans aucun doute possible une cohérence. Pour la saisir, il est d'abord nécessaire de laisser les détails de côté, et d'approcher cette planète de manière «panoramique».

Parce qu'elle synthétise, pas à pas, les conclusions sur le thème par des images, la technique des scénarios permet d'aboutir rapidement et méthodiquement à une vision de l'ensemble du thème. Dès la première analyse elle met le cap sur la construction d'une *histoire* dans le thème, ce qui est bien plus facilement gérable, à mon sens, qu'une imbrication complexe d'analyses partielles et conceptuelles. L'histoire qu'on peut construire dans le thème grâce à cette technique se bâtit exactement comme un fleuve s'adapte sans résister à toutes les infractuosités qu'il rencontre. Petit à petit, elle intègre toutes les contradictions apparentes du thème. C'est même un jeu que de dessiner son cours et de la laisser se développer dans des directions imprévues.

On peut utiliser la technique des scénarios à plusieurs niveaux. Le premier, que je vais présenter ici, ne tient pas compte explicitement des aspects dans le thème: on peut approcher la globalité d'un thème sans ces outils-là. Cela étant, les liens que l'on va établir entre planètes (par maîtrise entre autres) tiennent compte inconciemment de la notion d'angle planétaire ou d'aspect. Nous l'avons vu à la fin du chapitre 5 (scénario Lune Gémeaux-Saturne Sagittaire), on peut d'une certaine manière considérer que la position en signe d'une planète *induit* un certain type de rapports avec les autres planètes en signe, ce qui se rapproche (en partie seulement) de ce que l'on étudie grâce aux aspects astrologiques.

Voyons maintenant de quoi il s'agit.

Puisque les vécus imaginés pour les symboles du thème ne peuvent être exhaustifs, il importe que leurs illustrations imaginaires soient très précisément reliées à la signification des symboles. Sans quoi la mise en scène du thème n'est qu'une fantaisie issue de l'interprète. C'est tout l'art de cette technique de savoir libérer l'imaginaire dans le cadre d'une fidélité rigoureuse aux significations symboliques.

La technique des scénarios, évidemment, évolue en fonction de l'expérience de l'astrologue. Plus l'astrologue aura pu emmagasiner de notions vécues sur chaque position planétaire, plus sa capacité d'illustration sera subtile et sensée. Cela ne veut pas dire qu'un débutant en astrologie ne puisse pas utiliser la technique des scénarios. Seulement, au départ, la personne débutante en astrologie aura plus de chances de créer des histoires significatives en restant très près des illustrations-types. La « personnalisation » de ses histoires en fonction de ses propres intuitions se développera peu à peu au gré de son expérience pratique.

De la même manière que raconter une histoire suppose qu'on ait en tête une structure narrative, le développement de scénarios dans le thème demande un peu d'ordre. Il existe pour cela différentes techniques possibles. Suite à la phase de préparation que demande l'approche « scénarique », je vais ici en exposer deux, sachant qu'il est possible d'en expérimenter beaucoup d'autres, ceci étant fonction de la créativité de chacun.

PRÉPARATION DU SCÉNARIO : L'APPROCHE INTUITIVE DU THÈME

Que se passe-t-il lorsqu'on observe un thème ? Que ressent-on quand on parcourt le dessin que l'on a devant soi ? On peut penser qu'avant d'entamer l'analyse, il ne se passe rien. Pourtant, avant même de les «lire», on est confronté visuellement à quantité de symboles. On peut même dire que l'ensemble du dessin forme à lui seul un grand symbole. Une sorte de mandala. Et il est certain que l'on *reçoit* quelque chose sur un plan très inconscient lorsqu'on regarde ce petit mandala. Ce grand symbole, si l'on s'efforce de le *regarder* avant de chercher à le *comprendre*, provoque des images «mentales» que l'on peut s'exercer à capter. Mon avis est que ces images peuvent être d'une grande aide pour guider le travail par la suite. Le problème, c'est qu'on fait souvent «barrage» à ce type de perceptions.

Je citerai à ce sujet un extrait du fameux *Saturne, un regard nouveau sur un vieux démon* de Liz Greene[1], où elle explique le genre de barrage aux perceptions que l'on peut mettre en place lors d'une rencontre, un texte tout à fait applicable, selon moi, au premier regard porté sur un thème.

> Lors du premier contact, nous percevons beaucoup de choses au sujet de la personnalité de l'autre. En effet, nous sommes sensibles aux signaux subliminaux qui nous arrivent par des milliers de canaux subtils depuis nos compagnons jusqu'à nous, de la même façon que les êtres appartenant aux règnes inférieurs de la nature sont sensibles aux signes de leur environnement. Mais tout ceci est intuitif et nous refusons d'en tenir compte si nos besoins intérieurs entrent en contradiction avec notre projection du compagnon idéal. Invariablement, ce sont les besoins qui sont d'abord exprimés et suscitent une réponse, créant ainsi l'attraction de part et d'autre. Le fait que le partenaire semble, au bout de quelque temps, être différent n'est pas dû à une quelconque mauvaise chance, mais à un choix intérieur délibéré fait dès le premier instant.

Si l'on remplace, ici, les «besoins intérieurs» dont parle Liz Greene par le «besoin de réassurance technique et rationnelle», on a une idée assez juste, me semble-t-il, de ce qui peut arriver lorsqu'on étudie un thème. Chacun de nous a une réaction particulière lorsqu'il regarde un thème pour la première fois. Des idées lui traversent l'esprit, apparemment sans rapport avec le sujet de l'étude, puis une sensation d'ensemble, et plusieurs intuitions. Écouter ces «pressentiments» est à mon sens fondamental dans l'interprétation. Car il est rare que ces sentiments, si on les écoute bien, soient désorganisés. Au contraire, ils

1. Dervy, 1989.

proposent, mine de rien, une future cohérence d'ensemble. C'est ce que Peter Brook, metteur en scène, appelle un «obscur pressentiment». Vous n'aurez pas besoin de réfléchir beaucoup si vous savez *exprimer* les symboles en libérant leur pouvoir évocateur par des images. Je pourrais presque dire : laissez-les faire leur travail ! Pour ma part, je considère même que montrer à quelqu'un son thème, c'est déjà faire une bonne partie du chemin, même s'il n'y connaît rien. Le lien qu'une personne peut établir entre le dessin symbolique qui la concerne et elle-même est plus puissant qu'on ne le croit.

Voici un extrait de *Points de suspension*[1], un ouvrage de Peter Brook traitant de la mise en scène, qui me semble pouvoir éclairer l'attitude dont je viens de parler dans l'approche d'ensemble du thème.

> Quand je commence à travailler sur une pièce, je pars d'un pressentiment obscur et profond, semblable à une odeur, à une couleur ou une ombre. C'est la base de mon travail, mon rôle — c'est ainsi que je me prépare aux répétitions, quelle que soit la pièce que je monte. Cet obscur pressentiment, c'est ma relation avec la pièce.
> (...) La répétition doit créer un climat qui rende les acteurs libres de proposer tout ce qu'ils peuvent apporter à la pièce. C'est pour ça qu'au premier stade, tout est ouvert. Je n'impose absolument rien. En un sens, c'est diamétralement opposé à la technique qui veut que, le premier jour, le metteur en scène expose le sujet de la pièce et quelle est son approche. Je procédais ainsi il y a des années. Par la suite je me suis rendu compte que c'était le pire des points de départ.
> Donc, nous commençons par des exercices, par une fête, avec n'importe quoi, mais sans idée. Pour certaines pièces, par exemple pour *Marat-Sade*, pendant les trois quarts des répétitions, j'encourageais les acteurs, et je m'encourageais moi-même — ça marche dans les deux sens — à aller à l'excès. Simplement parce que le sujet était très dynamique. Il y avait une telle abondance d'idées excessives et burlesques qu'en nous voyant aux trois quarts des répétitions, vous auriez trouvé la pièce submergée et saccagée par un trop-plein de ce qu'on appelle la créativité de la mise en scène. J'encourageais les autres à tout proposer, bon ou mauvais. Je ne censurais rien ni personne, pas même moi. Je disais : «Pourquoi ne ferais-tu pas ça ?» et ça donnait des gags, des bêtises. Aucune importance, il fallait une quantité de matériau telle que, peu à peu, les choses pussent être mises en forme. Sur quels critères ? Eh bien, en fonction de leur relation avec l'obscur pressentiment.

1. Éditions du Seuil, 1992.

De la même manière, lorsque vous regardez un thème, il me semble important de noter tout ce qui passe par la tête. **Sans aucune censure** : il faut être prêt à accueillir les idées les plus loufoques. Quel effet vous fait ce dessin ? Est-il gai, froid, chaud, triste ? Que ressentez-vous ? Que voyez-vous ? Y a-t-il des couleurs ? Des lieux particuliers ? À quoi cela vous fait-il penser ?

Bien sûr, cette attitude fait apparaître nos projections. C'est inévitable. Mais il n'y a pas *que cela* dans ce résultat, il y a aussi de très fortes intuitions. Pour pouvoir faire par la suite un tri objectif, il est d'abord nécessaire d'aller jusqu'au bout des contenus projectifs.

J'utilise souvent cette méthode dans les groupes d'interprétation. Je demande à chacun de regarder le dessin et de me dire ce que cela lui évoque. Cela donne quelque chose comme :

— Ça ressemble un peu à un diamant…

— Oui… ou alors un prisme, quelque chose de clair, de pur en tout cas, de parfait.

— Oui c'est ça, il y a quelque chose d'une architecture…, d'une construction complexe mais équilibrée.

— Moi j'y vois comme une voilure, la voilure d'un trois-mâts renversé…

— Et la coque, tu la vois où ?

— Là, elle serait à l'envers tu vois, la coque ce serait l'espace qu'il y a entre Saturne et Lune…

— La coque, c'est son ego quoi ! (*rires.*)

— Voilà, si tu veux. Non mais il y a quelque chose d'assez beau, d'assez puissant, et… équilibré en fait, compliqué mais équilibré, c'est vrai.

— Oui, genre vaisseau de science-fiction quoi…

— Voilà !

Etc.

Très souvent, les sensations du groupe concordent. Au bout du compte, le groupe finit toujours par dégager une image forte, simple, peut-être drôle, mais qui, sans en avoir l'air, dit déjà beaucoup de choses sur l'individu étudié, et qui en général, va beaucoup aider le groupe à s'orienter ensuite dans l'interprétation. Après cela, il faut bien sûr opérer un tri entre ce qui, comparé aux données techniques, semble signifiant ou non.

À ce sujet, je citerai encore Peter Brook[1] :

---

1. Op. cité.

> Au dernier stade des répétitions (...) le metteur en scène élimine tout ce qui est en trop, tout ce qui n'appartient qu'à l'acteur et non au rapport intuitif de l'acteur avec la pièce. Le metteur en scène, s'appuyant sur ce travail préalable et aussi parce que c'est son rôle, et en fonction de son pressentiment, est dans une meilleure position pour déterminer ce qui appartient à la pièce et ce qui revient à cette camelote superficielle que chacun porte avec soi. (...) On a proposé, on a inventé un petit truc, une chose pour en illustrer une autre. Tout est balayé. Ce qui reste constitue une forme organisée. Parce que la forme ce n'est pas des idées qu'on applique à une pièce, c'est la pièce illuminée, et la pièce illuminée, c'est la forme.

De la même manière, l'interprétation demande à l'astrologue de « se couper en deux ». D'un côté, cultiver en lui l'inspiration, aller jusqu'au bout de son imagination, dégager, comme le dit Peter Brook, un « matériau » vivant et spontané sur la base de ses intuitions et sentiments ; de l'autre, faire le tri entre ce qui est purement projectif et sans rapport réel avec les symboles qu'il a devant lui, et les images qui, effectivement, « illuminent » le théâtre symbolique du thème.

Finalement, cette démarche dans l'approche du thème est une démarche de libération. Elle empêche de trop s'enfermer dans des conceptions *a priori*, elle permet de laisser une place *consciemment* à la créativité de l'interprète et par là, comme je l'ai déjà dit, de laisser à l'individu étudié la sienne. On aura tout le temps, ensuite, de « recadrer » tout cela dans des concepts et des règles.

À propos de tout ce qui vient d'être dit, je citerai pour finir un dernier extrait de *Points de suspension*[1] de Peter Brook.

> Souvent, lorsqu'un acteur ou un metteur en scène trouve une manière étonnante de jouer une scène, il est impossible de dire si les ingrédients primordiaux ont été créés ou s'ils étaient tous déjà là, attendant d'être découverts.
>
> Les décors, les costumes, les éclairages trouvent naturellement leur place dès que quelque chose de vrai se met à exister en répétition. C'est alors seulement qu'on peut dire de quelle musique, quelle forme et quelle couleur on a besoin pour l'accentuer. Si l'on conçoit ces éléments trop tôt, si le compositeur ou le décorateur ont développé leurs idées avant les répétitions, alors elles deviennent un fardeau pour les acteurs et peuvent facilement étouffer leurs intuitions toujours si fragiles lorsqu'ils font des recherches en profondeur.

---

1. Idem.

Cette première étape étant passée, comme il s'agit de créer une histoire symbolique avec le thème, on constatera que la plupart des histoires ont un sujet, même s'il n'est pas clairement formulé. On peut donc parfaitement concevoir que la vie d'un individu ait un thème de base, autour duquel tout s'orchestre.

Pour illustrer cette première technique, je prendrai le thème D, déjà exposé dans le chapitre 5 (Figure 19) :

Thème D : Un individu né le 19 avril 1943 à 11:00 à Madrid (méthode Placidus).

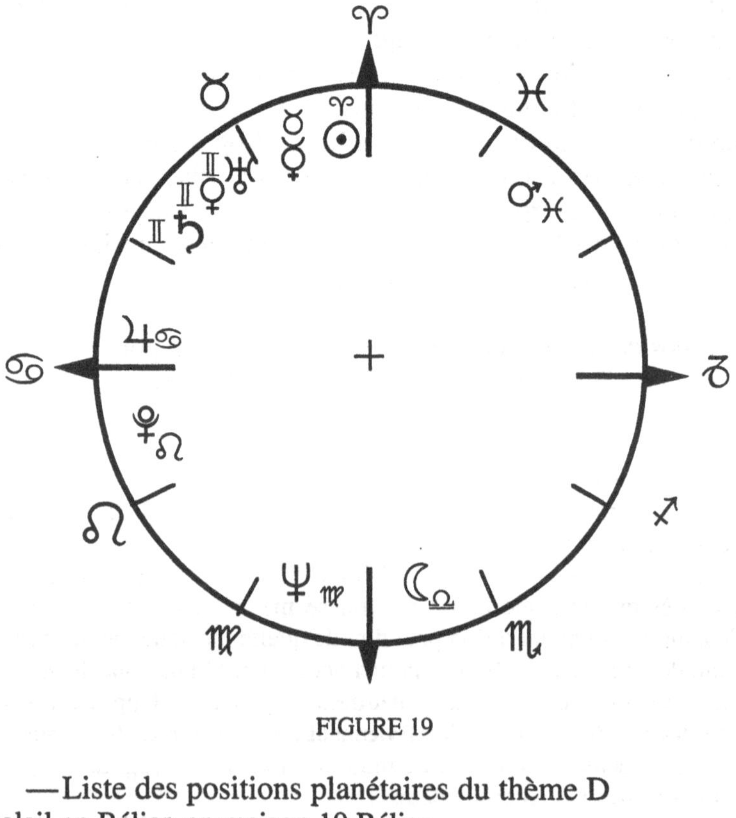

FIGURE 19

—Liste des positions planétaires du thème D

Soleil en Bélier, en maison 10 Bélier
Lune en Balance en maison 4 Balance
Mercure en Taureau en maison 10 Bélier

Vénus en Gémeaux en maison 11 Taureau
Mars en Poissons en maison 8 Verseau
Jupiter en Cancer en maison 12 Gémeaux
Saturne en Gémeaux en maison 11 Taureau
Uranus en Gémeaux en maison 11 Taureau
Neptune en Vierge en maison 3 Vierge
Pluton en Lion en maison 1 Cancer

Pour définir le sujet de « l'histoire d'un thème », on pourrait ne pas considérer d'autre élément que le Soleil, but de vie de l'individu. Personnellement, je trouve plus riche de considérer que le sujet de base de la légende personnelle est ce but solaire, mais aussi l'itinéraire que va prendre l'individu pour l'atteindre, et encore la condition qui lui sera donnée pour emprunter ce chemin. C'est-à-dire respectivement **le Soleil, l'Ascendant, et le maître de l'Ascendant.**

1re étape : Mise en scène du Soleil, de l'Ascendant et du maître de l'Ascendant

Remarquons rapidement que ce sont les hémisphères Sud et Est du thème D qui sont les plus accentués : investissement social et initiative individuelle.

Voyons maintenant ce qu'on obtient :

1. Soleil Bélier en maison 10 Bélier ;
2. Ascendant Cancer ;
3. Maître d'Ascendant : la Lune en Balance en maison 4 Balance.

Le but permanent de cet individu est « d'être un Soleil Bélier en maison 10 ». Il nous faut créer un personnage pour illustrer cela, comme nous l'avons fait dans le chapitre 7, en nous aidant du maître des signes du Soleil et de la maison qu'il occupe, comme je l'ai montré dans le chapitre 8.

1. Ce Soleil Bélier en 10 est maîtrisé par Mars Poissons en 8. Ce Soleil est en 10 : c'est un « Roi » — *acteur social, brillant.* Son royaume est la scène sociale (maison 10). Imaginons un créateur (Soleil) d'une toute nouvelle (Bélier) équipe humanitaire (Mars Poissons en 8 verseau) de premiers secours immédiats (Bélier). Il y a

des gens en difficulté, on ne réfléchit pas, pas de questions administratives, on va sur place immédiatement. Une équipe d'urgence, en quelque sorte, qui ne s'embrasse pas des règles habituelles (maison 8 Verseau).

2. L'Ascendant est Cancer. Pour aller vers ce but, l'individu prend donc un chemin Cancer : priorité à l'intime, à l'individuel, mais aussi à la notion d'appartenance, de cercle et d'identité. On cherche à être « en famille », et l'imagination et l'enfance sont aussi de la partie. Donc, déjà, on peut peut-être avancer que cette équipe humanitaire impulsée par le Soleil Bélier et Mars Poissons est une *petite* équipe (Cancer). Soudée. Elle s'est immédiatement donné un nom. C'est une petite famille, chacun a sa place. Et on peut imaginer qu'elle va particulièrement s'occuper des enfants (Cancer) en difficulté, et de leurs familles (Cancer).

3. Le maître d'Ascendant est la Lune Balance en maison 4 Balance. Pour ouvrir ce chemin Cancer, il y a cette condition : *donner forme à sa sensibilité, se nourrir et nourrir les autres* en maison 4 et ce, d'une manière Balance. De quelle condition s'agit-il ? On l'a vu au chapitre 7, cette Lune peut être vue comme un enfant respectueux des principes en vigueur dans sa famille, mais aussi comme un *pouvoir personnel* lunaire, c'est-à-dire sensible, imaginaire et maternel, ce dans un contexte relationnel ou esthétique (Balance). Il faut donc intégrer cette dimension à celle de l'Ascendant. Mettons que cette Lune puisse représenter le pouvoir d'imaginer (Lune) comment rendre agréable, esthétique et décent (Balance) n'importe quel lieu de vie intime (maison 4). Un don de décoration intérieure en quelque sorte. La présence de la Lune fait que l'individu peut nourrir les autres de cela. Qu'à cela ne tienne, nous allons l'intégrer à l'Ascendant. Cette petite association s'occupe d'enfants et de leurs familles, et s'occupe non seulement de les loger (Lune en 4), mais aussi de rendre vivable en un clin d'œil n'importe quel logement de fortune, de façon que les occupants s'y sentent à l'aise (Lune Balance). Dans un lieu hostile ou peu accueillant (symboliquement conflictuel), la Lune Balance n'a pas son pareil pour harmoniser l'endroit aux futurs occupants. Elle fait également en sorte que l'intégration de ces enfants et familles en difficulté dans ces lieux se passe sans heurts avec les enfants et familles qui y sont déjà présents (diplomatie relationnelle Balance).

Avec ce petit scénario, on a déjà une illustration du sujet de l'histoire de cet individu : pour être l'*acteur social initiateur* qu'il veut être

(Soleil Bélier), il est nécessaire qu'il prenne une initiative de type Poissons en 8 (Mars Poissons en 8), c'est-à-dire compassionnelle, poétique etc. dans un contexte de *partage, d'équipe ou de crise psychologique* : maison 8. Pour ce faire, il est naturel qu'il prenne la direction de la *dimension individuelle, familiale, d'enfance* etc. (Ascendant Cancer). Et ceci ne pourra être réalisé que si s'établit en lui une *confiance* (maison 4) dans un *pouvoir personnel lunaire*, exprimé en maison 4 (il faudra peut-être qu'il résolve une dépendance à la tradition familiale).

Mettons cela de côté pour l'instant.

2e étape : Où l'individu a-t-il pris conscience de son but solaire ? Étude de la Lune.

La Lune, on l'a vu au chapitre 9, est la première à refléter le but solaire de l'individu. On peut la considérer, dans l'histoire, comme les « prémices » ou la base d'inspiration de l'aventure. Un peu comme si « tout avait commencé » en maison 4 avec la Lune Balance. Cela nous permet de cadrer un peu mieux notre scénario. On imaginera alors que, enfant, cet individu avait un manifeste pouvoir de décoration (Balance) qu'il exprimait par des dessins accrochés sur les murs de sa chambre, ou par un choix de couleurs harmonieux. Adolescent, il est devenu l'inspirateur esthétique de toute la famille : dès qu'on s'installait quelque part, il mettait sa touche personnelle (Lune) à l'ensemble, pour le plus grand plaisir de la famille etc. Mais attention : ceci a progressivement révélé quelque chose en lui : la volonté d'être un acteur social différencié dans son domaine (Soleil Bélier) et d'entraîner avec lui un groupe (maison 8 du maître), pourquoi pas dans un *combat* compassionnel-humanitaire (Mars Poissons). C'est par exemple arrivé lorsque, ayant décoré l'appartement d'un ami qui n'avait pas trop le moral, il s'est aperçu que cela l'avait aidé à surmonter ses problèmes. En plus, comme il s'agissait d'un assez grand appartement, il avait dû se faire aider : pour la première fois il avait donné des directives à un groupe, et ça lui avait bien plu.

Gardons cela en mémoire.

3e étape : mise en scène de Saturne

Où cette histoire symbolique va-t-elle s'incarner socialement ? Quel est le cadre de réalité extérieur dans lequel ceci va se mettre en place ? Voyons ce qu'il en est de Saturne dans le thème.

Saturne est en Gémeaux, en maison 11.

Saturne est en maison 11, maison des projets d'avenir, sociaux, scientifiques, humanitaires. Voilà qui tombe bien : il va y avoir quelques redondances avec ce qu'on a imaginé précédemment. Seulement attention : il y a beaucoup de monde en maison 11 : Saturne, mais aussi Vénus et Uranus. Nous allons donc devoir étudier chacun de ces personnages qui, au bout du compte, formeront un groupe.

Cette maison 11 est Taureau. L'individu aborde donc cette expérience à la manière du Taureau, c'est-à-dire dans une optique de production, de formation et de gestion de la matière, en un mot, de concrétisation. Si l'on choisit le cadre « humanitaire » pour illustrer cette maison 11, il s'agira d'une approche humanitaire « décorée » façon Taureau et teintée de préoccupations Taureau. Il sera sans doute question de *bâtir* quelque chose. Des maisons par exemple. Il pourrait aussi s'agir de nourriture, ou de nature, d'écologie (Taureau) etc. Pour spécialiser un peu cette maison 11, regardons le maître.

Le maître est Vénus Gémeaux en maison 11.

Le maître est chez lui. Cette expérience de la vie est d'autant plus forte chez cet individu : elle n'est dépendante d'aucune autre. Cependant Vénus est Gémeaux. De quoi s'agit-il ? Vénus, on l'a vu, regroupe autour d'elle une harmonie qui est celle du signe. Elle aime et fait aimer la dimension de ce signe.

C'est une femme-amante-artiste « curieuse, joueuse, légère et intellectuelle ». Il est peut-être question de curiosité, d'éveil.

Nous pourrions imaginer qu'en maison 11, cette Vénus réconcilie les enfants en difficulté (on connecte doucement cette mise en scène avec ce qu'on a vu avant) avec l'apprentissage primaire, et ce grâce aux jeux. Elle les fait jouer, leur fait faire des expériences (Gémeaux). Par exemple, elle emmène ces enfants en difficulté dans la nature (maison 11 Taureau) et leur apprend à se débrouiller, à pêcher, à construire des jeux, des cabanes etc. (un peu le style Castors juniors).

Saturne est à côté de Vénus, dans la même maison. La motivation de Saturne est la même (Gémeaux), seulement, c'est Saturne qui l'incarne : cela va être un peu différent. Que cherche Saturne ? Structurer, institutionnaliser, être de plain-pied avec la réalité, devenir une autorité, une règle etc. Avec Saturne Gémeaux, on peut penser à un instituteur. Ou encore à une autorité littéraire. Ou au directeur d'une entreprise de communication (téléphone, chemin de fer, publicité etc.). Mais ce personnage s'agite dans un contexte de maison 11 Taureau, quelque peu influencé par la présence de Vénus. Alors on pourrait imaginer que ce Saturne va par exemple bâtir (Saturne et la maison Taureau vont bien ensemble sur ce terrain) une école primaire (Gémeaux) en plein air (Gémeaux) pour enfants en difficulté (sujet central de l'histoire), agréée par l'État (Saturne).

Mais attention, Vénus et Saturne ne sont pas seuls : Uranus est à côté. Voilà qui va modifier certaines choses. Uranus, on l'a vu, est un révolutionnaire, un inventeur. En maison 11, il est plutôt à l'aise : il s'agit de projets pour le futur. Seulement, avec Uranus, on peut vraiment s'attendre à des surprises. Déjà, il existe certainement des initiatives innovatrices de type 11 dans la société. Uranus va donc chercher à bouleverser cette « tradition » d'innovation. Uranus ne se satisfait jamais de l'existant. Il fait éclater toute structure traditionnelle en place. Ici, puisqu'il est en Gémeaux, ce sont les structures traditionnelles Gémeaux auxquelles il va s'attaquer. Puisque nous avons pris la direction « enseignement primaire » pour illustrer le Gémeaux, Uranus va bouleverser ce système. Peut-être proposera-t-il un enseignement dans plusieurs langues à la fois (le langage : Gémeaux), ou des cours « hors programme ». Attention, cet Uranus Gémeaux est très « intellectuel » (Uranus déjà, et Gémeaux en plus...). Il y a peut-être aussi une question de nécessité d'ampleur du projet, lequel sera aussi quelque peu élitiste. Mais cela a toujours lieu dans un contexte de 11 Taureau. Il y a ici une foule de choses que l'on peut imaginer pour illustrer cette position. On peut retenir l'idée d'une école expérimentale avant-gardiste pour enfants en difficulté scolaire. Le Soleil en Bélier et Uranus Gémeaux s'accommodent assez bien dans l'aspect « action éclair immédiate ». Pour rassembler toutes ces données, on peut imaginer une association de soutien scolaire très spéciale, qui remette à niveau les enfants en un été, en utilisant des méthodes complètement inédites. Il n'est pas exclu que cette école devienne au bout du compte (par la demande) un établissement relativement sélectif (Saturne et Uranus ensemble, parfois...).

4e étape : Regroupement des données des trois étapes précédentes

Il faut maintenant regrouper ce qu'on a vu dans une histoire qui tienne compte de tout ce que l'on a posé. Notamment, établir un lien entre Saturne et Lune qui représentent l'identité consciente de l'individu. Il faut imaginer une intégration possible de la dimension sensible lunaire en 4 avec le groupe « révolutionnaire intellectuel » que l'on a en maison 11. Si la Lune Balance en 4 représente un pouvoir sensible et esthétique, c'est aussi une « maman culturelle ». Dans le cadre éducatif défini par Saturne, Uranus et Vénus Gémeaux en 11, elle pourrait, parfaitement indépendamment de son aptitude « à loger dans une harmonie », « nourrir » les enfants de racines culturelles, d'éducation culturelle et relationnelle qu'ils n'ont peut-être pas reçue, leur apportant en cela une tradition et par là un sentiment d'appartenance. La Lune Balance est une ouverture quotidienne sur « ce qui se fait » dans le monde. Elle peut intervenir sur la façon de s'habiller des enfants, les intéresser aux modes, à la culture etc. C'est, en tant que « maman », une formidable intégratrice aux mœurs du monde (ce serait volontiers la conseillère de Georges du Roy dans *Bel Ami* de Maupassant). Peut-être aussi, dans la petite famille constituée par l'association d'aide scolaire et ses enfants, fait-elle office de conciliatrice des humeurs, cultures et milieux de chacun.

5e étape : Intégration des planètes restantes dans la mise en scène

Lorsque les maîtrises n'ont pas mené à aborder la totalité des planètes dans le thème, on met en scène celles qui « restent » séparément, en étudiant le type de connexion qu'elles ont avec celles du scénario mis en place (il y en a toujours).

Pluton en Lion en maison 1

Pluton se trouve dans la maison de l'Ascendant, donc l'approche Cancer de l'Ascendant va s'en trouver modifiée. (C'est le cas de toute planète en 1.)

Pluton est le lieu de la plus profonde contribution que peut apporter l'individu à sa société et, au-delà, à l'humanité dont il fait partie. On l'a vu, ce n'est pas parce qu'on parle «d'humanité» que Pluton désigne forcément une contribution à grande échelle. Ce peut être quelque chose de très quotidien, mais vécu sur le plan de l'humanité.

Ici, avec Pluton, de la «petite famille» Cancer on passe à la grande famille du monde, on passe à tous les enfants, sans distinction. Pluton est en Lion: il organise son action dans la motivation de créer, d'exprimer quelque chose de personnel. En maison 1, Pluton représente une quête de soi (maison 1) très profonde (Pluton) et qui se réalise dans une contribution à l'œuvre collective (Pluton). On cherche à exprimer ce qu'on est (Lion) par une implication créative (Lion) dans une dimension sociale ou concernant l'humanité (Pluton). Tant qu'on ne se situe pas sur ce plan, Pluton en maison 1 donnera le sentiment de n'être (maison 1) rien (Pluton). Ceci est finalement assez en accord avec le scénario construit, auquel on peut ajouter, malgré le groupe Gémeaux, un grand sérieux plutonien: il en va du sens de la vie pour cet individu.

Jupiter Cancer en maison 12 et Mercure Taureau en 10

Jupiter est maître de Mars Poissons en 8. Maître des maisons 6 et 9 également. C'est un professeur qui officie dans le «passage à un nouveau monde» propre à la maison 12, avec tout le déconditionnement des vécus antérieurs que cette expérience suppose.

Précisons ce nouveau monde et ce déconditionnement: la maison 12 est Gémeaux et Mercure, son maître, est Taureau en 10. Le vieux monde à quitter de la douze (le grenier à nettoyer) est Gémeaux: il y a de vieilles façons de penser (Gémeaux), de vieilles idées, toute une attitude vis-à-vis de l'intelligence, de l'enseignement, du jeu etc. une vieille histoire où tout cela est impliqué, et qu'il faut quitter. Aussi, puisque Jupiter porte tout cela, il y a aussi un «vieux refuge» comportemental Jupiter Cancer à abandonner: par exemple (Jupiter maître de la maison 9 et 6) une histoire qui exige qu'on ait la formation (Jupiter) adéquate, si possible institutionnelle et élevée, pour pouvoir se lancer dans un travail et se reconnaître un savoir (maison 9) et une compétence technique (maison 6). Ceci dans l'objectif d'une vocation intellectuelle (Mercure en 10) qui soit productive, permette de gagner de l'argent et qui soit utile et concrète (Mercure Taureau). Voilà un scénario que l'individu va devoir apprendre à quitter, pour libérer la puissance d'un Jupiter Cancer en 12: faire passer dans un nouveau monde et déconditionner (maison 12) chacun, suivant son histoire (Cancer): ce peut être des enfants (Cancer), des familles (Cancer), des femmes (Cancer). Pour cela, Jupiter Cancer en 12, plutôt que d'aller chercher des «palmes de reconnaissance traditionnelles» (maison 12, et tellement faciles à obtenir avec un Jupiter Cancer), va devoir oser puiser dans une mémoire collective, pour en tirer les fruits et aussi faire prendre conscience aux gens du poids qu'elle représente pour eux.

Donc dans notre histoire, non seulement nous avons des révolutionnaires Gémeaux en 11, mais à présent, voilà que s'ajoute à l'équipe un «déconditionneur», qu'on peut imaginer plutôt en accord avec ce projet, auquel il apportera une conscience historique et sensible.

Neptune en Vierge en maison 3 Vierge

Neptune en 3 pourrait faire un drôle d'enseignant (maison 3). Il fonctionne avec des images. Il peut, comme Uranus Gémeaux, utiliser plusieurs langues. Plus exactement internationaliser son enseignement. Si l'on imagine que ces enfants en difficulté scolaire viennent de plusieurs pays, alors Neptune en 3 saura s'adapter à leur langage sans problème. En Vierge et en 3, sans doute pourra-t-il développer une quelconque technique (une gestuelle, des images) permettant de s'adresser à chacun par-delà son langage maternel. C'est l'enseignant transculturel du groupe, conteur d'histoires et de mythes qui parlent tant aux enfants de tous âges.

6e étape: Synthèse

Voilà donc notre histoire.

Enfant, notre individu a commencé à développer un pouvoir sensible, esthétique et relationnel (Lune Balance) dont l'usage le mettait en contact avec une future vocation d'initiateur social (Soleil Bélier), laquelle s'installerait dans une dynamique de groupe humanitaire dédiée aux enfants et intimiste (Ascendant Cancer). Cette vocation est devenue une véritable cause à défendre (Mars Poissons) et dans laquelle il pouvait impliquer tout son sentiment d'identité (Pluton en 1). La mise en place de cette équipe humanitaire s'est orientée vers l'enseignement et de nouvelles méthodes inédites et très rapides pour enfants en difficulté (groupe Gémeaux en 11 «dirigé» par Uranus), enseignement intellectuel, culturel pouvant s'effectuer quels que soient la culture et le milieu d'origine des enfants (Lune Balance et Neptune en 3). L'établissement de ce projet n'a pu se faire qu'en quittant un certain nombre de conditionnements: les principes familiaux (Lune Balance en 4) et tout un mode de participation sociale hérité des générations antérieures, touchant en particulier le monde de l'intellect (Jupiter Cancer en 12 Gémeaux).

7e étape: Mise en perspective

Je reviens sur une idée abordée plusieurs fois, notamment au chapitre 2: ceci est une histoire **symbolique.** Comme vous l'avez je pense remarqué, on aurait pu choisir des personnages tout à fait différents. Cela étant, on aurait obtenu la même sensation d'ensemble. Après, il ne reste plus qu'à interroger la personne sur son vécu. Il est clair que son vécu va présenter des ressemblances «métaphoriques» avec l'histoire. L'intérêt est qu'elle ne lie peut-être pas tous les éléments de sa vie comme il est possible de le faire grâce à l'astrologie.

Imaginons que cet individu souhaite devenir thérapeute (tout à fait en accord avec Soleil Bélier en 10 maîtrisé par Mars Poisson en 8). S'il vous dit qu'il ne pourra pas, parce qu'il faut pour cela une formation solide et reconnue, et que maintenant, il est trop tard pour se remettre aux études, vous pourrez aller inspecter la Lune en 4 et Jupiter en 12. C'est le scénario qui vous aide à réagir aussi vite. Ceci vaut pour toutes les dimensions du thème que vous aborderez avec lui.

2e TECHNIQUE: VOYAGE DANS LA ROUE DU THÈME

Il existe un point de vue en astrologie qui rend compte du fait que, après la naissance d'un individu, l'horizon de sa naissance continue à bouger. Même s'il a été fixé dans son thème pour l'heure exacte de sa naissance, définissant ainsi la position de l'Ascendant en signe, on peut imaginer, symboliquement, que l'horizon Est continue à tourner tout autour du thème, de cette manière :

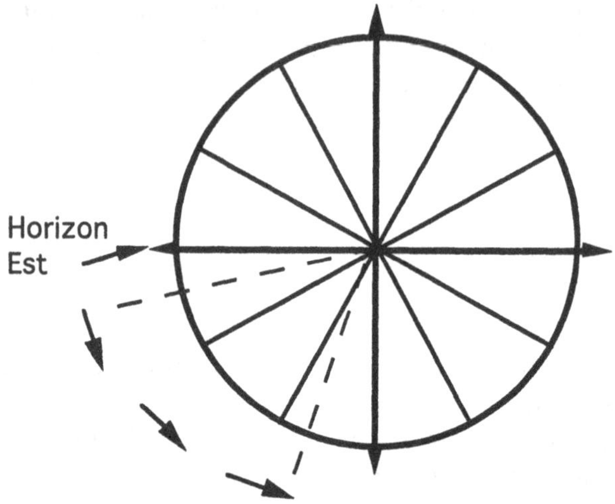

Étant donné que cet horizon Est, qui définit l'Ascendant, représente le « lieu » de prise de conscience de soi, son déplacement *symbolique* autour du thème après la naissance, de la maison 1 à la maison 12, donne comme une sorte de cheminement de la prise de conscience des différentes parties de soi-même. On utilise beaucoup cette technique en progression secondaire.

Dans notre cas, on pourrait dire que l'individu prend hiérarchiquement conscience des planètes en lui en fonction de leur contact avec l'Ascendant en déplacement. Dans le cas du thème D, la première dimension intérieure avec laquelle l'individu entre en contact est Pluton (vaste question pour un début !). Cela permet, au passage de comprendre la valeur des premières planètes contactées ; elles forgent la première impression que l'individu a de la vie et de lui-même.

Ainsi, il est possible de construire un scénario selon cette succession « d'éveils » à ses dimensions intérieures. Ce qui donnera souvent une histoire beaucoup plus construite (elle est chronologique), même si on fait intervenir les maîtres au passage. Si en effet on commence par Pluton dans l'histoire, Pluton est en Lion et dans une maison Cancer, donc on va devoir aborder le Soleil, maître du Lion et la Lune, maître du Cancer.

Parfois, il s'avère que cette deuxième technique se rapproche plus de la réalité psychologique de l'individu.

Il est bien évident que ces deux techniques ne permettent pas d'aborder toutes les problématiques du thème, notamment le détail du vécu psychologique de chaque position. Mais ceci est, me semble-t-il, une étape ultérieure dans l'interprétation, qui suppose qu'on ait déjà défini une approche d'ensemble de la réalité du thème, ce qui est la vocation principale des scénarios.

9

APPROFONDIR L'INTERPRÉTATION : PRINCIPES-SOURCES ET DÉDUCTIONS ANALOGIQUES

La technique des scénarios et de mise en scène des positions planétaires que nous venons d'étudier est une manière d'accéder rapidement au sens des positions et à la globalité du thème. Cela étant, nous avons vu que les constructions imaginaires qui en découlaient étaient intéressantes dans la mesure où on les considérait comme symboliques. Autrement dit, à partir de ces constructions, un effort de recherche est nécessaire. Une fois qu'on s'est entraîné à revenir, comme je l'ai dit, au « stade antérieur à la formulation des règles », intervient une étude plus intellectuelle du sens des symboles qu'on a mis en scène. Cette étude peut se faire à l'aide des constats et analyses que livrent quantité d'ouvrages astrologiques, mais elle n'exclut pas pour autant une autonomie de réflexion personnelle.

Sans aide, et au-delà des outils de « mise en scène », il n'y pas de raison pour qu'une position planétaire redevienne une abstraction illisible ou incompréhensible en soi.

J'ai souvent vu des étudiants qui, lorsqu'ils étaient confrontés à l'étude d'une position planétaire dans un thème, se penchaient immédiatement sur les définitions précises qu'en donnait tel ou tel auteur, ouvraient six ou sept livres, ou encore épluchaient leurs cours dans l'espoir qu'on ait abordé, dans un exemple, cette position particulière. En prenant l'exemple de Mars en Gémeaux en maison 10, je voudrais exposer quelques exemples concrets du « matériel » dont ils peuvent disposer dans ce cas :

Mars en Gémeaux : « L'énergie se met vite en route, mais il peut être difficile de fixer son attention sur une tâche, on en entreprend douze en même temps avec le risque de n'en terminer aucune. Dans les rapports avec les autres, il existe une tendance éventuelle à se montrer un peu chicanier, ne serait-ce que par goût de la discussion, pour le plaisir. L'être aime bouger; toujours en mouvement, il tient difficilement en place. Comme pour la position en Bélier, il existe parfois un peu d'impatience. Le tempérament est aventureux, toujours prêt à expérimenter, l'esprit le plus souvent rapide, est tout le temps sollicité, les décisions sont facilement promptes. Les perceptions sensorielles sont aiguisées. Les affections pulmonaires ne sont pas rares avec cette position. (Crozier)[1]

Mars en maison 10: Grande activité dans la carrière, celle-ci pouvant d'ailleurs relever typiquement de Mars, tendance à juger les gens d'après les résultats qu'ils ont obtenus. La personne obtient d'ailleurs souvent des résultats par la force pure, dans des circonstances qui l'obligent à se battre; forte combativité. (Crozier)[2].

ou:

Mars en Gémeaux: Air, nerveux. Se sert des images que Mercure lui fournit, les vitalise et les fait travailler.

Mars en 10: Dynamisme œuvrant au profit des ambitions. (Germaine Holley)[3]

ou encore:

Mars en Gémeaux: Le natif s'exprime avec souplesse, verbalement, habilement, de façon communicative, par l'application de toute une gamme d'aptitudes.
L'objet du désir change rapidement et fréquemment; on est souvent incertain de ce que l'on veut et on se laisse donc distraire facilement. Tout ce qui stimule l'intellect, qu'il s'agisse de conversations, d'images ou d'idées nouvelles et curieuses, tout cela a une incidence sur l'énergie physique et l'appétit sexuel. Grande ouverture d'esprit.
Les situations temporaires et les perceptions immédiates peuvent influencer la résolution du natif. L'action et l'initiative portent sur les contacts, les liens; le natif utilise son esprit pour apprendre de nouveaux faits et développer de nouvelles aptitudes. Il se montre généralement amical. (Stephen Arroyo)[4]

---

1. Bernard Crozier, *Cours d'astrologie*, tome 2, éditions du Rocher, 1992.
2. Op. cité.
3. *Comprendre votre horoscope*, éditions du Rocher, 1977.
4. *Guide d'interprétation astrologique*, éditions du Rocher, 1996.

Mars en 10: Les expériences de la dixième maison peuvent être fortifiées par Mars, pouvoir qui pousse l'individu vers des accomplissement sociaux et vers la célébrité. Il faudra peut-être vaincre des antagonismes, mais une bonne bataille est la bienvenue. Le succès sera essentiellement atteint grâce à l'initiative, au courage et à la foi. L'énergie de la personne aura tendance à être mobilisée à des fins publiques. (Dane Rudhyar)[1]

Je ne peux pas donner ici toutes les définitions existantes. La réalité est que la plupart des définitions récentes que l'on rencontre sont intéressantes. Mais à vrai dire, la question de la difficulté à étudier une position planétaire ne repose pas tant sur la qualité de ces définitions que sur leur utilité réelle dans le cadre d'une analyse. Beaucoup d'apprentis-interprètes essaient en effet de retenir ces multiples définitions pratiquement par cœur, mais reconnaissent que les résultats sont maigres, c'est-à-dire qu'en l'absence de définition (ou bien passé l'énonciation d'une ou deux définitions), ils se retrouvent de nouveau « secs » devant une quelconque position planétaire.

Cette « sécheresse » n'est pas due à une connaissance insuffisante des symboles.

Il me semble qu'on la doit principalement à deux choses. La première est que lorsqu'on débute en astrologie, comme on l'a vu, on est en général très occupé par la volonté de « caractériser » chaque position planétaire: « ceux qui ont Mercure en Scorpion sont comme ça ». Moyennant quoi on réduit inconsciemment le nombre de significations d'un même symbole. Je ne dis pas que ce n'est pas naturel. Mais c'est un fait, qu'encouragent d'ailleurs un certain nombre d'ouvrages.

La deuxième chose, corollaire de la première, est que la plupart des étudiants sont persuadés qu'ils en savent moins qu'ils n'en savent en réalité. Pour reprendre l'exemple de Mercure Scorpion, j'ai eu souvent le sentiment que les étudiants pensaient qu'il fallait « quelque chose d'autre » que la connaissance des principes de Mercure et du Scorpion pour interpréter cette position. Pourtant, avec ces deux seuls symboles, on peut discuter de cette position pendant une heure si on le souhaite.

Je voudrais montrer ici que, tout comme dans les procédés imaginaires, le chemin que l'on peut faire « seul » dans l'analyse des positions planétaires est plus important qu'on ne le considère généralement.

1. *Les Maisons astrologiques*, éditions du Rocher, 1982.

Tout d'abord, il me semble important de *clarifier* les règles de conjugaison astrologiques. En premier lieu sur le niveau d'interprétation le plus simple, celui de l'analyse d'une position planétaire en signe et en maison.

On peut déjà remarquer que les définitions qui concernent les planètes en signes et les planètes en maisons offrent le plus souvent des « compilations » toutes faites. Si je reprends l'exemple de Mars en Gémeaux, devant sa définition, vous n'avez pas à vous interroger sur la combinaison de ces deux principes, Mars et les Gémeaux, puisqu'on vous donne tout d'un bloc : Mars-en-Gémeaux. Pourtant, si l'on fait l'effort de revenir au b-a-ba des règles d'association des symboles astrologiques entre eux selon leur nature, on s'aperçoit que l'on n'a pas autant besoin de s'aider d'une définition qui risque d'encadrer trop tôt nos intuitions. Revenir aux premières règles de conjugaison suppose qu'on les conçoit clairement.

En prenant le cas de Mars en Gémeaux en maison 10 comme exemple, il est important de se rappeler qu'il s'agit d'une ***fonction***, une sorte de « moteur » interne (Mars), qui se met en route dans un ***contexte*** particulier (la maison 10), et ce d'une ***manière*** déterminée (Gémeaux). Autrement dit, parler de Mars en Gémeaux en maison 10, c'est en fait répondre à trois questions :

De **quoi** s'agit-il ?	La planète
Où cela se passe-t-il ?	La maison
Comment cela se passe-t-il ?	Le signe

Étant donné que la maison est effectivement un lieu, mais aussi une expérience particulière, laquelle est autant extérieure qu'intérieure, on peut remplacer la question « Où ? » par « **Dans quel contexte ?** ».

Les trois questions « Quoi ? », « Dans quel contexte ? » et « Comment ? » permettent en général de s'éclaircir les idées. Par la suite, pour formuler ensemble, sous forme de définition de base, les trois notions que l'on a obtenues, on peut s'aider de trois autres questions :

Quel est le **but** ? »	La maison
Par quel **moyen** ? »	La planète
De quelle **manière** ? »	Le signe

Ainsi, en se servant de concepts simplifiés comme **points de départ**, la réponse à ces questions devient très simple. On peut en effet poser :

Mars : PRENDRE DES INITIATIVES PERSONNELLES

Maison 10 : LIEU DE RECHERCHE D'UNE VOCATION SUR LA SCÈNE SOCIALE

Gémeaux : CRÉATION PERSONNELLE DE LIENS ENTRE LES CHOSES ET LES GENS

Ce qui peut encore se simplifier en :

Mars : AGIR PERSONNELLEMENT

Maison 10 : RECHERCHE D'UNE VOCATION SUR LA SCÈNE SOCIALE

Gémeaux : PENSER ET RELIER PERSONNELLEMENT

Ce qui nous permet de dire :

De quoi s'agit-il ? (Planète)
Il s'agit d'agir personnellement.
Dans quel contexte ? (Maison)
La recherche d'une vocation sur la scène sociale.
Comment ? (Signe) En utilisant sa pensée personnelle et sa capacité à relier des choses entre elles.

Pour s'aider à formuler :

Quel est le but ? (Maison)	Trouver une vocation sur la scène sociale.
Par quel moyen ? (Planète)	En agissant personnellement.
De quelle manière ? (Signe)	En utilisant sa pensée personnelle et sa capacité à relier des choses entre elles.

Mars Gémeaux en 10 : Vouloir trouver une vocation sur la scène sociale en agissant personnellement, et ce en utilisant sa pensée personnelle et sa capacité à relier des choses entre elles.

L'avantage de ce cheminement est qu'il nous permet de dégager l'idée *centrale* d'une position planétaire sans avoir à éplucher toutes les définitions existant sur le sujet. Comme je l'ai déjà dit au sujet des procédés imaginaires, à partir de cette courte définition, ce qui est important, c'est que vous *pouvez vous attendre* à différents types de vécus. Si quelqu'un ayant cette position vous dit: «J'ai monté ma propre entreprise de télécommunications» je pense que vous ne serez pas surpris, de même s'il vous dit «j'ai vraiment l'impression d'être un "mâle" quand je défends mon point de vue dans un article de journal». C'est en effet tout l'intérêt d'avoir les idées claires sur une position et son articulation de base. J'ajouterai que, en termes d'interprétation, il y a une grande différence, il me semble, entre *être convaincu qu'un individu vit quelque chose de précis*, et *ne pas être étonné si c'est le cas*, sachant que vous ne supposiez rien au départ.

Car il vrai qu'on pourrait imaginer, si l'on voulait, plusieurs activités pour ce Mars Gémeaux en 10. Il pourrait, par exemple:

— monter une maison d'édition qui portera son nom.

— avoir initié la ligue française d'improvisation théâtrale (qui existe).

— être commercial à la Poste ou chez France Telecom.

— imposer son style littéraire, ou être un conférencier connu pour ses reparties.

— être l'inventeur de jeux de société.

— être un acteur très «physique» (au cirque, ou naturellement fait pour certains rôles demandant de l'agilité).

Etc.

On peut imaginer des millions de vécus possibles, sans compter les vécus «intérieurs» de cette position. Mais si l'on se lance dans cette activité imaginaire, on doit s'attendre à ce que, dans tous les cas, la vie nous surpasse en imagination.

Interpréter, ce n'est pas réussir à savoir quelque chose au sujet de la personne, mais plutôt se préparer à *comprendre au mieux* sa dynamique personnelle. C'est s'entraîner à *s'attendre de mieux en mieux aux différentes formes de vécus*. De mieux en mieux, c'est-à-dire de façon de plus en plus ouverte. Interpréter, c'est apprendre à relier un vécu inimaginable par avance à un sens, et non, me semble-t-il, définir des vécus fermés à partir d'un sens.

En réalité, on ne peut vraiment séparer l'acte d'interprétation de celui de la consultation. Interpréter, pour ma part, se fait dans la perspective réelle ou fictive d'une consultation. Pour cela, il est très important de se concentrer sur le sens fondamental des symboles. Si l'on s'attache à comprendre profondément le sens de base de chaque symbole, on devient capable de reconnaître n'importe laquelle de ses incarnations. Le sens de base d'une position planétaire devient ainsi une sorte de **matrice** (le thème dans son ensemble constitue lui aussi une grande matrice, assez complexe). Si l'on comprend profondément ces matrices, il ne sera pas nécessaire de *connaître* leurs différentes représentations dans la forme, puisqu'on les *reconnaîtra* au premier regard.

LES « ARBRES » ASTROLOGIQUES

Je vais présenter un peu plus en détail ce que sont ces « matrices » symboliques.

Pour commencer, il me paraît important de considérer que, lorsqu'on lit une définition, on est en quelque sorte « en bout de chaîne ». En effet, l'interprétation individuelle d'une position planétaire se conçoit à peu près comme le développement d'un **arbre**.

À la racine, vous avez l'expression purement conceptuelle du **principe de chaque symbole**. Dans le cas de Mars en Gémeaux, par exemple, on aurait :

— **Principe de Mars :**
AGIR.

— **Principe des Gémeaux :**
RELIER ET EXPÉRIMENTER PAR SOI-MÊME.

Pour sortir au plus vite de ces formulations condensées, on peut déjà faire une transcription, sous une forme un peu plus « vécue », de cette racine symbolique. Par exemple :

— **Principe de Mars :**
PRENDRE UNE INITIATIVE PERSONNELLE.

— **Principe des Gémeaux :**
CRÉATION PERSONNELLE DE LIENS ENTRE LES CHOSES ET LES GENS.

C'est ce que j'appellerai les **principes-sources** de Mars et des Gémeaux.

À partir de ces principes-sources, en suivant les règles de conjugaison astrologiques, on obtient pour Mars en Gémeaux :

PRENDRE UNE INITIATIVE PERSONNELLE EN CRÉANT PERSONNELLEMENT DES LIENS ENTRE LES CHOSES ET LES GENS.

On aboutit là à ce que j'ai déjà nommé la « **matrice** » de cette position planétaire. Pour continuer la métaphore de l'arbre, c'est un peu comme si on avait là son « tronc ». À partir de là naissent les « branches de l'arbre », puisque l'idée contenue dans le « tronc » ou la matrice peut donner lieu à des notions différentes. En effet, si l'on a un peu étudié Mars, le principe-source : « Prendre une initiative personnelle » peut sous-entendre :

— s'affirmer
— combattre
— s'impliquer
— « mener » (Dans le sens du leader)
— chercher à comprendre (pour maîtriser)
Etc. (au gré de vos développements sur Mars).

De même, le principe-source : « créer personnellement des liens entre les choses et les gens », sachant qu'il y a différents types de liens (mentaux, physiques etc.), peut donner lieu à différentes notions :

— créer personnellement des liens entre les gens
— développer une pensée personnelle
— conceptualiser
— communiquer
— faire communiquer
— s'intéresser
— jouer
Etc. (au gré de vos développements sur les Gémeaux).

À ce niveau-là, chaque « branche » de l'arbre est le résultat d'un « croisement », deux à deux, des termes des deux listes. On peut, par exemple, croiser les deux premières notions :

S'AFFIRMER EN CRÉANT PERSONNELLEMENT DES LIENS ENTRE LES GENS

On a là une première branche, laquelle nous renvoie à une attitude psychologique consistant à vouloir imposer son identité en tant que point névralgique d'un certain nombre de relations, en tant qu'entremetteur, passage obligé etc. Mais on peut encore croiser d'autres termes.

Les seconds sur la liste, par exemple :

COMBATTRE EN DÉVELOPPANT UNE PENSÉE PERSONNELLE

Cette branche-là nous renvoie à la possibilité de livrer une éventuelle croisade intellectuelle en utilisant des idées personnelles non conditionnées, etc.

Chacun des croisements qu'il est possible de réaliser nous amène une information intéressante, laquelle permet toujours de concevoir et de s'interroger sur un vécu supplémentaire. Ce qui me semble toujours très utile dans cet exercice, c'est que les « croisements » proposent une assez grande variété de vécus, parfois évidents, parfois inattendus (on n'y aurait pas songé), parfois subtilement ou bien franchement différents, bref, quelque chose qui commence à ressembler à la diversité de la vie.

J'insiste néanmoins sur l'idée que ces « croisements » permettent essentiellement de *s'interroger*. En effet, la formulation des croisements n'est pas forcément très claire au premier abord. Dans le cas de notre première branche, on peut, au départ, ne pas très bien voir le genre d'association réalisable entre l'idée de « s'affirmer » et celle de « créer personnellement des liens entre les gens ». L'effort consiste effectivement à essayer d'imaginer un vécu permettant d'associer les deux notions. Il faut essayer de se dire : on a là quelqu'un qui crée des contacts entre les gens, et ce serait donc pour lui une façon de s'affirmer en tant qu'individu. Quelles situations peut-on imaginer pour se représenter cette idée ? Et à quelle réalité psychologique peut-on se référer ? L'objectif n'est pas, bien entendu, de *deviner* un quelconque vécu. Il s'agit seulement de s'en faire une ou plusieurs idées, de s'en donner une conception ouverte.

C'est un exercice qui peut paraître trivial. Il est cependant essentiel. C'est grâce à lui que l'on s'habitue à relier n'importe quel vécu à un sens symbolique, ce qui est la base de l'exercice d'interprétation. Face à un thème, on peut comparer un astrologue à un égyptologue penché sur des phrases de hiéroglyphes récemment découvertes. Dans ce cas, je dirais que l'égyptologue connaît en général la signification centrale d'un hiéroglyphe, laquelle peut servir à la construction de phrases très différentes. Et chaque utilisation différente de ces hiéroglyphe lui permet de corriger, «polir» son sens fondamental. Il en va de même avec les verbes de notre langue. Mettons que la langue française disparaisse et qu'on la redécouvre quatre mille ans plus tard. Imaginons un chercheur qui tombe sur l'inscription AIMER. Si le chercheur se focalise sur l'idée d'aimer sentimentalement qu'il connaît, comment va-t-il faire pour déchiffrer:

«J'aime bien le vin»
«Pour l'Amour de Dieu, tais-toi.»

Il va être obligé *d'élargir* le sens du Verbe et de ses dérivés, et de garder en tête cette signification élargie chaque fois qu'il rencontrera ce terme dans une phrase. Il aura ainsi gagné en souplesse d'interprétation.

C'est exactement la même chose qu'il s'agit de faire avec tous les symboles et configurations astrologiques. Si une personne nous dit: «C'est vrai, ils se sont mariés, mais c'est chez moi qu'ils se sont rencontrés; c'est parce que j'ai décidé de faire une fête et de les inviter; d'ailleurs, j'étais sûr qu'ils se plairaient», si nous avons un Mars Gémeaux dans le thème, je ne doute pas qu'on saisisse ce qui parle dans cet individu. Mais s'il nous est possible de le faire, c'est parce que nous avons «élargi» le sens des deux symboles en construisant plusieurs «branches». Si nous en étions restés à la deuxième branche que nous avons construite (combattre en conceptualisant), nous n'aurions sans doute pas saisi le sens de cette affirmation.

Ce que je veux souligner encore une fois, c'est que l'interprétation est essentiellement un exercice de *recherche* et d'*interrogation*. Cela parce que nous ne *savons pas* ce que vit la personne dont on lit le thème. Il ne s'agit d'ailleurs pas de savoir. Ce dont il s'agit, c'est de pouvoir éventuellement la renvoyer à la cohérence de ce qu'elle vit, qui pour elle est souvent inconsciente, grâce à notre capacité à *reconnaître* des symboles dans son vécu personnel.

Essayons maintenant de lister d'autres possibilités de croisements que nous offre le petit arbre de Mars en Gémeaux:

— **S'impliquer en communicant** (oser sa propre formulation des choses, son langage, ses mots?).

— **Combattre en faisant communiquer** (se battre personnellement pour l'établissement de contacts, de liens, d'un réseau?).

— **Mener en jouant** (diriger avec humour? Entraîner les autres à jouer?).

— **S'affirmer en s'intéressant** (s'imposer par son niveau d'information, se différencier par sa curiosité?).

— **Combattre en conceptualisant** (savoir se battre avec les mots, avec les idées? Savoir «provoquer» avec des idées?).

— **Chercher à comprendre en communicant** (devoir formuler pour comprendre? Multiplier les échanges intellectuels pour comprendre?).

— **S'affirmer en développant une pensée personnelle** (défendre son propre cheminement intellectuel).

— **Combattre en communiquant** (se battre pour que quelque chose soit dit, pour qu'on puisse dire?).

— **S'affirmer en communiquant** (s'imposer par la maîtrise d'un langage?).

Etc.

Avec un peu d'habitude, ces opérations peuvent très bien s'effectuer mentalement, même lors d'une consultation. C'est une question de gymnastique mentale, si j'ose dire. Et pour apprendre à interpréter, il me semble plus profitable de pratiquer ce genre de sport que d'apprendre des définitions toutes faites. Cela dit, au départ, je conseille d'écrire ses élucubrations, ça fixe les idées.

Remarquons au passage qu'il est possible de développer cet exercice jusqu'à un niveau de détail assez poussé. En effet, qu'est-ce qui nous empêche d'associer à chaque terme des deux listes d'autres notions par extension? (Ce qu'on pourrait appeler les «feuilles» de la branche.)

Prenons par exemple les termes de la liste Gémeaux que nous avons créée à partir de l'idée «développer des contacts personnels entre les choses et les gens».

À la notion de «conceptualiser» on pourrait associer celle de:
«rationaliser *a posteriori*»
ou encore celle de:
«se justifier».

À « communiquer » on pourrait associer :
« langage »,
« langue »,
« moyens de communication »,
« parler »,
« réseaux ».

À « s'intéresser » on pourrait associer :
« curiosité »,
« dispersion ».

À jouer :
« tester », ou
« ne pas s'impliquer » (intéressant, lorsque Mars, justement, cherche à s'impliquer), etc.

Et si l'on fait l'exercice d'associer ces nouvelles notions à celles de la liste de Mars, on obtiendra de nouveaux « vécus » possibles. Bref, c'est un exercice pratiquement sans fin. Sans compter le fait que je n'ai pas intégré, dans les branches de l'arbre, la position de Mars en maison, qui apporterait de nombreuses ramifications supplémentaires...

Cependant, on peut remarquer une chose. Parmi tous les « vécus » que l'on obtient, on en reconnaît certains sur lesquels se sont concentrées les définitions dont on dispose sur le sujet. À partir de la matrice de la position planétaire, il est clair qu'on peut donc reconstituer *par soi-même* toutes les définitions possibles. En revanche, les définitions existantes, elles, ne peuvent pas englober tous les vécus possibles. Ils sont beaucoup trop nombreux. Autrement dit, les définitions ne peuvent pas rendre compte du concept « Mars en Gémeaux » dans sa totalité. Quel que soit leur niveau de subtilité, elles sont donc inévitablement sélectives.

À cela s'ajoute qu'une définition peut être difficile à retenir. Ce qui fait, au bout du compte, que se fonder sur les définitions pour interpréter complique considérablement le processus d'interprétation, et je dirais même, va parfois jusqu'à empêcher les interprètes de « s'ouvrir » à la richesse du thème.

Si l'on est d'accord avec ce qui vient d'être dit, on comprendra que l'acte d'interpréter soit assez délicat. En effet, c'est un peu comme si on n'avait pas d'autre choix, finalement, que de se reporter chaque fois aux principes-sources qui constituent la matrice d'une position planétaire, qui la plupart du temps est méconnaissable en tant que telle dans un vécu individuel. Comment faire, dans ce cas, pour « individualiser » sa signification sans passer dans un premier temps par les définitions-types ? Pour reprendre notre exemple, comment faire pour « aller chercher » ce Mars Gémeaux en maison 10 sous la forme individuelle qu'il a prise dans un thème, qui n'existe dans aucun manuel, en n'utilisant que la matrice ? Il semble qu'il n'y ait qu'un moyen : rendre la matrice le moins abstraite possible et adaptable à quantité de situations, ce qui revient à rendre plus souple et plus concret le principe-source de chaque symbole.

Mais ceci fait apparaître quelques difficultés. En effet, confronté à Mars en Gémeaux, on retient facilement « possibilité de dispersion » ou encore « grande ouverture d'esprit ». En revanche, on rencontre plus rarement des formulations simples et donc mémorisables d'une matrice plus complète. Si l'on donne pour matrice de Mars en Gémeaux : « Pulsion d'affirmation égocentrée qui s'extériorise par une volonté de maîtrise mentale de l'environnement », je doute que nous aidions qui que soit à interpréter. Si l'on dit : « dynamisme et souplesse », on ne s'en sort pas mieux. L'exercice est loin d'être simple. Cependant, il reste essentiel si l'on veut proposer une aide réelle à l'interprétation.

J'ai donc tenté, dans ce chapitre, de donner des formulations de principes-sources qui m'ont semblé claires et vivantes. J'espère qu'elles se révéleront aussi maniables que je le crois.

PRINCIPES-SOURCES DES DIX PLANÈTES

Soleil

Développer et faire rayonner son pouvoir de création

Quelques notions dérivées

Se réaliser	Contacter sa « vérité », son Être profond
Briller	Aborder naturellement la vie

Autres idées attachées au Soleil

Œuvre de vie
But de vie
Valeurs fondatrices
L'image du Père développée jusqu'à 6-7 ans
Vitalité
Pouvoir créateur
Image du héros

Lune

1. Donner forme à sa créativité et à sa sensibilité
2. Se nourrir et nourrir les autres

Quelques notions dérivées

S'adapter
Materner
Imaginer
Se rendre dépendant
Rester un enfant
Se protéger
Inspirer et être inspiré

Autres idées attachées à la Lune

Comportement quotidien: manies, automatismes, réflexes de sécurité
L'image que l'on a de soi
L'humeur
L'attitude envers son corps
Une partie de l'image qu'on a de sa mère
Pour un homme: son image des femmes (du féminin)
Pour une femme: son image de la femme-mère.

Mercure

Penser et concevoir

Quelques notions dérivées

Bouger	Conceptualiser
Interpréter	Écrire
Communiquer	Parler

Autres idées attachées à Mercure

Langage	Système nerveux
Réseau de communication	Livres
Attitude dans l'enseignement primaire	Motricité, gestes
Coordination	

Parfois, dans le thème, l'image qu'on a d'un plus jeune frère.

Vénus

1. Aimer, séduire et développer ses sentiments
2. Développer ses valeurs, ses envies et ses formes idéales d'amour et de beauté

Quelques notions dérivées

Réunir autour de soi	Harmoniser
Charmer	Faire aimer
Développer un art	Se faire aimer

Autres idées attachées à Vénus

Chez un homme : le genre de femme qu'il voudrait aimer (la « partenaire idéale »).

Chez une femme : la façon dont elle voudrait qu'on l'aime. Ce qui lui donne le sentiment d'être une femme séduisante.

Parfois, dans le thème, l'image qu'on a d'une sœur.

Mars

Prendre des initiatives personnelles et agir

Quelques notions dérivées

Faire	« Mener » (Dans le sens du leader)
S'affirmer	Chercher à comprendre (pour maîtriser)
Combattre	Extérioriser
S'impliquer	

Autres idées attachées à Mars

Les outils pour faire	Le fer
L'expression du désir sexuel	L'agressivité
La forme d'expression de la virilité	Le tonus musculaire

Chez un homme : ce qui fait qu'il se sent « mâle »
Chez une femme : le genre d'homme qui peut l'attirer

Parfois, dans le thème, l'image qu'on a d'un frère plus âgé.

Jupiter

1. S'épanouir en société et participer au monde
2. Bâtir sa foi et transmettre ce qu'on a assimilé

Quelques notions dérivées

Enseigner	Développer
Organiser	Multiplier
Conseiller	Exagérer
Prêcher	Vouloir sauver
Donner de soi	Avoir foi en…

Autres idées attachées à Jupiter

Facteur intervenant dans l'image qu'on se fait d'un dieu
Facteur intervenant également dans la constitution d'un « personnage » social et le masque qu'il représente

Parfois, dans le thème, l'image qu'on a d'un parrain ou personnage similaire (un « conseiller-copain », plus mûr, et parallèle aux parents).

Saturne

1. Faire sa place en société, accéder à un statut social
2. Définir son identité et la consolider dans la réalité

Quelques notions dérivées

Structurer et se structurer	Assumer
Limiter et se limiter	Définir et se définir
Autoriser et s'autoriser	Réaliser concrètement, incarner
Être son propre maître	« Couper » avec
Découvrir son intégrité, son authenticité	Se couper de

Autres idées attachées à Saturne

Dans le thème, Saturne constitue une partie de l'image que l'on a, parfois, de son père (mêlée à celle constituée par le Soleil).

Tout comme le « modèle » du père permet de prendre de la distance par rapport au « modèle » de la mère, lequel est premier, Saturne est ce qui permet une mise à distance ou une coupure de certains modèles lunaires, pour leur exploitation sur des plans non dépendants.

Cette « image-père » saturnienne peut être reportée sur toute institution ou tout personnage qui exerce sur soi une forme d'autorité.

Uranus

1. Chercher à être libre et s'affranchir
2. Révolutionner les conceptions en vigueur

Quelques notions dérivées

Inventer	Surenchérir
Provoquer	Se révolter
Concevoir des principes parfaits	S'aliéner
Bouleverser, faire voler en éclats	Réduire des idées à une seule idée

Vouloir être original, « génial » et « supérieur ».

Autres idées attachées à Uranus

La grande ouverture d'esprit
La sensibilité et l'ouverture à l'inattendu, l'imprévisible
Les lointains voyages, itinérants, sans retour fixé
Le bizarre, l'étrange, le « hors de propos »
La haute sélectivité, l'intolérance
L'attachement exclusif à l'esprit des choses, aux idées pures
La cérébralité et l'intelligence comme valeurs primordiales (et la possible « mythification » de ces valeurs).
L'attraction pour l'immatériel ou ce qui dépasse et transcende la matière et les contraintes de la matière (et de la réalité).

L'individualisme forcené
L'attitude paranoïaque, la panique
La certitude de savoir
Les grands événements et bouleversements sociaux auxquels on est connecté.

Neptune

1. Relativiser, unir et spiritualiser
2. Rêver et développer des idéaux universels

Quelques notions dérivées

Développer un esprit communautaire, égalitaire
Se faire martyr
Perdre le goût
Transcrire en art
Construire des images
Abandonner ses ambitions
Sacraliser
Être inspiré

Autres idées attachées à Neptune

La fuite
Le refuge dans les rêves (la politique de l'autruche)
L'amour universel
Être prisonnier d'images, de mythes, d'absolus
La fascination
La propagation, la contagion
L'élévation mystique
Porter la douleur des autres
L'inspiration artistique
La folie

Les grands courants et modes sociaux auxquels on est connectés.

Pluton

1. Apporter son pouvoir à l'humanité
2. Transformer et se transformer fondamentalement pour aller à l'essentiel

Quelques notions dérivées

Creuser, fouiller
Dépendre d'une question de vie ou de mort
Se dépouiller
Accepter de mourir
Être sur le «fil du rasoir»
Faire mourir et renaître
Chercher le pouvoir absolu
Dominer totalement
«Lâcher prise»
Aller jusqu'au bout

Autres idées attachées à Pluton

On peut parfois aborder Pluton comme un facteur de négation de soi. Cette négation peut être positive si elle s'opère en conscience, c'est-à-dire dans l'acceptation totalement consciente de se consacrer à une contribution au-delà de préoccupations personnelles, ce qui, apparemment, ne peut être réalisé qu'en ayant d'abord été jusqu'au bout du développement de sa personnalité. Sans quoi cette contribution est effectivement une négation de soi-même, qui ne peut vraiment mener, semble-t-il, à une réelle contribution, laquelle tient toute sa force et sa réalité de l'unicité que l'on a cultivée en soi.

Par aillcurs, Pluton concerne les grandes transformations sociales de fond auxquelles on est connecté.

Bélier

Être un point de départ intuitif et innovateur

Quelques notions dérivées

Se démarquer, sortir du lot
Semer
Faire « table rase »
Oser faire du neuf
Inspirer
Générer, initier
Être à l'origine de

Taureau

Donner une forme concrète et personnelle aux choses et chercher à la faire fructifier

Quelques notions dérivées

Donner corps
Utiliser personnellement
Posséder
S'attacher à la matière
Faire pousser
Bâtir
Consommer

Gémeaux

Créer personnellement des liens entre les choses et les gens

Quelques notions dérivées

Jouer	Créer personnellement des liens entre les gens
Conceptualiser	Développer une pensée personnelle
Communiquer	Faire communiquer
S'intéresser	

Cancer

Établir et cultiver un monde personnel
et un cercle d'appartenance

Quelques notions dérivées

Préserver	Être sensible à la dimension individuelle
Couver	Délimiter son univers
Puiser dans l'intimité	Exprimer son affectivité

Lion

Exprimer son identité par des créations personnelles

Quelques notions dérivées

Vouloir être reconnu pour soi	Dramatiser
Être un centre créateur	Rayonner sa personnalité
Immortaliser	

Vierge

Remettre en ordre, discriminer et servir, dans un objectif d'utilité et de pureté

Quelques notions dérivées

Améliorer	Être précis, clair et méthodique
Analyser	Se remettre en question
Rendre service	Critiquer
Soigner	

Balance

Provoquer des échanges humains et établir des rapports harmonieux entre les gens et leurs cultures

Quelques notions dérivées

Plaire, séduire	Être sensible au regard de l'autre,
Vouloir être apprécié	à l'esthétique, à la justice
Harmoniser les conflits	Être objectif
Avoir peur de déranger	Mettre à l'aise

Scorpion

Faire éprouver et partager des émotions et des sentiments à d'autres que soi

Quelques notions dérivées

Fusionner	Prendre le pouvoir ou avoir un ascendant
Faire équipe	Transformer les gens
Manipuler	Faire accoucher

Sagittaire

Donner un sens aux choses et rassembler autour d'une conviction

Quelques notions dérivées

Philosopher	Occuper les espaces, voyager
Généraliser	Être épris de connaissance
Moraliser	Enseigner
Guider	Prêcher

Capricorne

Être un acteur social responsable et assumer sa propre loi

Quelques notions dérivées

Tenir compte de ce que propose la société, s'y impliquer	Être intègre Diriger, commander

Donner sa réponse, être auteur de
Légiférer

Prendre sur soi

Verseau

Créer et innover socialement,
garantir les libertés individuelles

Quelques notions dérivées

Côtoyer l'avant-garde
S'affranchir des règles
Ne pas s'impliquer, être libre de ses mouvements

Théoriser la base de nouveaux principes
Avoir une pensée humanitaire
Libérer, ouvrir le champ des possibles

Poissons

Réunir les vieux mondes séparés,
et aller en éclaireur vers un monde futur uni

Quelques notions dérivées

Relativiser
Compatir, aider les exclus, les errants
Établir un pont entre passé et futur

Universaliser le vivant
Rêver d'un âge d'or, en avoir la nostalgie
Avoir une attitude poétique, mystique ou religieuse

PRINCIPES-SOURCES DES DOUZE MAISONS

Maison 1

Prise de conscience et affirmation de mon unicité

Quelques notions dérivées

Égocentrisme	Puissance d'individualisation
Solitude	Initiative personnelle
Arrogance	Questions existentielles poussées

Maison 2

Exploitation de mes moyens personnels et maîtrise de la matière

Quelques notions dérivées

Le rapport à l'argent	Contact avec un patrimoine collectif
Attachement à des valeurs	Attachement à la sécurité matérielle
Le corps	La puissance de concrétisation

Maison 3

Conception de liens dans l'environnement et maîtrise d'un savoir-faire personnel

Quelques notions dérivées

Les idées personnelles	L'écriture
La communication	Les petits déplacements
La motricité	Les frères et sœurs
L'enseignement primaire	Le courrier

Maison 4

Recherche et consolidation d'un pouvoir personnel et d'une sécurité affective

Quelques notions dérivées

Le contexte familial	La maison d'enfance
Le lieu de vie	L'histoire de famille
Les racines	Le vécu du Père
Le « centrage » intérieur	Le sentiment d'appartenance

Maison 5

Expression ce que je suis dans des projections et créations extérieures

Quelques notions dérivées

Les enfants	Les amours
Le sentiment d'être aimé	Le risque de ne pas être aimé
La création artistique	La condition d'enfance

Maison 6

Prise en compte des réalités et contraintes extérieures et amélioration de mon expression personnelle

Quelques notions dérivées

Le travail quotidien	Les petites maladies
L'état de disciple	L'apprentissage technique
L'organisation quotidienne	

Maison 7

Ouverture au monde, et relation avec l'autre, les autres

Quelques notions dérivées

Les associations	Le mariage
L'approche du monde	Les contrats
Les principes relationnels	

Maison 8

Partage de ce que j'ai avec les autres
et renaissance dans une dimension communautaire

Quelques notions dérivées

Le groupe	L'équipe
La fusion	La mort
La psychologie	L'ésotérisme
L'héritage fam.	La transformation psychologique

Maison 9

Recherche de sens et transmission d'une foi, d'une vérité

Quelques notions dérivées

Le voyage	La philosophie
L'étude religieuse	Les recherches scientifiques
L'ambition sociale	La morale de classe

Maison 10

Recherche d'une vocation sur la scène sociale

Quelques notions dérivées

La carrière	Le succès social
Le statut social	L'implication dans des questions de société
La réalisation de soi	

Maison 11

Regroupement pour la mise en place de projets sociaux d'avenir

Quelques notions dérivées

Les groupes humanitaires	L'aide aux individus peu intégrés
Les cercles d'opinion	Les « clubs sélectifs »
Les projets d'avenir	Le progrès scientifique

Maison 12

Contact avec la mémoire collective et déconditionnement de vécu transmis

Quelques notions dérivées

Le vécu des générations précédentes	La nostalgie
Le mystère	L'exclusion
L'enfermement	Le passage à de nouveaux mondes

PHRASES CLÉS DES POSITIONS PLANÉTAIRES

Pour chaque position planétaire, il est possible, comme on l'a vu, de construire une « phrase clé » qui est une sorte de matrice suggérant de multiples variations.

Pour saisir en quoi cette approche est complémentaire de celle de scénarios, je propose de construire, grâce aux principes sources précédents, les 10 phrases clés du thème D mis en scène au chapitre 8 (voir figure 19 page 236).

Rappel des positions planétaires du thème D :

Soleil en Bélier, en maison 10 Bélier
Lune en Balance en maison 4 Balance
Mercure en Taureau en maison 10 Bélier
Vénus en Gémeaux en maison 11 Taureau
Mars en Poissons en maison 8 Verseau
Jupiter en Cancer en maison 12 Gémeaux
Saturne en Gémeaux en maison 11 Taureau
Uranus en Gémeaux en maison 11 Taureau
Neptune en Vierge en maison 3 Vierge
Pluton en Lion en maison 1 Cancer

Phrases clé

J'utiliserai ici la « méthode de conjugaison » vue au début de ce chapitre, associée à la démarche vue au chapitre 7. Je vais rappeler l'ordre de formulation :

La planète, fonctionne d'une certaine façon, dans le cadre d'une certaine maison.

Par exemple, si Neptune est en Scorpion en maison 3 Balance, on suivra l'ordre d'analyse suivant :
« J'utilise Neptune de façon Scorpion, dans le cadre de la maison 3. »
On pourra ensuite ajouter le signe de la maison (Balance, dans l'exemple) de cette manière :
« J'approche ce cadre (maison) où évolue Neptune avec une motivation Balance… »

Formulation des positions du thème D

Soleil Bélier en maison 10 Bélier

« Je développe et fais rayonner mon pouvoir de création (Soleil) en étant un point de départ intuitif et innovateur (Bélier), dans le cadre d'une recherche de vocation sur la scène sociale (maison 10). »

« J'approche la recherche de ma vocation sur la scène sociale (maison 10) en cherchant à être un point de départ intuitif et innovateur (Bélier). »

Bien sûr, comme on l'a vu au début de ce chapitre, **on peut remplacer les principes-sources par leurs notions dérivées,** au choix.

Par exemple : Soleil Bélier en maison 10 : « Je cherche à briller (Soleil) en me démarquant, en sortant du lot (Bélier) dans le cadre du statut social (maison 10) ». Etc.

Lune Balance en maison 4 Balance

1. « Je donne forme à ma créativité et à ma sensibilité (Lune), en provoquant des échanges humains et en établissant des rapports harmonieux entre les gens et leur culture (Balance), ce dans le cadre d'une recherche de pouvoir personnel et de sécurité affective (maison 4). »
2. « Je me nourris et nourris les autres (Lune), en provoquant des échanges humains et en établissant des rapports harmonieux entre les gens et leur culture (Balance), ce dans le cadre d'une recherche de pouvoir personnel et de sécurité affective (maison 4). »

« J'approche ma recherche de pouvoir personnel et de sécurité affective (maison 4) en provoquant des échanges humains et en établissant des rapports harmonieux entre les gens et leur culture (Balance). »

Comme pour le Soleil, je vous invite à remplacer les principes-sources par leurs notions dérivées.

Mercure Taureau en maison 10 Bélier

« Je pense et je conçois en donnant une forme concrète aux choses et en cherchant à la faire fructifier (Taureau), ce dans le cadre d'une recherche de vocation sur la scène sociale (maison 10). »

« J'approche la recherche de ma vocation sur la scène sociale (maison 10) en cherchant à être un point de départ intuitif et innovateur (Bélier). »

Voir les notions dérivées.

Vénus Gémeaux en maison 11 Taureau

1. « J'aime, je séduis et développe mes sentiments (Vénus) en créant personnellement des liens entre les choses et les gens (Gémeaux), ce dans le cadre d'un regroupement pour la mise en place de projets sociaux d'avenir (maison 11). »

2. « Je développe mes valeurs, mes envies et mes formes idéales d'amour et de beauté (Vénus) en créant personnellement des liens entre les choses et les gens (Gémeaux), ce dans le cadre d'un regroupement pour la mise en place de projets sociaux d'avenir (maison 11). »

« J'approche le regroupement pour la mise en place de projets sociaux d'avenir (maison 11), en cherchant à donner une forme concrète aux choses et en cherchant à la faire fructifier (Taureau). »

Voir les notions dérivées.

Mars Poissons en maison 8 Verseau

« Je prends des initiatives personnelles et j'agis (Mars) en réunissant les vieux mondes séparés et en allant en éclaireur vers un monde futur uni (Poissons), ce dans le cadre d'un partage de ce que j'ai avec les autres, et d'une renaissance dans une dimension communautaire (maison 8). »

« J'approche le partage de ce que j'ai avec les autres, et la renaissance dans une dimension communautaire (maison 8), en créant et innovant socialement, et en garantissant les libertés individuelles (Verseau). »

Voir les notions dérivées.

Jupiter Cancer en maison 12 Gémeaux

1. « Je m'épanouis en société et je participe au monde (Jupiter) en établissant et cultivant un monde personnel et un cercle d'appartenance (Cancer), ce dans le cadre d'un contact avec la mémoire collective et d'un déconditionnement de vécus transmis (maison 12). »

2. « Je bâtis ma foi et transmets ce que j'ai assimilé (Jupiter) en établissant et cultivant un monde personnel et un cercle d'appartenance (Cancer), ce dans le cadre d'un contact avec la mémoire collective et d'un déconditionnement de vécus transmis (maison 12). »

« J'aborde le contact avec la mémoire collective et le déconditionnement de vécus transmis (maison 12) en créant personnellement des liens entre les choses et les gens (Gémeaux). »

Voir les notions dérivées.

Saturne en Gémeaux en maison 11 Taureau

1. « Je fais ma place en société, j'accède à un statut social (Saturne) en créant personnellement des liens entre les choses et les gens (Gémeaux), ce dans le cadre d'un regroupement pour la mise en place de projets sociaux d'avenir (maison 11). »

2. « Je définis mon identité et la consolide dans la réalité (Saturne) en créant personnellement des liens entre les choses et les gens (Gémeaux), ce dans le cadre d'un regroupement pour la mise en place de projets sociaux d'avenir (maison 11). »

« J'approche le regroupement pour la mise en place de projets sociaux d'avenir (maison 11), en cherchant à donner une forme concrète aux choses et en cherchant à la faire fructifier (Taureau). »

Uranus Gémeaux en maison 11 Taureau

1. « Je cherche à être libre et à m'affranchir (Uranus) en créant personnellement des liens entre les choses et les gens (Gémeaux), ce dans le cadre d'un regroupement pour la mise en place de projets sociaux

d'avenir (maison 11). »

2. « Je révolutionne les conceptions en vigueur (Uranus) en créant personnellement des liens entre les choses et les gens (Gémeaux), ce dans le cadre d'un regroupement pour la mise en place de projets sociaux d'avenir (maison 11). »

« J'approche le regroupement pour la mise en place de projets sociaux d'avenir (maison 11), en cherchant à donner une forme concrète aux choses et en cherchant à la faire fructifier (Taureau). »

Neptune en Vierge en maison 3 Vierge

1. « Je relativise, j'unis et spiritualise (Neptune) en remettant en ordre, en discriminant et en servant, dans un objectif d'utilité et de pureté (Vierge), ce dans le cadre d'une conception de liens dans l'environnement et de la maîtrise d'un savoir-faire (maison 3). »

2. « Je rêve et développe des idéaux universels (Neptune) en remettant en ordre, en discriminant et en servant, dans un objectif d'utilité et de pureté (Vierge), ce dans le cadre d'une conception de liens dans l'environnement et de la maîtrise d'un savoir-faire (maison 3). »

« J'approche la conception de liens dans l'environnement et la maîtrise d'un savoir-faire (maison 3) en remettant en ordre, en discriminant et en servant, dans un objectif d'utilité et de pureté (Vierge). »

Voir les notions dérivées.

Pluton en Lion en maison 1 Cancer

1. « J'apporte mon pouvoir à l'humanité (Pluton) en exprimant mon identité par des créations personnelles (Lion), ce dans le cadre d'une prise de conscience et de l'affirmation de mon identité (maison 1). »

2. « Je transforme et me transforme fondamentalement pour aller à l'essentiel (Pluton) en exprimant mon identité par des créations personnelles (Lion), ce dans le cadre d'une prise de conscience et de l'affirmation de mon identité (maison 1). »

« J'aborde la prise de conscience et l'affirmation de mon identité (maison 1) en établissant et cultivant un monde personnel et un cercle d'appartenance (Cancer). »

Voir les notions dérivées.

Voilà donc une autre méthode d'analyse des positions, complémentaire à celle des scénarios. L'idéal, avec un peu de pratique (et de mémoire), est de pouvoir approcher le thème **en mêlant les deux en même temps**. Ce n'est pas une opération facile, mais elle le devient dans la pratique. Cela ressemble un peu à un solfège, avec tout ce que son apprentissage peut avoir de rebutant, mais de créatif et libérateur en même temps.

ÉPILOGUE

Lors du premier jet de cet ouvrage, j'avais ajouté au chapitre 1 un second exemple de thème. Il s'agissait d'un thème assez « tendu », qui donnait lieu à des mises en scène plutôt conflictuelles. Après quelque temps, il m'a semblé que ce n'était peut-être pas la meilleure façon d'introduire les huit chapitres suivants. En revanche, la complexité et la tension de ce thème m'ont semblé un bon tremplin pour quelques « méditations finales ».

Il arrive parfois que l'on étudie un thème révélant des tensions très fortes à l'intérieur d'un individu. Au premier abord, quel que soit l'angle par lequel on l'approche, on aboutit à de véritables « clashes » intérieurs, qui n'ont apparemment d'autre vocation que de générer de puissants conflits internes, et, parfois, ce qu'on imagine être une certaine difficulté à vivre.

Pour résumer cela en quelques mots, il arrive qu'on ne voie dans un thème qu'une majorité de « problèmes ».

Le mot « problème » est, à ce qu'il semble, irrémédiablement associé de nos jours à toute étude intérieure. Et je crois qu'il est réellement nécessaire de développer une vigilance à ce sujet.

Une chose sur laquelle il semble utile de s'interroger est : sur quelle base de critères considère-t-on qu'on a ici ou là un problème ? Autrement dit, sur quelle base de « normalité » ? À ce sujet, Jean-Yves Leloup, prêtre orthodoxe et philosophe, a développé, par opposition au terme psychologique de « névrose », un autre terme que j'aime bien : « la normose ». La normose étant une sorte d'état standard de normalité, constituant une référence stable à partir de laquelle on peut vouloir étudier un individu présentant des « problèmes ». Mais il s'avère que l'état de « normose » ne peut être défini qu'à partir d'un regroupement de standards comportementaux et d'idéaux psychologiques intimement liés à une époque. D'une certaine manière, il en va de ces standards comme des règles de la physique classique concernant la matière. Comme l'a montré la physique quantique, elles sont valables, mais seulement jusqu'à un certain niveau de la matière, au-delà duquel toutes ses formules ou presque s'effondrent. En un sens, on serait tenté de penser que les standards de normalité, en termes de psychologie, qui sont culturels, sont donc valables dès qu'il s'agit d'étudier la partie culturelle d'un individu. En revanche, la partie a-culturelle de l'individualité est un seuil qu'ils semblent ne pas pouvoir franchir.

Or, comme nous l'avons vu, l'essentiel d'une étude de thème porte sur cette partie « a-culturelle » de la personne, une partie hors du temps pour ainsi dire, même s'il peut s'agir ensuite de discuter avec cette personne des modalités selon lesquelles elle va effectuer l'intégration de sa dimension a-culturelle dans la culture où elle vit.

Donc, confronté à un « problème », quel est le standard selon lequel vous estimez qu'il y a ici ou là déviation ? C'est une question très importante. Contrairement à ce qu'on peut parfois penser, l'analyse d'un thème individuel est l'étude d'une cohérence *originale* dans le mouvement vital d'un individu, et ce **en dehors de toute standardisation**, si ce n'est celle, inévitable, de la conscience. Pour être plus exact, c'est la tentative de formulation d'un **standard individuel**, unique et profondément personnalisé. La souplesse des outils astrologiques permet ce travail.

Surveiller en lui les influences de la « normose » définie par sa culture et sa génération est donc, pratiquement, le devoir de tout astrologue. Ce qui n'est au fond qu'un simple exercice de respect.

À partir de là, je crois qu'on peut évoquer une autre question : celle de la particularité de l'astrologie au sein des différentes démarches d'étude de l'individu. Il y a, semble-t-il, une réelle complémentarité de l'astrologie avec d'autres outils actuels, dont notamment la psychologie.

Différents éléments permettent de mettre en évidence cette complémentarité. J'en citerai simplement un, le plus remarquable à mon sens.

Même si la psychologie moderne réussit aujourd'hui à considérer l'individu dans son ensemble, j'ai le sentiment qu'elle n'a pas toujours la même conception du « temps individuel » que l'astrologie. Ces deux démarches se sont toutes deux penchées sur la « logique créative » propre à chaque vie. Seulement, il semble qu'elles n'aient pas toujours regardé, pour cela, dans la même direction.

D'une manière générale, je crois qu'on peut avancer que la psychologie a jusqu'à présent beaucoup investi le passé de l'individu, cherchant souvent à expliquer sa situation ou ses « problèmes » d'aujourd'hui en fonction de ce qui avait eu lieu hier, c'est-à-dire dans son enfance, ou dans quelque autre période antérieure. Je dis bien d'une manière générale, c'est-à-dire que je parle ici du point de vue d'un «principe fondateur» de la psychologie, qui semble encore valable de nos jours.

En comparaison, l'astrologie s'est très tôt focalisée sur le développement créateur *en devenir* d'un individu, par-delà les diverses situations dans lesquelles il pouvait se trouver, ainsi que ses contextes problématiques personnels et leur origine. En clair, dans le cas d'un «problème» (ou de n'importe quelle autre situation), l'astrologie est plus naturellement portée à se demander: «À quoi sert ce problème?». Aussi étrange que cela puisse parfois sembler, l'astrologie se demande: «Vous avez un problème avec votre mère, votre père..., soit, mais au vu de votre œuvre de vie, en quoi ce problème est-il utile? Avez-vous songé à l'idée que ce "problème" puisse être nécessaire pour vous amener là où précisément vous voulez aller, et non l'inverse?»

Tout événement de vie, pour l'astrologie, collabore activement au processus créateur d'ensemble de l'individu, même si les valeurs dont est empreint cet individu, ou son émotion — toute humaine — lui interdisent parfois d'observer sa vie sous cet angle.

Là où apparaît souvent une déchirure, c'est que l'astrologie prolonge aujourd'hui cette conscience jusqu'à des événements qui, pour la plupart d'entre nous, semblent totalement gratuits et extérieurs à nous, soit qu'ils ressemblent trop au hasard, soit qu'ils apparaissent sous la forme d'un contexte collectif incontournable.

Discuter de cette question demanderait plus d'un livre. Mais on peut néanmoins méditer sur l'origine, en nous, d'une division suffisamment puissante pour pouvoir dissocier à ce point nos chemins de vie de ce qui les entoure, et notamment des mouvements de l'humanité entière.

Ceci étant, si j'ai parlé de complémentarité, c'est parce que aujourd'hui, je ne suis pas certain qu'une telle conscience des événements de vie personnels — quels qu'ils soient — perpétuellement orientée vers les nécessités d'une finalité de vie, qui est ce que propose l'astrologie, nous soit accessible tant qu'on n'a pas pu *d'abord* constater à quel point certains événements du passé (parfois douloureux) ont finalement conduit la vie dans le sens voulu. C'est ce qui me fait dire que l'astrologie et la psychologie vont plutôt «main dans la main», dans le respect mutuel de leurs territoires.

De tout ceci, je voudrais pour finir extraire une chose. Quelle que soit la mise en scène du thème que l'on construit, quelle que soit l'analyse que nous en faisons, au-delà des idées instables qu'on peut vouloir créer, au sujet du bonheur, de la douleur ou d'une unique « vérité », l'étude d'un thème ne fait à mon sens qu'aboutir à une proposition qu'on rencontre dans beaucoup d'autres fois ou techniques, qui est de prendre conscience de sa vie et de celle des autres comme de grandes initiations.

Paris, octobre 1996.

DANS LA MÊME COLLECTION

Jacqueline Aimé, *La Lune noire*
Irène Andrieu, *Lecture karmique du zodiaque*
Histoire des enfants de l'an 2000
Stephen Arroyo, *Astrologie, karma et transformation*
L'Astrologie, la psychologie et les quatre éléments
Les Cycles astrologiques de la vie et les thèmes comparés
La Pratique de l'astrologie
Pratique d'interprétation du thème astral
Stephen Arroyo, Liz Greene, *Jupiter et Saturne, nouvelles perspectives de l'astrologie moderne*
Atalane, *Les Nœuds de la Lune, clés de l'interprétation astrologique*
Arielle Aumont, *L'Astrologie évolutive*
André Barbault, *Astres royaux, horoscopes des têtes couronnées*
Jany Bessière, *Les Éclipses, les lunaisons et vous*
Gisèle Borie, Géraldine Jouin, *L'Astrologie : l'interprétation des signes par les mythes*
Thérèse Casati, *Manuel d'astrologie*
James Cluny, *Astrologie pratique simplifiée*
Bernard Crozier, *Cours d'astrologie 1 : les bases fondamentales*
Cours d'astrologie 2 : méthodes et dictionnaire d'interprétation
Cours d'astrologie 3 : exercices pratiques
Ferdinand David, *Les Douze Maisons astrologiques*
La Cathédrale de Strasbourg et l'astrologie
Laetitia Defranoux, *Rythmes de lune*
Jacques Dorsan, *Le Véritable Sens des maisons astrologiques*
Reinhold Ebertin, *Combinaison des influences astrales*
Steven Forrest, *Le Ciel intérieur*
Philippe Granger, *Astrologie psychanalytique*
Liz Greene, *Le Guide astrologique des relations humaines*
Liz Greene, Howard Sasportas, *Le Développement de la personnalité*
Les Dynamiques de l'inconscient
Axel Harvey, Yvan Felx-Pilon, *Éphémérides 1995, guide annuel des positions et des mouvements planétaires*
Charles Harvey, Nicholas Campion, Michael Baigent, *Astrologie mondiale*
Germaine Holley, *Comment comprendre votre horoscope*
Astrologie : au-delà de la rencontre

Astrologie, karma et rythmes cosmiques
Astrologie, dynamique de l'évolution
Lecture astrologique des années 90
L'Astrologie à la recherche des clés de la destinée, démonstration et expérimentations
L'Astrologie entre deux ères Poissons-Verseau
Marie-Louise Herboulet, *Les Lois de la création de Wronski, théorie pratique et interprétation*
Germaine Holley, Charles E. Vouga, *Astrologie pour de nouvelles générations : Neptune-Pluton*
Dr Walter A. Koch, *Tables des maisons*
Jim Lewis, Ariel Guttman, *Astro-cartographie et astro-localisation, vivez votre thème à l'échelle mondiale*
Dane Rudhyar, *Le Cycle de la lunaison*
La Dimension galactique de l'astrologie
Les Maisons astrologiques
Préparations spirituelles pour un nouvel âge
Le Rythme de la totalité
Le Rythme du zodiaque
Vers une conscience planétaire
Triptyque astrologique
Les Aspects astrologiques
L'Astrologie de la transformation
Alexander Ruperti, Marief Cavaignac, *La Géométrie du ciel : configurations planétaires*, tome 1
La Géométrie du ciel : dessins planétaires, tome 2
Alexander Ruperti, *Les Cycle du devenir*
Alexander Ruperti, Ivan Othenin-Girard, *La Symphonie du ciel, fonctions planétaires en astrologie humaniste*
Jose Luis San Miguel de Pablos, *Géométrie de la conscience*
Eulalie Steens, *L'Astrologie chinoise*
Jean Texier, *Synastrie, le secret des bonnes ententes astrales*
Bil Tierney, *Dynamique des aspects astrologiques*
Olenka de Veer, *L'Astrologie et le cerveau*
Gilles Verneret, *Les Degrés existentiels*
Charles Vouga, *Une astrologie pour l'ère du Verseau*
Les Cahiers d'astrologie, n° 1, ouvrage collectif

Imprimé en France
FRHW010338300323
34443FR00008B/43

9 782268 025766